Stimmen zu diesem Buch

»Andrew Farley ist trotz seines jungen Alters einer der besten Autoren und reifsten Denker in der heutigen Gemeinde. Wer *Gott ohne Religion* liest, hört die Stimme eines Bonhoeffers des 21. Jahrhunderts, der zeigt, wie man die guten Zeiten einläutet, in denen Jesus (nicht die Religion) der *Cantus Firmus*, die fest stehende Melodie unseres Lebens ist.«
– **Leonard Sweet,** Bestsellerautor; Professor an der *Drew Universität* und der *George Fox Universität*

»Vor Ihnen liegt eine reformatorische Schrift. Den Autor Andrew Farley könnte man in jugendlicher Sprache als einen Martin Luther 2.0 bezeichnen. Er versteht es, tiefe geistliche Wahrheiten, die für das Christsein von zentraler Bedeutung sind, in eine verständliche Sprache zu kleiden. Farley befreit den religiösen Menschen von der Last eines falschen Gottesverständnisses und führt ihn stattdessen in die Einfachheit einer erfüllten Gottesbeziehung hinein. Wenn Sie wissen möchten, wie Gott die Dinge sieht, müssen Sie dieses Buch lesen.«
– **Klaus Runkel,** Leiter Johannes-Dienst e.V.

»Mir ist noch kein anderes Buch untergekommen, das so klar und biblisch neutestamentliches Christsein beschreibt. Wenn du die religiöse Belastung abwerfen und in der wahren Freiheit und Freude Christi leben willst, ist *Gott ohne Religion* dein Buch.«
– **David Gregory**, Autor des Bestsellers *Die Einladung – Dinner with a Perfect Stranger*

»Endlich! Die Zeit ist reif, ja schon überfällig, dass die Gemeinde von einem gnadefernen Verständnis gereinigt wird. Die Offenbarung des Evangeliums offenbart die Gerechtigkeit, die aus Glauben kommt, lehrt der Apostel Paulus (Römer 1,16-17). Andrew Farley bringt die Klarheit dieses Evangeliums zurück und zeigt durch praktisches und frisches Denken den Weg aus dem Kirchenmuff in die Gnade Gottes zurück. Wenn man dieses Buch in einer demütigen Haltung liest, bereit sich von Gott überraschen zu lassen, kann es sein, das der persönliche Glaube zu einer freimachenden Siegesbotschaft wird.«
– **Markus Thiemann**, Gospel of Grace Ministries Int.

»*Gott ohne Religion* ist mutig, genial und voll erstklassiger Hoffnung. Andrew Farley bietet uns einen klaren, erfüllten und friedvolleren Weg zu Gott, ohne Religion! Und das brauchen wir heute mehr denn je.«
– **Matthew Paul Turner,** Autor der Bestseller *Churched* und *Hear No Evil*

»Das ist ein Buch, das jeder Christ einfach lesen *muss*, bevor er weitere Schritte mit Christus geht. Verschwende keinen weiteren Tag unter dem Joch der Religion. Lass alles stehen und liegen und lies jetzt dieses Buch.«
– **Darin Hufford**, Autor des Bestsellers *The Misunderstood God*

»Mach dich bereit für ein lebensveränderndes Abenteuer. Farley versteht es, Geschichten zu erzählen. Er bringt mit einem Paradigmenwechsel frischen Wind in konventionelles Denken. Wenn du dieses Jahr nur ein christliches Buch liest, dann lass es dieses sein!«
– **John McCuin**, Professor an der Dallas Baptist University

ANDREW FARLEY
Gott ohne Religion

ANDREW FARLEY

Gott ohne Religion

Kann es wirklich so einfach sein?

Aus dem Amerikanischen übersetzt von Bettina Krumm.

Die Deutsche Nationalbibliothek verzeichnet diese Publikation in der Deutschen
Nationalbibliografie; detaillierte bibliografische Daten sind im Internet über
http://dnb.d-nb.de abrufbar.

Bibelzitate, sofern nicht anders angegeben, wurden der Schlachter Bibelübersetzung
entnommen. Bibeltext der Schlachter, Copyright © 2000 Genfer Bibelgesellschaft.
Wiedergegeben mit freundlicher Genehmigung. Alle Rechte vorbehalten.
*Hervorhebungen einzelner Worte oder Passagen innerhalb von Bibelstellen
wurden vom Autor vorgenommen.*

Elb	Revidierte Elberfelder Bibel © 1985/1991/2006, SCM R.Brockhaus im SCM Verlag GmbH & Co. KG, Witten.
Lut	Lutherbibel, Revidierte Fassung von 1984, Copyright 1985 Deutsche Bibelgesellschaft Stuttgart.
NGÜ	Neue Genfer Übersetzung - Neues Testament und Psalmen, Copyright © 2011 Genfer Bibelgesellschaft. Wiedergegeben mit freundlicher Genehmigung. Alle Rechte vorbehalten.
Hfa	»Hoffnung für alle« ®, Copyright © 1983, 1996, 2002 by Biblia, Inc.™. Verwendet mit freundlicher Genehmigung des Brunnen Verlags Basel.

Umschlaggestaltung: spoon design, Olaf Johannson
Umschlagbild: © Kozhadub Sergei, ShutterStock®
Lektorat: Gabriele Pässler, Christina Wieser
Satz: Grace today Verlag, Gerald Wieser
Druck: CPI – Clausen & Bosse, Leck
Printed in Germany

1. Auflage 2012
© 2012 Grace today Verlag Schotten
ISBN 978-3-943597-00-4, Bestellnummer 371 700
Dieser Titel ist auch als eBook erschienen.

www.gracetoday.de

Für meinen Sohn Gavin.
Es bereitet mir unglaublich viel Freude,
dir beim Spielen zuzusehen!

INHALT

Re·li·gion [Reli'gio:n] (Substantiv)

Rückkehr zur Gebundenheit. Das Wort *Religion* geht zurück auf die lateinische Vorsilbe *re* »wieder« und das Verb *ligare* »binden«.

Der Erpresser

Drew Dog! Wie geht's, Drew Dog? He, hör mal, ich weiß, was mit deinen Sachen passiert ist und ich kann sie dir wieder beschaffen. ›Crime Stoppers‹[1] bietet tausend Dollar für Informationen über einen Einbruch. Aber wenn du mir tausend Mäuse gibst, dann besorge ich dir dein Zeug sofort wieder.«

Wir wurden ausgeraubt. Jemand hatte unser Haus in Indiana ausgeräumt, als wir gerade nicht da waren. Jetzt, nur eine Woche später, stand dieser Typ vor unserer Tür und versuchte, Geld zu erpressen. Doch damit nicht genug, ich kannte ihn! Er war vor einem Monat bereits hier gewesen und hatte uns angeboten, in unserem Garten Laub zu harken, und wir hatten ihn angestellt. Offensichtlich hatte er diese Chance genutzt, um unser Haus auszuspionieren und seinen Einstieg durch ein Gartenfenster zu planen.

---

[1] Crime Stoppers ist eine internationale Organisation, die auch in den Vereinigten Staaten tätig ist und auf lokaler Ebene mithilft, Verbrechen aufzuklären und zu verhindern.

Willkommen im Zentrum von South Bend. Wir hatten erst wenige Monate dort gelebt. Und es häuften sich die Anzeichen, dass es vielleicht einen Grund gab, warum unser Haus so erschwinglich gewesen war.

»Warte mal einen Moment«, sagte ich dem Typen. »Ich hab da gerade was auf dem Herd und ich muss mal kurz danach sehen. Bin gleich wieder da.« Ich schloss die Tür und steuerte auf die Küche zu, um die Polizei zu rufen. Als ich zurückkam, rechnete ich damit, dass der Typ verschwunden sei. Aber er war immer noch da.

Ich verwickelte ihn in ein Gespräch. Wir quatschten über Sport und das Wetter. Nach einigen Minuten rückte die Polizei an und nahm ihn zum Verhör mit. Wir waren uns sicher, wir würden ihn nie wieder sehen.

Klopf. Klopf.

Es waren erst ein paar Stunden vergangen. Ich spähte aus dem Fenster, um zu sehen, wer auf der Veranda war. Er war es tatsächlich. Ich öffnete die Tür und wurde von lautem Rufen empfangen. »Drew Dog, deinetwegen musste ich in die Stadt! Deinetwegen wurde ich rumschikaniert! Du schuldest mir was, Drew Dog! Du schuldest mir was!«

Irgendwie seltsam, aber ich mochte den Spitznamen. Doch ich wusste nicht recht, wie ich reagieren sollte. Also besann ich mich auf das, was zuvor funktioniert hatte. »Warte mal einen Moment. Ich hab da gerade was auf dem Herd und ich muss mal kurz danach sehen. Bin gleich wieder da«, sagte ich.

Dieses Mal rechnete ich damit, dass er mich durchschauen würde. Aber als ich aus der Küche zurückkam, war er immer noch da, wie beim letzten Mal. Nach nur wenigen Minuten Geplauder rückte der Streifenwagen an. Sie nahmen ihn wieder mit. Dieses Mal würden sie ihm bestimmt irgendetwas anhängen können – Belästigung oder Hausfriedensbruch oder so was.

Klopf. Klopf. Klopf.

Es war inzwischen kurz vor Mitternacht. Ich schlich die Treppe hinunter und schaute aus dem Fenster. Ja, er war's wieder. Was war mit diesem Typen los? Hatte er denn gar nichts kapiert? Zum dritten Mal an diesem Abend öffnete ich ihm die Tür.

»Drew Dog, mir ist kalt. Ich bin obdachlos. Ich brauche Handschuhe.«

Ich hob meine Hand, um zu signalisieren, dass ich nur kurz nach etwas sehen musste. Spätestens jetzt müsste er doch wissen, wie's läuft. Ich steuerte auf die Küche zu und meldete der Polizei, dass er nun schon zum dritten Mal hier sei. Dann ging ich zur Eingangstür zurück. Da war er und wartete geduldig auf mich.

Ich griff unsere kurze Unterhaltung wieder auf und sagte: »Obdachlos? Ich dachte, Sie sagten beim letzten Mal, Sie würden in einer Wohnung in der West Young Street 211 wohnen.«

Er fühlte sich ertappt und sagte: »Ähm, ja, nun ... mir ist kalt. Hast du Handschuhe?«

Ich sah mich im Hausflur um. Dort lagen die rosa Plüschhandschuhe meiner Frau. Meiner Frau wäre es sicher lieber gewesen, wenn ich meine Suche fortgesetzt hätte, aber ich gab ihm die hübschen Handschuhe und sagte: »Bitte sehr. Jetzt ist es am besten, Sie gehen.«

»Okay«, sagte er, »kann ich über euren Zaun springen?«

»Über den Zaun springen? Nein, laufen Sie bitte außen herum«, sagte ich.

»Komm schon, Drew Dog, ich springe immer über den Zaun, wenn ich über euren Hof laufe!«, sagte er.

Seine Antwort war nicht gerade beruhigend. Nach diesem Abend dachten wir verstärkt über einen Umzug nach!

»Hören Sie mal, Sie sollten hier weg. Die Polizei ist schon wieder auf dem Weg«, erwiderte ich.

Er schien überrascht. Doch er nahm mich beim Wort und machte sich auf den Weg die Straße hinunter. Als die Polizei aufkreuzte, deutete ich in seine Richtung und sie fuhren los, ihm nach.

Das war für eine ganze Weile das letzte Mal, dass wir ihn sahen. Aber dann, eines schönen Herbstnachmittags im Jahr darauf ...

Klopf. Klopf.

Ich öffnete die Tür und wurde mit den Worten empfangen: »Drew Dog! Wie geht's Drew Dog? Hör mal, hast du nicht 'ne Arbeit für mich? Vielleicht kann ich noch mal dein Laub harken?«

»Einen Moment«, sagte ich. »Ich muss mal kurz in der Küche nach etwas sehen.«

Religiöser Raubüberfall

Nach dem Einbruch fühlten wir uns ziemlich unsicher. Jeden Abend zogen wir die Vorhänge fest zu und jedes Geräusch schreckte uns auf. Kurz darauf kauften wir eine teure Alarmanlage. Wir installierten Bewegungsmelder an unseren Fenstern und überall am Haus. Die Einbrecher hatten Gegenstände im Wert von 13 000 Dollar mitgenommen, aber das weitaus Wertvollste, was sie uns nahmen, war unser Sicherheitsgefühl.

Fast genauso können wir die Opfer geistlicher Raubüberfälle werden. Der Dieb heißt *Religion* und hat Spaß daran, uns auszurauben. Insgeheim plant er, uns unsere geistlichen Besitztümer und unser Sicherheitsgefühl zu stehlen. Und das Ganze nur, um später vor unserer Tür aufzukreuzen und uns alles wieder anzudrehen.

Nicht umsonst, versteht sich.

Wie können wir uns also davor schützen, dass uns unsere Sicherheit gestohlen und dann sozusagen gegen Lösegeld wieder angeboten wird? *Indem wir jeder Form von Religion den Rücken kehren.*

Ist es sicher, der Religion einfach den Rücken zu kehren? Wie wir sehen werden, ist es nicht nur sicher; es ist Gottes erklärter Wunsch und Wille für uns. Aber wenn wir uns

Religion ist ein Dieb, der Spaß daran hat, uns auszurauben

aus den Klauen der Religion losreißen wollen, müssen wir sie als das sehen, was sie wirklich ist. Und wir müssen uns sicher sein, dass es eine Alternative gibt.

Nach dieser wahren Geschichte von Einbruch und Erpressung hast du dich wahrscheinlich gefragt: »Warum nur hat er die Tür immer wieder aufgemacht?«

Gute Frage.

Im Rückblick sehe ich ein, dass es besser gewesen wäre, es nicht zu tun. Es wäre sicherer gewesen, den Einbrecher und sein Angebot zu ignorieren. Vermutlich dachte ich, dass wir so vielleicht unsere Sachen wiederbekommen könnten. Der Ärger mit der Religion ist, dass sie auf genau dieselbe Weise unsere menschlichen Begierden anspricht. Wenn wir das Zugehörigkeitsgefühl zu Gottes Königreich verloren haben oder das Gefühl, unserem König nahe zu sein, suchen wir unsere Antworten vielleicht in der Religion. Es ist schwierig, sie einfach zu ignorieren und die Tür vor ihren Angeboten zu verschließen. Und wir können es uns einfach nicht leisten, sie zu ignorieren, solange wir nicht sicher sind, dass unser Leben auch ohne sie funktioniert.

Dieses Buch will dir die Augen öffnen dafür, dass wir als Christen überhaupt keine Religion brauchen. Dass wir stattdessen alles haben, was wir brauchen, um in einer tiefen Beziehung mit Jesus zu leben. Unser einziges Problem ist wahrscheinlich, dass wir gar nicht wirklich wissen, was wir haben.

Teil 1

....

Das Motorboot des Mennoniten

[Das Gesetz] ist wie ein Witwer, der
eine Freundin sucht, und sie ohne
Probleme in der Gemeinde findet.
Juan Carlos Ortiz (*1961)

1

ein erstes Buch, *The Naked Gospel* (Das nackte Evangelium), schrieb ich auf einem Sony-Laptop. In den letzten Monaten der Fertigstellung des Buches stürzte er immer öfter ab. Als ich das Buch dann fertig hatte, beschloss ich, mir einen neuen Laptop zu kaufen.

Inzwischen schreibe ich auf meinem neuen Apple MacBook. Ja, ich hab die Fronten gewechselt. Aber ich muss euch eingefleischten PC-Fans erklären, wie es dazu kam.

Ich hatte schon vorab recherchiert. Ich war mir wohl bewusst, dass MacBooks bei Verbraucherberichten zuverlässiger abschnitten. Ich wusste auch, dass Apple den besseren Kundendienst hatte. Aber das war es nicht, was mich überzeugte.

Da war ich also und stand vor *so vielen* PC-kompatiblen Laptops in meiner Preisklasse und nur einem Modell von Apple. Ich hatte noch nie ein MacBook besessen und die Lernphase für ein neues Betriebssystem musste wirklich nicht sein. Aber gerade als ich soweit war, den Laden mit einem neuen PC unter dem Arm zu verlassen, geschah es. Ein spitzbübischer Kommentar von einem cleveren Verkäufer, und es hatte mich gepackt.

»Wissen Sie, heutzutage können Sie Windows-Software auch auf dem MacBook installieren. Sie können das ältere, vertraute Betriebssystem auf Ihrer neuen Mac-Hardware laufen lassen.«

Ich erinnere mich nur noch daran, dass ich als nächstes mit einem MacBook in der Hand an der Kasse stand. Die *Kompatibilität* des Alten, Vertrauten mit dem strahlend Neuen war genau das, was mich überzeugte.

Welches Notebook war zuverlässiger? Das MacBook. Und welches hatte den besseren Kundendienst? Das MacBook. Trotzdem wollte ich einen *Kompromiss*, um mir den Übergang zu erleichtern. Ein radikaler Wechsel behagte mir nicht, zumindest nicht ohne »Stützräder«.

Wenn es um Religion und den neuen Weg geht, den wir kennenlernen sollen, ist das nicht viel anders. Wir sind gewohnt zu denken, dass wir Religion brauchen, um auf dem rechten Weg zu bleiben. Sogar wenn wir uns bei unserer Errettung von der Einfachheit von »Jesus und sonst nichts« überzeugen lassen, könnten wir langfristig versuchen, Jesus und ein bisschen Religion unter einen Hut zu bekommen. Dieselbe Versuchung, die sich mir bei dem MacBook bot, bietet sich auch, wenn wir am Ende das Alte mit dem Neuen vermischen.

Gottes einfache Botschaft für uns ist wie, wenn wir an Neujahr erklären: »Schluss mit dem Alten, her mit dem Neuen.« Durch die Schreiber der neutestamentlichen Bücher fordert Gott uns auf, unser Vertrauen fest auf seinen neuen Weg zu setzen und der Religion nicht einmal das kleinste Schlupfloch zu lassen. Gott möchte, dass wir alles auf eine Karte setzen, doch das fühlt sich riskant an. Um sicherzugehen, nehmen wir die Religion doch lieber mit ins Handgepäck.

Übrigens, ich habe letztlich doch keine PC-Software auf meinem MacBook installiert. Als ich nach Hause kam, funktionierte einfach alles. Und es war alles so unglaublich bedienerfreundlich. Ich glaube, ich vergaß alles über das alte Betriebssystem, als ich erst einmal verstand, dass der neue Weg von Apple einfacher und besser war.

Wie verlässt du den alten Weg der Religion ein für alle Mal? Ganz einfach. Indem du Gottes neuen Weg kennenlernst. Dann wirst du nicht mehr zurückschauen.

Jesus ist nicht kompatibel

Wenn wir die Religion der Vergangenheit mit unserem neu gefundenen Leben in Christus unter einen Hut bekommen wollen, geht das nicht. Zumindest nicht, wenn wir dabei an Jesus festhalten wollen. Man kann zwar PC-Programme auf einem MacBook installieren, aber Jesus wird niemals zum alten Weg des Gesetzes passen.

> Jesus wird niemals zum alten Weg des Gesetzes passen.

Ein Grund dafür ist seine Herkunft.

Seine Herkunft? Ja, Jesu Herkunft ist eines der stärksten Argumente dafür, den alten Weg zu verlassen und ausschließlich den ganz neuen Weg zu beschreiten.

Heute beten wir zu Jesus als unserem Hohepriester, unserem Fürsprecher bei Gott. Aber Jesus war gebürtig aus dem Stamm Juda. Und was sagte Mose, der Autor des Gesetzes, über Priester aus dem Stamm Juda? Nichts. Null. Rein gar nichts. Mose zog noch nicht einmal einen Priester aus dem Stamm Juda in Erwägung. Gott selbst verbat sich solch einen Gedanken. Gott sagte Mose, dass *ausschließlich* der Stamm Levi zum Priesterdienst zugelassen sei:

Dieser Priester, auf den die Schrift hinweist, gehört in der Tat einem ganz anderen Stamm unseres Volkes an, einem Stamm, von dem nie jemand den Dienst am Altar versehen hat. Denn wie wir alle wissen, kommt unser Herr aus Juda, und **Mose hat nie etwas von Priestern aus diesem Stamm gesagt.** *(Hebr 7,13-14 NGÜ)*

Jahrtausendelang kommen die alttestamentlichen Priester nur aus dem Stamm Levi. Dann betritt Jesus den Schauplatz und bricht alle Regeln. Er ist ein illegaler Priester; seine »Geburtsurkunde« disqualifiziert ihn für die Priesterschaft.

Warum sollte Gott so etwas getan haben? Warum sollte er gewollt haben, dass Jesus in den Stamm Juda hineingeboren würde? Es wäre doch viel einfacher gewesen, wenn Jesus aus dem Stamm Levi gekommen wäre. Die Juden hätten seine levitische Autorität anerkannt. Sie hätten einfach kleine Änderungen an ihrem Verständnis von Mose vorgenommen, um Raum zu schaffen für das, was Jesus noch dazu beizutragen gehabt hätte.

Doch offensichtlich war Gott nicht an einem reibungslosen Übergang interessiert. Er wollte alles auf den Kopf stellen. Und er begann mit Jesus als einem Priester, der laut Gesetz nicht dafür qualifiziert war.

Neuer Priester = neuer Weg

Wir sehen Jesus als unseren Fürsprecher bei Gott an. Doch wie kann Jesus unser rechtmäßiger Priester sein, wenn das Gesetz das nicht zulässt? Die Antwort ist einfach und kommt direkt aus der Bibel:

*Denn wenn **das Priestertum verändert** wird, so muss notwendigerweise auch **eine Änderung des Gesetzes** erfolgen.*
(Hebr 7,12)

Gott sagt uns, dass eine neue Art von Priestertum existiert und wir darum den alten Weg des Gesetzes nicht damit vereinbaren können. Das zu tun wäre ein massiver Widerspruch.

Verstehst du das? Vor dem Hintergrund von Tausenden von Jahren, in denen immer alles genau gleichgemacht wurde, hat Gott es jetzt anders gemacht. Früher kamen die Priester aus dem Stamm Levi, aber jetzt nicht mehr. Da unser Priester einen anderen Stammbaum hat, ist der alte Weg absolut nicht mehr kompatibel mit ihm. Wenn das Priestertum geändert wird, muss das *gesamte* System geändert werden.

> Wenn das Priestertum geändert wird, muss das *gesamte* System geändert werden.

Das ist noch nicht alles. Der Schreiber des Hebräerbriefs sagt, dass Jesus ein »Hohepriester nach der Weise Melchisedeks« sei (Hebr 5,10). Man kann sich förmlich die jüdischen Leser vorstellen, wie sie sagen: »Melchisedek, Melchisedek ... Mensch, der

Name kommt mir irgendwie bekannt vor.« Sie blättern durch das Alte Testament und finden einen Hinweis auf ihn als »König von Salem« (1 Mos 14,18). Und der Hebräerbrief schreibt, dass er »ohne Geschlechtsregister« (Hebr 7,3) sei. Offensichtlich waren die Eltern dieses Typen nicht bekannt. Er kam aus dem Nichts! Doch Abraham ehrte ihn als einen einzigartigen Priester Gottes. Und das war *mehr als vierhundert Jahre vor dem Gesetz.*

So, jetzt lasst uns das noch mal klarstellen. Laut Gesetz ist Jesus also aus dem falschen Stamm, um Priester zu sein? Er hat den falschen Stammbaum? Und außerdem ist seine Priesterschaft nach der Weise Melchisedeks, eines geheimnisvollen Mannes, der *vor* dem Gesetz gelebt hatte? Ja, das stimmt. Und aus diesen Gründen lässt sich Jesus nicht mit dem alten Weg des Gesetzes unter einen Hut bringen.

Unser himmlischer Priester lädt uns auf einen völlig neuen Weg ein.

2

Neuer Weg, alter Weg – das macht doch keinen Unterschied! Wenn du mich kennen würdest, würdest du das verstehen. Religion ist nicht so mein Ding. Ich bin da nicht so engagiert. Ich bin eigentlich eher ein schwacher Christ.«

Vielleicht denkst du, du hast ein paar richtig schlimme Sünden begangen. Oder vielleicht kämpfst du an der einen oder anderen Stelle noch. Also denkst du, dass der Gedanke, Gott in vollen Zügen zu genießen, wahrscheinlich nicht dir gilt. Wenn das der Fall ist, möchte ich dir eine Frage stellen:

Wie viele Menschen hast du umgebracht?

Ja, du hast richtig gelesen. Wie viele Menschen hast du umgebracht? Ich stelle dir diese Frage, weil ein Großteil der Bibel von Mördern geschrieben wurde. Mose brachte im Zorn einen Ägypter um. David tötete einen Typen, weil er seine Frau haben wollte. Und Paulus hat in seinem religiösen Stolz Christen umgebracht. Hier ein Auszug aus seinem hässlichen Lebenslauf:

*Viele der Heiligen ließ ich ins Gefängnis schließen, wozu ich von den obersten Priestern die Vollmacht empfangen hatte, und wenn sie getötet werden sollten, **gab ich die Stimme dazu**. Und in allen Synagogen wollte ich sie oft durch Strafen zur Lästerung zwingen, und über die Maßen **wütend gegen sie, verfolgte ich sie** sogar bis in die auswärtigen Städte.* (Apg 26,10-11)

Wie groß sind *deine* Sünden, verglichen damit, Christen zu töten? Und wie »anders« ist deine Situation? Seien wir ehrlich – das Einzige was uns davon abhält, Gott zu genießen, ist, dass *wir glauben, wir wären dafür nicht qualifiziert.* Aber die folgende Nachricht ist für dich: Deine Sünden sind klein. Dein Gott ist groß. Und du bist qualifiziert.

Unser Vertrag mit Gott

Wie können wir also Gott ohne Religion erleben? Ich glaube, der Schlüssel liegt darin, dass wir unseren Vertrag mit Gott verstehen. Unseren Vertrag? Ja, Vertrag. Unser Vertrag mit Gott ist besser, als wir uns möglicherweise vorstellen können. Er ist besser als die wankelmütige Religion, die wir fabriziert haben. Er ist besser als der christliche Jargon, den wir uns zurechtgelegt haben. Und er ist besser als der alte Weg, mit dem wir neben Jesus schon seit der Zeit der Urgemeinde hausieren gehen. Unser Vertrag mit Gott lädt uns dazu ein, etwas zu erleben, wovon die Menschen aus dem Alten Testa-

> Deine Sünden sind klein. Dein Gott ist groß. Und du bist qualifiziert.

ment nur träumen konnten. Sie haben offensichtlich nie das erlebt, was wir heute haben. Die Helden des Alten Testaments waren wesentlich engagierter als die meisten von uns heute. Aber das scheint nicht zu interessieren. Wir machen trotzdem das bessere Geschäft als sie damals:

*Und diese alle, obgleich sie durch den Glauben ein gutes Zeugnis empfingen, haben das Verheißene **nicht erlangt**, weil **Gott für uns etwas Besseres vorgesehen hat**, damit sie nicht ohne uns vollendet würden.* (Hebr 11,39-40)

Warum ist unser aktueller Vertrag mit Gott so viel besser? Um das zu beantworten, erzähle ich euch von einer kaputten Ehe.

Ein Gott der Scheidung?

David und Shelly waren neun Jahre verheiratet. Die ersten paar Jahre waren sie im siebten Himmel. Doch David war sich recht wenig bewusst, dass Shelly Pläne hatte, ihn zu verändern, sonst …

Shelly mochte David wirklich, aber sie sah Dinge an ihm, die sie »überarbeiten« wollte. Wenn sie ihn verändern könnte, würde sie bei ihm bleiben. Aber wenn David sich nicht ändern würde, nun, dann wäre alles denkbar, keine Ahnung – vielleicht sogar Scheidung.

David ging ein bisschen naiv in die Ehe. Er ging davon aus, dass Shelly ein Leben lang bei ihm bleiben würde. Er war ganz schön überrascht, als Shelly anfing, sich über seine Bequemlichkeit, seinen schlecht bezahlten Job und seine fehlende Antriebskraft zu beschweren. »Warum kannst du nicht ein bisschen mehr wie dein Bruder sein? Der hat einen Plan und eine Zukunft. Der weiß, wo er im Leben hin will. Du hast nicht die geringste Ahnung! Erwartest du etwa, dass ich bei dir bleibe, wenn du weiter deinen schlecht bezahlten Job behältst, der dir keine Aufstiegschancen bietet, und uns nicht aus diesem Loch hier rausholst?«

David arbeitete hart. Er hatte zwei Jobs: Unter der Woche arbeitete er auf dem Bau und am Samstag verkaufte er Autos. Er tat, was er konnte. Aber es reichte Shelly nicht. Ihre Anforderungen waren einfach zu hoch. Alle paar Monate setzte sie ihm richtig zu. Sie putzte ihn herunter und gab ihm das Gefühl, ein Nichts zu sein. Dann drohte sie ihm, ihn zu verlassen. David entschuldigte sich und machte verzweifelte Versuche, ihr zu gefallen.

> Gottes Eheversprechen gilt wirklich »in guten wie in schlechten Tagen«.

David arbeitete Doppelschichten. Dann wechselte er seine Stelle, um noch mehr Geld zu verdienen. Doch Shelly beschwerte sich immer noch, dass David ihr nicht das Leben bieten könne, das sie sich erhofft hatte.

Es brach David das Herz. Er liebte Shelly über alles und wollte ihr um jeden Preis gefallen. Doch er schaffte es einfach nicht! Egal wie sehr er es auch versuchte, er konnte sie nicht auf Dauer glücklich machen.

Schließlich traf Shelly ihre Entscheidung. Sie ging zum Anwalt und reichte die Scheidung ein. Bald würde alles vorüber sein und dann würde sie vielleicht endlich jemanden finden, der ihr das geben können würde, was David nicht geschafft hatte.

Klingt das nach einer Ehe, die dir gefällt? Wärst du gerne an Davids Stelle? Die meisten von uns würden doch gerne darauf verzichten! Aber wäre es für uns nicht genau dasselbe, wenn wir *unsere Errettung verlieren* könnten? Wir wären (geistlich) mit einem Mann verheiratet, der uns ständig bewerten würde und bereit wäre, jederzeit die Scheidung einzureichen?

Gott hasst Scheidung. Das wissen wir aus der Bibel. Doch wer behauptet, dass wir unsere Errettung verlieren könnten, sagt, dass wir zwar die Braut Christi sind, aber dass Gott sofort die Scheidung einreicht, wenn wir seinen Anforderungen nicht entsprechen!

Ein völlig neuer Weg

Wenn wir zu Jesus kommen, treten wir in eine neue Art der Beziehung zu Gott ein. Dieser neue Weg vernichtet sogar die entfernteste Möglichkeit, dass Gott sich von uns »scheiden« lassen könnte. Gottes Eheversprechen gilt wirklich »in guten wie in schlechten Tagen«. Jesus führte einen besseren Bund mit Gott ein (Hebr 8,22; 9,15). Dieser ist mit nichts Früherem vergleichbar. Er befähigt uns, Gott zu erleben ohne den steinigen Weg der Religion. Es geht um Folgendes:

Kopf hoch! Die Tage kommen, an denen ich einen neuen Plan fassen werde, wie ich mit Israel und Juda verfahren werde.
Ich werde den alten Plan verwerfen, den ich mit ihren Vorfahren hatte, als ich sie an der Hand aus Ägypten geführt habe.
Sie haben ihren Teil des Vertrages nicht eingehalten, darum habe ich mich abgewendet *und sie gehen lassen.*

Dieser neue Plan, den ich mit Israel fassen werde, wird nicht
auf Papier geschrieben, wird nicht in Stein gehauen wer-
den;
*Dieses Mal schreibe ich den Plan **in** sie, graviere ihn **auf die***
Zeilen ihres Herzens.
Ich werde ihr Gott sein, sie werden mein Volk sein.
Sie werden nicht mehr zur Schule gehen müssen, um etwas
über mich zu lernen, oder sich ein Buch darüber kaufen
*müssen, wie sie »**Gott in fünf Lektionen kennenlernen**«.*
***Sie werden mich aus erster Hand kennenlernen**, die Klei-*
nen und die Großen, die Jungen und die Alten.
Sie werden mich kennenlernen als der, der ihnen freundlich
*vergibt und **die Kartei ihrer Sünden für immer aus-***
löscht.
(Hebr 8,8-12, übertragen aus der engl. »Message«)

Hast du mitbekommen, welche Probleme der alte Weg der Religion macht? Genauso wie David es nicht schaffte, Shellys Erwar-
tungen zu erfüllen, heißt es hier, dass Israel seinen Teil des Vertrages nicht einhielt (V. 9). Und was war das Ergebnis? Gott wendete sich von ihnen ab.

Aber unter dem neuen Bund ist dieses Problem *gelöst.*

Zunächst einmal schreibt Gott seine Wünsche in unsere Herzen, damit wir das wollen, was er will. Zweitens erhalten wir einen Platz an seinem Tisch als Teil seiner Familie. »Sie werden
mich aus erster Hand kennenlernen«, sagt er. »Sie werden mich
kennenlernen als der, der ihnen freundlich vergibt und die Kartei ihrer Sünden für immer auslöscht.« (V. 11-12). Ein brandneues
Herz und eine ausgelöschte Sündenkartei machen Gottes neuen
Weg zu etwas völlig anderem.

Unter dem alten Weg hielt *keiner* seinen Teil des Vertrages ein und Gott wendete sich von ihnen ab (Hebr 8,9). Im Alten Testament schafften es selbst die eifrigsten religiösen Diener nicht, Gott zu beeindrucken und in seiner Gnade zu bleiben. Das ist ein echtes Problem, denn heutzutage würden die meisten von uns nicht annähernd die gleichen Anstrengungen unternehmen! Die Diener des Alten Testaments arbeiteten pausenlos daran, alles richtig zu machen. Und Gott wendete sich trotzdem von ihnen ab. Es hat einfach nicht ausgereicht.

Doch Gott hat den alten Plan verworfen (Hebr 8,9). Und der neue Weg kam auf den Tisch, um alles zu lösen. Das Geheimnis des neuen Weges ist, dass es *nicht um uns geht*, sondern um Gottes Treue zu *sich selbst!*

Es geht nicht um dich!

Gottes neuer Bund ist völlig anders. Es geht nicht um unsere Leistung. Unsere Unterschrift unter den Vertrag ist nicht erforderlich. Wir profitieren zwar davon, aber wir setzen ihn nicht in Kraft oder halten ihn aufrecht. Gott löst das alte Problem mit der Treue. Jetzt geht es um die Treue von jemand anderem.

Unter dem alten Weg fand Gott Fehler bei dem Volk. Unter dem neuen Weg machte Gott *sich selbst ein Versprechen.* Er wollte keinen anderen miteinbeziehen, der es sich vielleicht anders überlegen würde. Diesen Weg hatte er ja bereits hinter sich!

*… damit wir durch **zwei unveränderliche Dinge**, bei denen **Gott doch unmöglich lügen kann**, einen starken Trost hätten, die wir unsere Zuflucht dazu genommen haben, die vorhandene Hoffnung zu ergreifen. Diese haben wir als ei-*

*nen sicheren und festen **Anker der Seele**, der in das Innere des Vorhangs hineinreicht. (Hebr 6,18-19 Elb)*

Was sind die zwei unveränderlichen Dinge? Gott und Gott. Wir sind in diesem Vertrag nicht einbezogen, weil Gott wusste, wo das hinführen würde! Stattdessen geht es in diesem neuen Bund um Gottes Versprechen sich selbst gegenüber. Gott lügt nicht. Darum ist sein neuer Plan ein »*sicherer* und *fester* Anker der Seele« (Hebr 6,19).

> In diesem neuen Bund geht es um Gottes Versprechen sich selbst gegenüber.

Stell dir mal den Titan Atlas aus der griechischen Mythologie vor, der die Welt auf seinen Schultern trägt. Das erinnert mich an Christen, die von ihrer Schuld über ihre Beziehung mit Gott überwältigt sind. Sie leiden an einem Atlas-Komplex, weil sie denken, das Gewicht der ganzen Welt läge auf ihren Schultern. In ihrem Denken dreht sich alles darum, wie sie Gott gegenüber gehorsam und treu sein und vor ihm gut dastehen können. Wenn sie Gott zu sehr enttäuschen, dann könnten sie ihre Errettung verspielen. Sie fürchten, dass es ewige Auswirkungen haben könnte, wenn ihre moralische Stärke sie im Stich ließe. So führen sie ein angespanntes und verkrampftes Leben mit Schweißperlen auf der Stirn und tragen ihre Errettung auf ihren eigenen Schultern.

Wann immer ich einen Christen getroffen habe, der glaubte, er könne seine Errettung verlieren, hat er das immer mit sich selbst begründet. Was ist, wenn *ich* Selbstmord begehe? Was ist, wenn *ich* mich scheiden lasse? Was ist, wenn *ich* aufhöre zu glauben? Was ist, wenn *ich* …? Egal, wie der Satz weitergeht, es ist immer dasselbe. Jedes hypothetische Szenario macht uns zum Unsicherheitsfaktor der Gleichung.

Doch unsere Treue zu Gott ist ein Problem des *alten* Bundes, das durch den Neuen gelöst wurde. Unter dem Neuen hat Gott das Undenkbare geleistet: Er hat uns aus der Gleichung entfernt. Unsere Errettung und unsere Treue hängen jetzt nur noch von Ihm ab:

Wenn wir untreu sind, so bleibt er doch treu; er kann sich
selbst nicht verleugnen. (2 Tim 3,13)

Sogar unser geistliches Wachstum ist allein von ihm abhängig.

... weil ich davon überzeugt bin, dass der, welcher in euch
*ein gutes Werk **angefangen hat**, es auch **vollenden wird** bis*
auf den Tag Jesu Christi. (Phil 1,6)

... und nicht festhält an dem Haupt, von dem aus der ganze
Leib, durch die Gelenke und Bänder unterstützt und zu-
*sammengehalten, **heranwächst in dem von Gott gewirkten***
***Wachstum**.* (Kol 2,19)

Religion will uns weismachen, dass wir ein wesentlicher Teil der Gleichung sind. Wir müssen etwas »tun«. Und wir haben es erst geschafft, wenn wir im Himmel ankommen und dann feststellen, dass es »gereicht« hat. Im Gegensatz dazu geht es bei dem neuen Weg nur darum, was Jesus *getan hat*, um eine unzerstörbare Beziehung zu Gott und garantiertes Wachstum in ihm zu schaffen.

Bei Gottes neuem Weg geht es nicht um uns. Es geht nur um ihn. Und Gottes neuer Weg macht es uns möglich, in das lebenslange Abenteuer einzusteigen, Jesus ganz vertraut zu kennen, *ohne* dass Religion das abtötet.

3

Als ich eines Tages den Gang der *University of Notre Dame* entlangging, wurde ich Zeuge eines Gesprächs, das ich nie vergessen werde. Als ich gerade an der Tür zu einem Hörsaal vorbeiging, fragte eine Studentin ihren Professor: »Warum war Gott im Alten Testament so anders zu den Menschen?«

Es war eine theologische Vorlesung, die von einem Priester gehalten wurde, und die Frage der Studentin interessierte mich sehr. Also blieb ich wie angewurzelt stehen, um zuzuhören.

»Gott hat die Menschen im Alten Testament gar nicht *so* anders behandelt«, antwortete der Priester. »Das Alte und das Neue Testament sind sich ziemlich ähnlich darin, wie sie Gottes Eingreifen in unser Leben beschreiben.«

Die Studentin schien von der Antwort verwirrt zu sein. Aber der Professor war schließlich Priester, also musste er es wohl wissen. Ich sah, wie sie sich einige Notizen machte. Der Priester ging zum nächsten Punkt über.

Wärst du auch der Meinung, dass Gottes Eingreifen in unser Leben im Alten und im Neuen Testament ähnlich war? Klar, Gott selbst hat sich nicht verändert. Aber wie wir gesehen haben, ist der Vertrag, mit dem er in eine Beziehung zu uns tritt, *völlig* anders. Es wurde eine Trennlinie gezogen. Das zu missachten würde bedeuten, dass wir die Rolle von Jesu Erscheinen auf der Bildfläche völlig missverstünden.

Unter dem alten Weg wurde Gott zornig, wenn Israel sündigte. Unter dem neuen Weg sind wir vor Gottes Zorn gerettet (Röm 5,9). Unter dem alten Weg wurden die Menschen mit der jährlichen Erinnerung an ihre Sünden belastet. Unter dem neuen Weg gedenkt Gott unserer Sünden nicht mehr (Hebr 8,12). Unter dem alten Weg kam der Heilige Geist zeitweise auf einzelne Menschen, damit sie ihren Dienst ausführen konnten. Unter dem neuen Weg lebt Gottes Geist auf ewig in uns (Eph 1,13-14). Unter dem alten Weg flehte David Gott an, seinen Geist nicht von ihm zu nehmen. Unter dem neuen Weg sind wir ein Geist mit Gott geworden (1 Kor 6,17). Und er wird uns niemals verlassen (Hebr 13,5).

Die Art, wie wir zu Gott in Beziehung treten, ist heute *völlig* anders. Es gab einen Wechsel der Systeme, der den alten Weg hinfällig gemacht hat (Hebr 7,12; 8,8-9). Er wurde weggetan, weil er »schwach« und »nutzlos« war und uns vor Gott nicht gerecht machen konnte (Hebr 7,18-19; 8,13; 10,8-10). Folglich gibt es nur eines, worüber wir heute in der Gemeinde predigen können – den *neuen* Bund, nichts anderes:

… der uns auch tüchtig gemacht hat zu **Dienern des neuen Bundes, nicht des Buchstabens,** *sondern des Geistes; denn der Buchstabe tötet, aber der Geist macht lebendig. (2 Kor 3,6)*

»Ladendieb, Ladendieb!«

»Wir haben ihn auf Band! Wir haben ihn auf frischer Tat ertappt!« sagte ich zu Aidans Vater. Aber er zeigte sich unbeeindruckt. »Warum hast du Aidan das angetan? Was bist denn du für ein Freund?« fragte er.

Ich war fassungslos. Ich hatte gedacht, Aidans Vater wäre stolz auf mich, dass ich das Verhalten seines Sohnes verfolgt und Beweise gesammelt hatte. Mein Freund Tony und ich waren zusammen in der Mittelstufe und wir gingen in eine Gemeinde, die von unseren Eltern gegründet worden war. Wir sahen uns schon in jungen Jahren als Eigentümer, ja vielleicht sogar als junge Leiter in der Gemeinde. Wir waren sehr stolz und religiös und heckten einen Plan aus, um einen unserer eigenen Freunde in die Falle zu locken.

Ich brachte den Kassettenrekorder mit und Tony stellte die Fragen. Wenn wir es schaffen würden, dass Aidan zugab, geklaut zu haben, würden wir bestimmt eine Belohnung dafür bekommen.

Die Sonntagsschule war gerade vorbei und bis zum Gottesdienst waren es noch 15 Minuten. Wir Kinder gingen zum Kiosk runter, um etwas zu essen und zu trinken zu kaufen. Wir hofften, dass Aidan noch einmal sein »Können« unter Beweis stellte. Dieses Mal waren wir gerüstet, ihn auf frischer Tat zu ertappen!

Natürlich verließ Aidan den Kiosk mit ein paar Süßigkeiten in der Jackentasche, die er hatte mitgehen lassen. »Was hast du denn da, Aidan?« fragte Tony. In der Zwischenzeit streckte ich meinen Arm in Aidans Richtung. (Ich hatte selbst etwas im Ärmel meiner Jacke versteckt – den Kassettenrekorder!)

Als wir zur Gemeinde zurückgingen, hatten wir den nötigen Beweis. Aidan gab an diesem Morgen nicht nur zu, dass er dieses Mal geklaut hatte, sondern auch noch bei anderen Gelegenheiten.

»Junge, Aidans Papa wird vielleicht stolz auf uns sein, dass wir ihn uns vorgenommen haben!« dachten wir. Aber nachdem wir Aidans Papa das Band vorgespielt und seine zornige Antwort gehört hatten, konnten Tony und ich nur verwirrte Blicke austauschen. Wie hatte das nur schiefgehen können? Warum waren wir nicht die Helden?

Tief drinnen wussten wir, dass Aidans Vater recht hatte. Denn was hatten wir eigentlich erreicht? Nichts von dem, was wir getan hatten, war aus Liebe geschehen. Und das Ergebnis war, dass Aidan monatelang nicht mit uns redete. Wir hatten unsere Beziehung zu ihm zerstört, als wir ihn »überführen« wollten.

Wie wir damals Aidan behandelt haben, das erinnert mich daran, was mit Menschen unter dem Gesetz geschieht. Wir werden alt, hart und richtend. Und wir beginnen, Beweise gegeneinander zu sammeln. Damit verstoßen wir gegen genau das Gesetz, das einzuhalten wir behaupten.

Du verkündigst, man solle nicht stehlen, und stiehlst selber? Du sagst, man solle nicht ehebrechen, und brichst selbst die Ehe? Du verabscheust die Götzen und begehst dabei Tempelraub? Du rühmst dich des Gesetzes und verunehrst doch Gott durch Übertretung des Gesetzes? Denn der Name Gottes wird um euretwillen gelästert unter den Heiden, wie es geschrieben steht. (Röm 2,21-24)

Unser Problem mit dem Alten

Also, was *genau* ist das Problem mit dem alten Weg? Das Gesetz zeigt mit seinem heiligen Finger auf uns und bringt uns alle zum Schweigen. Durch das Gesetz werden wir uns unserer Sünde nur noch bewusster:

> *Wir wissen aber, dass das Gesetz alles, was es spricht, zu denen sagt, die unter dem Gesetz sind, **damit jeder Mund verstopft werde** und alle Welt vor Gott schuldig sei, weil aus Werken des Gesetzes kein Fleisch vor ihm gerechtfertigt werden kann; denn **durch das Gesetz kommt Erkenntnis der Sünde.*** (Röm 3,19-20)

Das Gesetz drängt uns clever in die Ecke und zeigt uns, dass wir Gefangene der Sünde sind (Gal 3,19-24). Nachdem das Gesetz uns unsere Sünde aufgezeigt hat, bietet es uns keine wirkliche Lösung an. Das Gesetz kann uns in der nahen Zukunft keine neue Geburt, kein neues Leben und keine Hoffnung geben (Gal 2,16; 3,21).

> Das Gesetz zeigt mit seinem heiligen Finger auf uns und bringt uns alle zum Schweigen.

Unter dem Gesetz zu sein ist ähnlich, wie unter einem Fluch zu stehen (Gal 3,10). Die Forderungen, die das Gesetz an uns stellt, sind nicht schwierig, sie sind unmöglich zu erfüllen! Zur gleichen Zeit, wie das Gesetz schreit, »du sollst nicht sündigen!«, erregt es immer noch mehr Sünde in uns (Röm 7,5 Elb). Hier sind wir nun, ohne Hoffnung, dem Maßstab gerecht zu werden, und mit jeder weiteren Minute wird alles nur noch schlimmer.

Weil das Gesetz der Sünde die Möglichkeit gibt aufzublühen (Röm 7,8), wird es zum Dienst der Verdammnis (2 Kor 3,7). Ja, Gott brachte das Gesetz ins Spiel, damit unsere Sünden *zunähmen*, nicht abnähmen:

> *Das Gesetz aber kam daneben hinzu, **damit die Übertretung zunehme**. Wo aber die Sünde zugenommen hat, ist die Gnade überreich geworden. (Röm 5,20 Elb)*

Wenn sich jemand dem alten Weg des Gesetzes zuwendet, um Antworten zu erhalten, kann er davon ausgehen, dass er *mehr* sündigt, und nicht weniger. Hast du jemals in Betracht gezogen, dass deine selbst auferlegten religiösen Forderungen möglicherweise überhaupt erst der Grund für deinen Kampf gegen die Sünde sind? Die einzige Möglichkeit, unter dem Gesetz Erleichterung zu erleben, ist, die Regeln zu brechen, wenn die Leute nicht hinsehen. Aber wie wir als nächstes sehen werden, tragen wir am Ende für alle sichtbar unseren Ungehorsam zur Schau!

Das Motorboot des Mennoniten

Als wir im Norden des US-Bundesstaates Indiana lebten, lernten wir viel über die Kultur der Mennoniten. In dieser Gegend gibt es drei Hauptrichtungen von Mennoniten. Am leichtesten kann man sie an der Art ihrer Fortbewegung unterscheiden. Einige verzichten ganz auf das Autofahren. Andere fahren nur schwarze Autos ohne jeden Schnickschnack. Und bei der dritten Gruppe fährt jeder das Auto, das ihm gefällt.

Im Süden der Stadt gab es eine Kreuzung. An drei Ecken davon befanden sich Gemeinden. Wenn man sonntags vorbeifuhr, ergab das ein perfektes Bild aller drei mennonitischen Ansichten. Auf einem Parkplatz gab es Autos aller Marken und Farben. Der zweite Parkplatz war voller sehr konservativer schwarzer Autos. Und der dritte Parkplatz bestand aus Dreck mit einem Anbindepfosten für Pferdekutschen. Diese letzte Gruppe hatte beschlossen, auf die meisten Annehmlichkeiten der modernen Welt zu verzichten.

Eines Tages hatten wir in der Siedlung der Mennoniten zu tun. Meine Frau und ich wurden Zeugen einer unvergesslichen Szene: Ein Pferd trabte die Hauptstraße entlang … und auf dem Wagen befand sich ein knallgelbes Rennboot!

> Das Gesetz funktioniert nicht, wenn wir uns nur die Rosinen herauspicken.

Wir konnten nicht aufhören über diese Heuchelei zu lachen. Ja, der Mennonit befolgte den Buchstaben des mennonitischen Gesetzes. Aber er fand eine Gesetzeslücke, die es ihm ermöglichte, am Wochenende ein bisschen »Freiheit« zu genießen.

Ganz ähnlich sagt uns der alte Weg der Religion genau, wo die Grenzen sind. Aber wenn die Regeln uns zu unbequem werden, ertappen wir uns vielleicht dabei, wie wir sie abändern, damit sie zu unserem gewünschten Lebensstil passen. Damit stellen wir uns nie der Strenge des Gesetzes und wir leiden nicht unter der vollen Kraft seiner Verurteilung.

Keine Lust auf die mehr als sechshundert Gesetze des Alten Testaments? Dann lass dich vielleicht auf die Elf Gebote ein – die allseits bekannten Zehn Gebote plus dem Zehnten? Du willst dich nicht auf die vorgeschriebenen zehn Prozent festlegen? Gut, dann lass es bei den Zehn Geboten. Was, du kannst nicht darauf verzichten, am Freitagabend E-Mails zu schreiben und am Samstag im Garten zu arbeiten? Okay, dann bleiben uns eben nur noch die Neun Gebote. Während wir so lange am Gesetz herumschnippeln, bis es uns in den Kram passt und nett und bekömmlich ist, suhlen wir uns in religiöser Verwirrung. Darüber hinaus verwirren wir auch alle um uns herum, weil wir es nicht schaffen, in der wunderbaren Einfachheit des neuen Weges Gottes zu bleiben.

Das Gesetz funktioniert nicht, wenn wir uns nur die Rosinen herauspicken. Es geht um Alles oder Nichts:

*Denn alle, die aus Werken des Gesetzes sind, die sind **unter dem Fluch**; denn es steht geschrieben:»Verflucht ist jeder, der nicht bleibt **in allem**, was im Buch des Gesetzes geschrieben steht, um es zu tun«. (Gal 3,10)*

*Denn wer das ganze Gesetz hält, sich aber **in einem** verfehlt, der ist **in allem** schuldig geworden. (Jak 2,10)*

Selbst wenn wir das ganze Gesetz halten und nur an einem winzigen Punkt danebenliegen, sind wir verflucht! Das heißt also, dass wir entweder unser Versagen anerkennen oder uns der Illusion hingeben, dass wir auf dem Weg zur Größe sind.

Wir haben die Wahl.

Sobald wir die Hoffnungslosigkeit unter dem alten Weg bemerken, können wir aktiv werden und die Grenze überschreiten. Wir können die Religion verlassen und dazu übergehen, Gott ohne Religion zu erleben. Und Gott teilt ein schwer verständliches Geheimnis mit uns: Wenn wir den alten Weg der Regeln verlassen, *verliert* die Sünde ihre Kontrolle über uns.

*Die Sünde aber **ergriff durch das Gebot die Gelegenheit**
und bewirkte jede Begierde in mir; denn **ohne Gesetz ist die
Sünde tot**.* (Röm 7,8 Elb)

Gebote verschaffen der Sünde eine Gelegenheit. Aber außerhalb
des Gesetzes ist die Sünde tot. Offensichtlich gehen das Freisein
vom Gesetz und das Freisein von der Macht der Sünde Hand in
Hand. Sie sind praktisch ein und dasselbe.

Aber wie überschreiten wir die Grenze? Wie lassen wir den alten Weg des Gesetzes *vollständig* hinter uns? Dafür schalten wir
jetzt live in die Wälder vor Frankreich.

4

Als der Wagen zum Stehen kommt, verkündet der Botschafter, dass jetzt die Übergabezeremonie beginne. Marie Antoinette steigt aus der Kutsche. Sie hält ihren Hund eng an ihre Brust gepresst und geht zu Fuß weiter zu einem schön geschmückten Zelt abseits des Waldweges. Dort wird sie von einer französischen Komtesse in Empfang genommen, die ihr sagt, es sei jetzt an der Zeit, alles aus ihrem früheren Leben in Österreich hinter sich zu lassen. Die Komtesse sagt, sie werde jetzt den Repräsentanten des französischen Hofs übergeben werden und sie müsse sich an ein völlig neues Leben in Frankreich gewöhnen. Marie verabschiedet sich von dem österreichischen Botschafter und schlüpft mit der Komtesse in das Zelt.

Im Zelt nimmt ihr die Komtesse den Hund ab und bittet einen Helfer, ihn den Österreichern zurückzugeben. Dann wird Marie ausgezogen. Ihre österreichischen Kleider werden durch die neuste französische Mode ersetzt. »Die Braut darf nichts von ihrem früheren Hof behalten«, sagt die Komtesse.

In genau diesem Augenblick verpflichtet sich Marie, den französischen Dauphin, den Thronfolger Frankreichs zu heiraten. Jetzt gehört Marie zur französischen Krone und es gibt in ihrem Leben keinen Platz mehr für Altgewohntes. Ihre bevorstehende Hochzeit erfordert es, dass sie sich von allem Österreichischem freimacht.

Und es gibt kein Zurück mehr.

Wie Marie Antoinette machen wir durch Heirat einen klaren Bruch mit dem alten Weg der Religion. Bevor wir Jesus begegnet sind, wurde uns gesagt, Religion sei etwas Gutes und wir sollten unser Bestes geben, um ihre Regeln zu befolgen. Aber jetzt sind wir mit Jesus Christus verheiratet. Wie Marie sind auch wir nun aus königlichem Geschlecht (1 Petr 2,9). Das heißt, unsere frühere Schwäche für Religion hat im Königreich Gottes keinen Platz mehr:

*Also seid auch ihr, meine Brüder, **dem Gesetz getötet** worden durch den Leib des Christus, damit ihr einem **anderen zu eigen** seid, nämlich dem, der aus den Toten auferweckt worden ist, damit wir Gott Frucht bringen. (Röm 7,4)*

Stell dir einmal vor, Marie Antoinette hätte den französischen Hof um Erlaubnis gebeten, ihre alten österreichischen Kleider neben der neuen französischen Mode tragen zu dürfen. Stell dir vor, sie hätte darum gebeten, ihre alten österreichischen Gebräuche neben den unbekannten Sitten Frankreichs ausüben zu dürfen. Mit ziemlicher Sicherheit hätten die Franzosen das nicht gerne gesehen! Nun, der Apostel Paulus hat die Idee, das Alte mit dem Neuen zu vermischen nicht nur nicht gerne gesehen. Er fing sogar an zu schimpfen. Er sagte: »Ihr törichten Galater!« (Gal 3,1 NeÜ), weil sie versuchten, den alten Weg des Gesetzes mit dem neuen

Leben in Christus zu vermischen. Klingt das etwa so, als ob Gott daran interessiert wäre, das Alte mit dem Neuen zu vermischen? Unsere Hochzeit mit Jesus bedeutet, dass wir die Grenze vom Tod zum Leben überschritten haben. Wie bei Marie Antoinette erfordert unsere Überschreitung der Grenze einen klaren Bruch mit dem Alten. Unsere Beziehung zum Gesetz ist vorbei:

*Denn **Christus ist das Ende des Gesetzes** zur Gerechtigkeit für jeden, der glaubt. (Röm 10,4)*

Zu einfach?

Manche lehren, wir Christen seien zwar frei von den Speise- und Opfervorschriften des Gesetzes, müssten aber immer noch die Zehn Gebote halten. Nun, ich will schnell sagen, dass ich Lügen, Ehebruch und Mord nicht befürworte. Und ich kenne auch keinen anderen Christen, der das täte. Aber die Frage ist: Wenn wir Christen einmal begriffen haben, dass das Gesetz uns nicht retten kann, sollten dann die Zehn Gebote immer noch unser *Leitfaden* für den Alltag sein?

> Unsere Beziehung zum Gesetz ist vorbei.

Ich glaube, die Antwort ist nein. Ein Christ sollte *keinerlei geistliche Beziehung* zu den Zehn Geboten haben. Warum nicht? Zunächst einmal wissen viele von uns gar nicht, was sie da sagen, wenn sie glauben, gemäß den Zehn Geboten zu leben. Wenn wir das wirklich täten, würden wir den Sabbat halten und von Freitagabend an den ganzen Samstag hindurch keine Arbeit tun. Das heißt es nämlich, den Sabbat zu halten und zu heiligen – und das ist eines der Zehn Gebote.

Da werden manche sagen: »Nun, wir sind frei vom Sabbat. Das ist etwas anderes!« Meine Antwort ist: »Dann halten wir also die Neun Gebote?« Ich kann nicht erkennen, wo uns in der Bibel gesagt würde, dass wir Gottes Gesetz in Einzelteile zerlegen könnten – Opfervorschriften, Speisevorschriften, moralische Gesetze und den Sabbat – um es so hinzubekommen, wie es uns passt. Wir haben bereits gesehen, dass das Gesetz alles oder nichts bedeutet (Jak 2,10). Wir können nicht nur *ein bisschen* davon übernehmen.

Der Apostel Paulus sagt, dass wir verflucht sind, wenn wir nicht *alles* halten, was im Gesetz geschrieben steht (Gal 3,10). Aus genau diesem Grund hat Gott uns von *allen* Forderungen des Gesetzes frei gemacht, nicht nur von manchen. Wir haben nicht das Recht dazu, uns die Rosinen herauszupicken und die Teile herauszusuchen, die uns gefallen. Wir haben nicht die Wahl, nur einen Teil des Gesetzes zu halten, egal ob 1 Prozent oder 99 Prozent oder irgendwas dazwischen. Wenn wir schon in das Geschäft des Gesetzehaltens einsteigen, müssen wir das *ganze* Gesetz halten. Und wenn wir das Gesetz auch nur als *Teil* unseres Glaubenssystems übernehmen, »nützt« uns Jesus überhaupt nichts (Gal 5,2-4).

Auch die Zehn Gebote?

Aber vielleicht trifft dieses ganze Gerede über die »Freiheit vom Gesetz« auf die Zehn Gebote gar nicht zu. Vielleicht ist das zu radikal, eine Überreaktion auf Gesetzlichkeit. Wo heißt es denn überhaupt, dass die Zehn Gebote Verdammnis und Kampf mit sich bringen? Ich bin froh, dass du gefragt hast. Es gibt zwei Bibelstellen dazu. Hier ist die erste:

> *Wenn aber **der Dienst des Todes durch in Stein gegrabene Buchstaben** von solcher Herrlichkeit war, dass die Kinder Israels nicht in das Angesicht Moses schauen konnten wegen der Herrlichkeit seines Antlitzes, die doch vergänglich war, wie sollte dann nicht der Dienst des Geistes von weit größerer Herrlichkeit sein? Denn wenn **der Dienst der Verdammnis** Herrlichkeit hatte, wie viel mehr wird der Dienst der Gerechtigkeit von Herrlichkeit überfließen! Ja, selbst das, was herrlich gemacht war, **ist nicht herrlich** im Vergleich zu diesem, das eine so überschwängliche Herrlichkeit hat. Denn wenn das, **was weggetan wird**, mit Herrlichkeit kam, wie viel mehr wird das, was bleibt, in Herrlichkeit bestehen! (2 Kor 3,7-11)*

Paulus bezieht sich auf das Gesetz als den »Dienst des Todes durch in Stein gegrabene Buchstaben« (2 Kor 3,7). Dieser letzte Teil über die Buchstaben, die in Stein gegraben waren, trifft *ausschließlich* auf die Zehn Gebote zu. Der Rest des Gesetzes wurde nicht auf Stein geschrieben – nur die Zehn Gebote.

Erstens sagt Paulus, dass die Zehn Gebote ein Dienst des Todes sind. Zweitens sagt er, dass die Zehn Gebote Verdammnis bringen. Drittens sagt er, dass die Zehn Gebote nur eine vergängliche Herrlichkeit hatten. Dieser Absatz ist recht überzeugend, dass wir Christen unseren Blick nicht auf die Zehn Gebote als unsere Quelle oder unseren Leitfaden richten sollten. Heute gibt es einen neuen Dienst des Geistes, der eine größere Herrlichkeit hat!

Denn die Zehn Gebote weisen uns nicht nur auf Sünden hin, mit denen wir *bereits* kämpfen. Wenn wir uns unter die Zehn Gebote begeben, stürzt sich unser Fleisch ins Geschehen. Mit dem Ergebnis, dass wir am Ende Weltrekorde im Sündigen aufstellen. In Römer 7 offenbart Paulus, dass das Gesetz der Sünde eine Gelegenheit verschafft hatte, in ihm erregt (und nicht erstickt!) zu werden:

> *Denn als wir im Fleisch waren, wirkten die* **Leidenschaften der Sünden, die durch das Gesetz ›erregt wurden‹,** *in unseren Gliedern, um dem Tod Frucht zu bringen … Die Sünde aber* **ergriff durch das Gebot die Gelegenheit** *und bewirkte jede Begierde in mir; denn ohne Gesetz ist die Sünde tot. (Röm 7,5.8 Elb)*

Mit welcher Art von Sünde kämpfte Paulus unter dem Gesetz? Mit der Sünde des Begehrens. *Welches Gebot* zwang Paulus also in die Knie? »Du sollst nicht begehren« – eines der Zehn. Also bewirken auch die Zehn Gebote »jede Begierde« (Röm 7,8). Erwarten wir andere Resultate als die des Apostels Paulus, wenn wir die Zehn Gebote als Quelle für ein göttliches Leben benutzen?

> Wenn wir am Gesetz als unserem Leitfaden festhalten, werden wir Sünde, Schuld und jede Menge Verwirrung ernten.

Paulus schlussfolgert: »Ohne Gesetz ist die Sünde tot.« (Röm 7,8). In diesem Zusammenhang bedeutet das, dass ohne die Zehn Gebote (insbesondere »Du sollst nicht begehren«) die Sünde tot ist. Wenn wir Christen Sieg über die Sünde haben wollen, dann sollten wir *keinerlei* Beziehung zu dem Gesetz haben, nicht einmal zu den Zehn Geboten. Wenn wir am Gesetz als unserem Leitfaden festhalten, werden wir Sünde, Schuld und jede Menge Verwirrung ernten.

Das Gesetz ist nutzlos für unsere Errettung. Es ist nutzlos für unser Wachstum. Es ist schlicht nutzlos für Gläubige (Hebr 7,18). Wir haben keine Verwendung dafür in unserem praktischen Alltag als Christen.

Es ist für uns jetzt veraltet (Hebr 8,13).

Zu nichts nütze?

Aber ist das Gesetz nicht doch noch für irgendetwas gut? Schließlich sagte Jesus doch in Matthäus 5, er sei nicht gekommen, das Gesetz aufzuheben:

*Ihr sollt nicht meinen, dass ich gekommen sei, um das Gesetz oder die Propheten aufzulösen. Ich bin nicht gekommen, um aufzulösen, sondern um zu erfüllen! Denn wahrlich, ich sage euch: **Bis Himmel und Erde vergangen sind,** wird nicht ein Buchstabe noch ein einziges Strichlein vom Gesetz vergehen, **bis alles geschehen ist.** (Mt 5,17-18)*

Als ich das letzte Mal nachgesehen habe, waren Himmel und Erde immer noch da. Also ist das Gesetz auch immer noch da – es ist *nicht* abgeschafft. Aber wenn das Gesetz uns Christen nicht hilft, ein rechtschaffenes Leben zu führen, was hat es dann noch für einen Nutzen?

Natürlich ist das Gesetz auch heute noch nützlich. Das Gesetz hat vor dem Kreuz einen bestimmten Zweck zu erfüllen. Aber

wir sind offensichtlich nicht die ersten, die diesen Zweck miss-
verstehen:

*Sie wollen Lehrer des Gesetzes sein und verstehen doch
nicht, was sie verkünden und als gewiss hinstellen. Wir wissen aber, dass das Gesetz gut ist, wenn man es **gesetzmäßig**
anwendet und berücksichtigt, dass einem **Gerechten kein
Gesetz auferlegt ist**, sondern Gesetzlosen und Widerspens-
tigen, Gottlosen und Sündern, Unheiligen und Gemeinen,
solchen, die Vater und Mutter misshandeln, Menschen töten. (1 Tim 1,7-9)*

Hier sagt Paulus dem jungen Pastor Timotheus, er solle sich in
acht nehmen vor denen, die das Gesetz fälschlicherweise auf
Christen anwenden (»die Gerechten«). Wenn also das Gesetz
nicht für die Gläubigen ist, dann gibt es nur eine Gruppe, für die
es sein kann:

***Bevor aber der Glaube kam,** wurden wir unter dem Gesetz
verwahrt und verschlossen auf den Glauben hin, der geoffenbart werden sollte. So ist also **das Gesetz unser Lehrmeister geworden auf Christus hin,** damit wir aus Glauben gerechtfertigt würden. Nachdem aber der Glaube gekommen ist, sind wir nicht mehr unter dem Lehrmeister.
(Gal 3,23-25)*

Das Gesetz lehrt uns als *Ungläubige* und zeigt uns unsere Sünd-
haftigkeit. Aber sobald wir zum Glauben an Jesus kommen, haben wir keine Verwendung mehr für das Gesetz. Christen sind
nicht unter dem Gesetz und werden auch nach der Errettung
nicht durch das Gesetz erzogen (Gal. 3,25; 5,18; Röm 6,14).

Die Zehn Gebote und andere moralische Gesetze sind für Ungläubige wichtig, das versteht auch unser Gewissen schon intuitiv. Diese Werte weisen darauf hin, wie jeder von uns mit einem Hang zur Sünde geboren wurde: »… da sie ja beweisen, dass das Werk des Gesetzes in ihre Herzen geschrieben ist, was auch ihr *Gewissen* bezeugt, dazu ihre Überlegungen, die sich untereinander verklagen oder auch entschuldigen« (Röm 2,15). Das Gesetz klagt uns an und wir versuchen uns zu verteidigen. Wir leben so gut, wie wir es können. Aber sobald wir unsere Schuld zugeben und in ein neues Leben mit Jesus übergehen, ist unsere Beziehung zum Gesetz vorbei. Wir kommen in den neuen Bund mit Gott. Wir sind bereit für den neuen Weg des Geistes.

> Das Gesetz lehrt uns als Ungläubige und zeigt uns unsere Sündhaftigkeit.

Für dich persönlich

Klingt ein klarer Bruch mit der Religion des Gesetzes allzu einfach? Nun, ich hoffe, dass es so einfach klingt, denn es *sollte* einfach sein. Jesus sagte, wir sollten uns dem Königreich Gottes wie kleine Kinder nähern (Mk 10,15). Und Paulus fürchtete, dass die frühe Gemeinde von der Einfachheit des neuen Weges abkommen könnte und die Dinge verkomplizieren würde (2 Kor 11,3).

Für uns ist die Entscheidung einfach. Entweder mehr als 600 jüdische Gebote und Vorschriften oder die totale Freiheit, um »im neuen Wesen des Geistes [zu] dienen« (Röm 7,6). Aber es kann nicht sein, dass wir Dinge aus dem Gesetz herauspicken und hier und da ein paar davon einstreuen. Das ergibt überhaupt keinen Sinn!

Wenn wir die Botschaft von »Gott ohne Religion« für uns persönlich in Anspruch nehmen wollen, gibt es ein paar Wahrheiten, mit denen wir uns auseinandersetzen müssen:

- Ich bin dem Gesetz gestorben (Röm 7,4; Gal 2,19).
- Ich bin nicht unter Gesetz (Röm 6,14).
- Ich bin frei vom Gesetz (Röm 6,7).
- Ich werde nicht vom Gesetz erzogen (Gal 3,25).
- Ich diene nicht unter dem alten Weg des Gesetzes (Röm 7,6).
- Ich kann in der Neuheit und Freiheit des Geistes leben (Röm 7,6; Gal 5,13).

Diese Wahrheiten kennen keine Grauzone. Ja, das Gesetz, einschließlich der Zehn Gebote, ist »heilig, gerecht und gut« (Röm 7,12). Das Gesetz ist so vollkommen, dass niemand es erfüllen kann. Wegen seiner Vollkommenheit ist es gemacht worden, um die Sünde aufleben zu lassen. Auf diese Weise weist es uns auf Jesus und seine Errettung hin. Aber sobald wir zu Jesus gekommen sind, müssen wir weitergehen und es für uns persönlich ergreifen:

»Christus ist des Gesetzes Ende« *für mich* (Röm 10,4).

5

Vor Kurzem endete ein langer Präsidentschafts-Wahlkampf in den USA. Während des jahrelangen Wahlkampfs hörte ich viele Stunden lang die tollsten Reden. Doch nicht ein einziges Mal sprach einer der Kandidaten das für mich persönlich wichtigste Thema an – die Freiheit von den Briten.

Ich wartete darauf, dass einer der Kandidaten die Worte äußern würde, die ich unbedingt hören wollte: »Die Unterdrückung, unter der wir derzeit leiden, kann nicht länger toleriert werden. Wir müssen nach Unabhängigkeit streben. Wir müssen die Freiheit erlangen, nach der wir so verzweifelt gesucht haben, als wir an diesen Stränden landeten, die uns zwar damals fremd waren, jetzt aber vertraut sind.«

Klar, ich mache nur Spaß. Wir alle wissen, wie wir zu England stehen. Unser Kampf mit den Briten ist längst Geschichte. Aber in der Mitte des 18. Jahrhunderts wäre eine Rede wie diese definitiv möglich gewesen. Sie passt genau in jene Zeit und zu jenem Publikum.

Geschichte spielt eine Rolle. Publikum ist wichtig. Und der Zusammenhang ist der Schlüssel. Doch oftmals lesen wir die Bibel, eine Sammlung alter Dokumente, ohne den geschichtlichen Zusammenhang und ohne die Adressaten des Textes zu berücksichtigen. Und was noch schlimmer ist, wir verstehen vielleicht überhaupt nicht, worum es geht. Die Geschichte, das Publikum und der Zusammenhang sind wichtig, wenn wir uns mit dem alttestamentlichen Gesetz befassen.

Hitchcock ausschalten

Stell dir vor, du liest einen Roman von Stephen King und legst ihn dreißig Seiten vor Schluss einfach zur Seite und gehst weg. Oder du schaust einen Alfred-Hitchcock-Film an und schaltest ihn wenige Minuten vor Ende aus. In beiden Fällen ist es möglich, dass du die wichtigste Enthüllung in der ganzen Geschichte verpasst! Denn das überraschende Ende könnte bedeuten, dass du alle vorherigen Ereignisse im Licht der neuen Erkenntnis noch einmal neu interpretieren musst.

> Wir sehen das Alte im Licht des Neuen.

Das ist bei der Bibel sicherlich genauso der Fall. Wir sollten das Alte Testament nicht lesen, ohne es in den Zusammenhang mit dem »überraschenden Ende« des Neuen zu bringen. Andernfalls ist es, als würdest du den Roman dreißig Seiten vor Schluss weglegen oder den Film wenige Minuten vor Ende ausschalten. Wir müssen das Alte Testament im Lichte dessen lesen und studieren, dass Jesus den Schauplatz betreten und das Gesetz erfüllt hat. Wir sehen das Alte im Licht des Neuen. Nur im Licht der überragenden Herrlichkeit des Neuen lehren wir das Alte so, wie Gott es will – als ein Bund der jetzt »veraltet« ist (Hebr 8,13). »Ja, selbst das, was herrlich gemacht war, *ist nicht herrlich im Vergleich zu diesem*, das eine so überschwängliche Herrlichkeit hat« (2 Kor 3,10).

Heidenappell

Hast du jüdisches Blut? Hat deine Familie jüdische Vorfahren? Wenn nicht, dann bist du das, was die Bibel einen »Heiden« nennt. Viele Tausend Jahre lang unterschied Gott die Menschheit in zwei Kategorien – Juden und Heiden.

Warum ist das wichtig? Weil das Gesetz nicht den Heiden gegeben wurde. Es war nie unser Vorrecht. Nein, das Gesetz unterschied Israel vom Rest der Welt. Alle anderen waren »*ausgeschlossen* von der Bürgerschaft Israels und *fremd den Bündnissen der Verheißung*; ihr hattet keine Hoffnung und wart ohne Gott in der Welt« (Eph 2,12).

Für einen Juden war es eine Herausforderung, den alten Weg des Gesetzes zu verlassen und Gottes neuen Weg zu übernehmen. Im Hebräerbrief finden wir Beispiele für diesen Kampf. Im Hebräerbrief werden die Juden mit Tausenden von Worten davon zu überzeugen versucht, das Alte aufzugeben und sich ganz dicht an das Neue zu halten. Aber das betrifft die meisten von uns überhaupt nicht. Wir sind Heiden. Uns wurde das Gesetz nie angeboten. Heute wird uns Heiden jedoch ein Bund angeboten – und zwar der Neue. Sich vom Alten zu lösen, sollte eigentlich nicht wirklich notwendig sein, *denn das Alte war überhaupt nie für uns gedacht gewesen!*

Hast du darüber schon einmal nachgedacht? Du, dein Erbe, deine Herkunft – wenn du ein Heide bist, hatte nichts davon jemals irgendetwas mit dem Gesetz zu tun. Und das Gleiche galt damals für die Griechen. Sie hatten keine Beziehung zum jüdischen Gesetz. Hatte Paulus also das mosaische Gesetz unter dem Arm, als er nach Galatien oder Korinth kam, um sie damit zurechtzubiegen? Natürlich nicht! Hätte er das getan, hätten wahrscheinlich viele mit den Worten reagiert:»Mose? Wer war das denn?«

Wenn man das Gesetz ins Spiel brachte, wurde Paulus zornig. Es waren die Judaisten, die Paulus mit der Botschaft »Jesus plus das Gesetz« auf dem Fuße folgten. Genau

Für uns gilt entweder der neue Bund oder gar nichts.

das hören wir heute immer noch: Jesus für unsere Errettung und das Gesetz für das tägliche Leben. Aber die Wahrheit ist, dass uns Heiden (und das sind die meisten von uns!) das Gesetz überhaupt nie angeboten wurde. Für uns gilt entweder der neue Bund oder gar nichts.

Multiple Choice

Wenn wir heute sagen, dass die Vorschriften, das Gesetz und vor allem die Zehn Gebote nichts mit dem Leben als Christ zu tun haben, ist das eine ziemlich radikale Aussage. Mach jetzt keinen Fehler – ich bin mir dessen sehr bewusst. Von all den Botschaften, die ich predige, ist das diejenige, bei der die meisten das Gesicht verziehen.

Viele von uns sind noch unentschlossen, was die Rolle des Gesetzes in unserem Leben anbelangt. Bevor wir fortfahren, solltest du dir vielleicht anschauen, in welche Glaubensvorstellungen über Christen und das Gesetz du manchmal verfällst. Schau dir mal die folgenden Aussagen an und überprüfe, was auf dich zutrifft.

Wir *Christen* sollten auf das Gesetz schauen ...

- ☐ zur Errettung;
- ☐ als moralischer Kompass;
- ☐ um Sünde zu definieren;
- ☐ für Wachstum in Christus;
- ☐ für keines der oben genannten Dinge.

Schauen wir uns jetzt die oben genannten Möglichkeiten einmal näher an. Die erste – dass wir durch das Gesetz gerettet sind – lässt sich leicht verwerfen. Viele Bibelstellen sagen uns, dass durch das Gesetz keiner vor Gott gerecht gemacht wird (Apg 13,39; Röm 3,28; Gal 2,16; 3,11). Unser erster Schritt in Christus Jesus steht nicht im Zusammenhang mit dem Gesetz. Wir werden durch Glauben gerettet, nicht indem wir das Gesetz befolgen (Gal 3,24). Aber mit den anderen Punkten ist es nicht ganz so einfach. Sollte nicht das Gesetz unser moralischer Kompass sein, der uns hilft, Sünde zu definieren oder in Christus zu wachsen?

Eine Neufassung der Bibel

Manche sagen, dass Christen keine Beziehung zum Gesetz haben sollten, wenn es um die Errettung geht, aber wir sollten das Gesetz als Kompass betrachten, um Sünde zu definieren und uns auf der Spur zu halten. Ist das richtig? Lasst uns mit dem beginnen, was wir bereits betrachtet haben:

- Wir sind dem Gesetz gestorben (Gal 2,19; Röm 7,14).
- Wir sind nicht unter dem Gesetz (Röm 6,14).
- Wir sind frei vom Gesetz (Röm 6,17).
- Wir werden nicht vom Gesetz erzogen (Gal 3,25).
- Wir dienen nicht auf die alte Weise des Gesetzes (Röm 7,6).
- Wir können in der Neuheit und Freiheit des Geistes leben (Röm 7,6; Gal 5,13).

Offensichtlich brauchen wir das Gesetz nicht, um die Sünde zu bewältigen und um rechtschaffen zu leben. Wenn wir Christen denken, wir bräuchten das Gesetz, um Sünde zu definieren, vergessen wir, dass *das Gesetz Sünde auf mehr als 600 Arten definiert*. Schweinefleisch essen ist Sünde. Meeresfrüchte essen ist Sünde. Am Samstag den Rasen mähen ist Sünde – und das gehört sogar zu den Zehn Geboten. Sollten wir uns nur ein paar herauspicken, die wir gerne mögen, damit sie uns als moralischer Wegweiser dienen? Auch hier zerstückeln wir wieder Gottes Gesetz, um es so hinzudrehen, wie es uns gefällt. Wir entscheiden, dass ein willkürlich zusammengestellter Anteil des mosaischen Gesetzes unsere *Quelle* für die Definition von Sünde sein und uns zur Gottesfurcht führen sollte.

Es ist also einerseits weit verbreitet, dass das Gesetz oder ein ausgewählter Teil davon uns als moralischer Wegweiser für das tägliche christliche Leben dienen sollte. Die andere Ansicht ist, dass ein Christ nach seiner Errettung keinerlei Beziehung zum Gesetz haben sollte. *Nur eine dieser beiden Ansichten kann biblisch fundiert sein.* Wir sollten der Erstgenannten keinerlei Beachtung schenken, denn sie würde praktisch eine Neufassung der Bibel erforderlich machen.

Meiner Ansicht nach erfordert der Anspruch, dass das Gesetz Richtlinie für das tägliche Leben eines Christen sein sollte, eine Neufassung der Bibel. Das bedeutet, dass man die Stellen nimmt, die wir gerade untersucht haben und bei jeder hinzufügt *»zur Errettung«*. Ein Beispiel dafür wäre: »Wir sind dem Gesetz gestorben, *zur Errettung«* oder »wir sind frei vom Gesetz, *zur Errettung«*. Wenn wir diese Worte anhängen, behaupten wir, dass man als Christ nach der Errettung immer noch das Gesetz als Wegweiser braucht. Eigentlich zeigt dieser theologische Spagat unser mangelndes Vertrauen auf Christus, der in uns wohnt und uns zeigt, wie wir ein rechtschaffenes Leben führen können.

Der Zusatz »zur Errettung« steht dort nicht. Nein, die Bibel sagt schlicht und einfach: Wir sind dem Gesetz gestorben; wir sind nicht unter dem Gesetz; wir sind frei vom Gesetz; wir werden vom Gesetz nicht erzogen; und Christus ist des Gesetzes Ende. Das ist es, was wir diesen Stellen direkt entnehmen kön- nen. Es gibt keinen Hinweis darauf, dass der Apostel Paulus diese radikale Botschaft verwässern wollte. Das Gesetz ist schlicht und einfach *kein* Kompass oder Wegweiser, der uns helfen könnte, als Christ zu wachsen – »Wenn ihr aber *vom Geist geleitet werdet*, so seid ihr nicht unter dem Gesetz« (Gal 5,18).

Eine Schwäche für Religion

Gemäß einer Umfrage der *Barna Group* stellen die meisten Christen geistliche Reife mit dem Befolgen von Regeln gleich. Ungefähr 81 Prozent derer, die sich selbst als Christen bezeichnen, denken, geistliche Gesundheit bedeute, »sich anzustrengen, die Regeln einzuhalten, die in der Bibel dargelegt sind«. *Sogar unter Christen, die wissen, dass Errettung nicht durch gute Werke verdient werden kann,* denken vier von fünf, geistliches Wachstum bedeute, »sich anzustrengen, die Regeln einzuhalten«. Geht es bei geistlicher Gesundheit und Reife wirklich *darum?*

Paulus nannte die Galater »töricht«, weil sie das Gesetz für ihr tägliches Leben nach ihrer Errettung brauchten (Gal 3,1 NeÜ). Er dachte, eine Beziehung zum Gesetz nach der Errettung käme geistlichem Ehebruch gleich, da wir mit Jesus verheiratet wurden (Röm 7,4; Gal 5,4). Er stellte sogar die Kolosser zur Rede, weil sie sich von Verboten abhängig machten, anstatt sich in ihrem täglichen Leben allein auf Jesus zu verlassen:

> *»Damit darfst du nichts zu tun haben! Davon darfst du nicht essen! Das darfst du nicht einmal berühren!« ... Zugegeben, es handelt sich um eine Frömmigkeit, die **den Anschein besonderer Weisheit** hat: dieser selbst gewählte Gottesdienst, diese Demut, diese Schonungslosigkeit gegenüber dem eigenen Körper! Doch das alles ist **ohne jeden Wert** und dient nur dazu, das menschliche Geltungsbedürfnis zu befriedigen. (Kol 2,21.23 NGÜ)*

Paulus warnte sie vor der Sinnlosigkeit, sich durch Regeln selbst zu verbessern. Aber denke daran, das waren Heiden, so wie die meisten von uns heute. Die Vorstellung, dass Christen, vor allem aus den *Heiden*, sich einem Teil des Gesetzes als Wegweiser für das tägliche Leben zuwenden sollten, grenzte ans Absurde. Warum musste Paulus sie überhaupt vor den Gefahren der Rückkehr zum Gesetz warnen? Weil die Abhängigkeit von Religion auf der Grundlage des Gesetzes nicht nur ein jüdisches Problem ist.

Wir Menschen haben alle eine Schwäche für Religion.

6

Während meiner Teenagerjahre kämpfte ich mit der Einhaltung von Geschwindigkeitsbegrenzungen. Zwischen 16 und 18 erhielt ich unzählige Strafzettel für zu schnelles Fahren. Meine Eltern erteilten mir daraufhin immer wieder einmal einen Monat Fahrverbot. Sie warnten mich vor den Gefahren überhöhter Geschwindigkeit. Sie erinnerten mich daran, dass es mich meinen Führerschein kosten könne. Doch ich hörte nicht auf sie und kassierte weiterhin einen Strafzettel nach dem anderen. Ich verschleuderte Unmengen an Geld und brachte mich und andere in Gefahr.

Viele Jahre später nahmen mein Vater und ich an einem Fahrerlebnis auf der Rennstrecke von Indianapolis teil. Zuerst mussten wir an einem Stock-Car-Trainingskurs teilnehmen. Dann ließ man uns auf die Indy 500-Rennstrecke los. Die Fahrer vor mir erreichten Geschwindigkeiten von über 250 km/h.

Wow! Dachte ich. *Genau das wollte ich schon immer! Keine Strafzettel, keine Geschwindigkeitsbegrenzungen. Ich kann so schnell fahren, wie ich will!*

Doch als ich auf der Strecke war und das Gaspedal durchdrückte, kamen mir interessanterweise ein paar überraschende Gedanken: *Ich sollte vorsichtig sein. Die Mauer ist nur wenige Meter entfernt. Ich will nichts Dummes machen und mir oder dem Auto Schaden zufügen. Ich werde auf Sicherheit achten und einfach Spaß haben.*

Nach ein paar Runden lag meine Höchstgeschwindigkeit bei 212 Stundenkilometern. Damit war ich langsamer als die meisten anderen Fahrer. Und ironischerweise war es auch langsamer als einige der Geschwindigkeiten, die ich als Teenager auf den amerikanischen Highways erreicht hatte! Warum war ich auf der Indy 500-Strecke so zurückhaltend? Ich bin mir nicht ganz sicher, aber ich denke, die Tatsache, dass es nicht illegal war, schnell zu fahren, machte es weniger attraktiv. Als nur noch der Himmel meine Begrenzung war, konnte ich wirklich selbst entscheiden.

Gesetze und Vorschriften lassen die Sünde aufleben und nicht zurückgehen. Gesetze erzeugen sündhafte Leidenschaften (Röm 5,20; 7,5). Wie wir gesehen haben, halten uns selbst Vorschriften nicht von der Sünde ab, obwohl sie den Anschein haben, sie auszubremsen (Kol 2,20-23). Gott sagt uns sogar: »Denn die Sünde wird nicht herrschen über euch, *weil ihr nicht unter dem Gesetz seid*, sondern unter der Gnade« (Röm 6,14).

Gott handelte nicht blindlings, als er uns vom Gesetz befreite. Er tat es aus einem bestimmten Grund: Damit wir durch den Geist seines Sohnes in uns ein Leben haben könnten, das uns das Gesetz niemals bieten könnte. Er lädt uns ein zu einem Leben, das wir selbst frei wählen können, nicht zu einem Leben, zu dem wir gezwungen werden. So wie ich mich auf der Indy 500-Strecke frei entschieden habe, sollen wir aus der Vorstellung heraus leben, dass uns alles erlaubt, aber nicht alles nützlich ist (1 Kor 6,12; 10,23). Wenn der Himmel unsere einzige Begrenzung ist, entdecken wir, was wir *wirklich* wollen.

»Ein neues Gebot gebe ich euch«

Vielleicht haben die Zehn Gebote und der Rest des Gesetzes keine Bedeutung für unser Leben als Christ. Aber in der Bibel steht doch, dass *irgendwelche* Gesetze in unsere Herzen geschrieben sind, oder?

Ja, es gibt Gesetze, die in unsere Herzen geschrieben wurden. Aber hier ist die alles entscheidende Frage: *welche* Gesetze denn genau?

Erinnere dich zuerst einmal daran was Jesus uns über die zwei größten Gebote im Gesetz sagt: Wir sollen Gott lieben und andere lieben. Jesus sagt, dass in diesen beiden das ganze Gesetz und die Propheten erfüllt sind (Mt 22,37-40). Daher wissen wir, dass *historisch gesehen in Gottes Augen die Liebe immer das Wichtigste war.*

> Wenn der Himmel unsere einzige Begrenzung ist, entdecken wir, was wir *wirklich* wollen.

In den Briefen sagt Jakobus, das »königliche Gesetz« sei, andere zu lieben (Jak 2,8). Auf ähnliche Weise sagt uns Paulus, *alle* moralischen Belange der Zehn Gebote könnten zusammengefasst werden in dem Gedanken, einander zu lieben (Röm 13,8-10). Und Petrus schrieb: »Vor allem aber habt innige Liebe untereinander; denn *die Liebe wird eine Menge von Sünden zudecken.*« (1 Petr 4,8).

Liebe ist also der Schlüssel. Aber sind es nun die *mosaischen* Gesetze »Und du sollst den HERRN, deinen Gott, lieben mit deinem ganzen Herzen und mit deiner ganzen Seele und mit deiner ganzen Kraft« (5 Mos 6,5) und »du sollst deinen Nächsten lieben wie dich selbst« (3 Mos 19,18), die in unseren Herzen sind?

Genau genommen, nein.

Wir haben gerade gesehen, dass diese beiden die größten Gebote *im Gesetz* waren. Aber wenn es diese Gesetze wären, die in unser Herz geschrieben wären, dann würde Gott uns damit eine unklare Botschaft zukommen lassen. Damit würde er sagen, dass ein *Teil* der mosaischen Gesetze heute immer noch für uns gelten. Ja, es stimmt: Liebe ist der Schlüssel. Ja, es stimmt: Liebe ist in unsere Herzen geschrieben. Aber beachte *genau*, wie Jesus es ausdrückt:

> ***Ein neues Gebot*** *gebe ich euch, dass ihr einander lieben sollt, damit,* **wie ich euch geliebt habe***, auch ihr einander liebt. (Joh 13,34)*

Jesus sprach zu einem jüdischen Publikum. Sie wussten genau Bescheid über die Gebote im Gesetz, Gott und andere zu lieben. Aber sie waren gewohnt zu hören, dass sie andere so lieben sollten *wie sich selbst*. Hier kündigt Jesus an, dass er ein neues Gebot einführt, eines, das sie noch nie zuvor gehört hatten!

Dieses neue Gebot beinhaltet, *zu erfassen, wie sehr Gott uns liebt* und *dieselbe Liebe anderen weiterzugeben*. Das Gebot Jesu ist größer als jedes andere Liebesgebot, das seiner Zuhörerschaft im Gesetz Moses begegnet ist. Das eine ist, andere so zu lieben, wie man sich selbst liebt. Es ist aber etwas völlig anderes, andere mit genau derselben Liebe zu lieben, mit der Gott uns liebt!

Der Apostel Johannes bestätigt, was Jesu Gebote für heute sind:

*Gottes Gebot ist: Wir sollen an Jesus Christus als den Sohn Gottes **glauben**, und wir sollen einander **lieben, wie Jesus es uns befohlen hat.** (1 Joh 3,23 NGÜ)*

Johannes sagt, wir sollen einander lieben, wie Jesus es uns befohlen hat. Wie hat Jesus uns befohlen zu lieben? Während das Gesetz sagte: »Du sollst deinen Nächsten lieben wie dich selbst« (3 Mo 19,18), sagte Jesus: Liebt einander »wie ich euch geliebt habe« (Joh 13,34).

Die Quintessenz ist also: Heute geht es nur darum, an Jesus zu glauben und anderen *seine* Liebe weiterzugeben. Das ist es, was in unsere Herzen geschrieben ist, und *nicht* das Gesetz Moses.

> Heute geht es nur darum, an Jesus zu glauben und anderen *seine* Liebe weiterzugeben.

Bibelstellen, die unser Verhalten betreffen

Aber was ist der Unterschied zwischen all diesen neutestamentlichen Bibelstellen, die unser Verhalten betreffen, und dem alten Weg der Vorschriften und Regeln?

Der Unterschied, glaube ich, kann in der einen Frage zusammengefasst werden: »Was passiert, wenn ich sie nicht einhalte?«

Unter dem Gesetz zog Ungehorsam schlimme Konsequenzen nach sich. Sexuelle Sünden und Götzendienst wurden beispielsweise mit dem Tod bestraft. Hinzu kamen Verbannung und andere schwere Strafen. Wegen ihrer Sünden unterbrachen die Israeliten ihre Beziehung zu Gott immer wieder. Gott bestrafte sie mit Krieg, Exil und sogar dem Tod. Im Gegensatz dazu wurde uns Christen gesagt, dass alle Dinge erlaubt sind. Alle Dinge? Ja, aber nicht alle Dinge sind uns nützlich. Paulus schreibt das im selben Brief sogar *zweimal* (1 Kor 6,12; 10,23).

Unser Antrieb für gute Entscheidungen sollte nicht die Angst vor Strafe sein. Es gibt natürlich auch Konsequenzen, klar. Wenn wir lügen, werden wir immer Angst haben aufzufliegen. Wenn wir andere Menschen verletzen, zerstören wir damit Beziehungen. Wenn wir schlechte Entscheidungen treffen, müssen wir mit den Folgen leben. Wenn wir die Gesetze eines Landes brechen, wird das rechtliche Konsequenzen haben.

Aber Gott wird Christen nicht bestrafen. All die Strafen, die Gott für uns als Reaktion auf unsere Sünden hatte, wurden auf Jesus gelegt (1 Petr 2,24). Es ist keine übrig geblieben (Röm 8,1; Hebr 9,28). Also sind die neutestamentlichen Verse, die unser Verhalten betreffen, keine Gesetze, die wir aus Angst vor Strafe halten müssen. Sie sind der Rat eines liebenden Vaters im Hinblick auf das, was erbauend und nützlich ist.

Auf den ersten Blick verschafft uns die Sünde vielleicht eine Silvestererfahrung mit Feuerwerk und so. Aber am nächsten Tag müssen wir draußen den ganzen Müll einsammeln, den wir fabriziert haben. Genau aus diesem Grund stellt Paulus uns die folgende Frage:

*Doch **welchen Gewinn** brachte euch das? Dinge, über die
ihr euch heute schämt, Dinge, deren **Endergebnis** der Tod
ist.* (Röm 6,21 NGÜ)

Paulus' Blickpunkt liegt darauf, dass Sünde keinen echten *Gewinn* einbringt. Er stellt die *Folgen* unseres dummen Verhaltens fest. Wer möchte seine Zeit damit verschwenden, zu sündigen und sich dafür zu schämen, wenn wir das Vorrecht haben, Teilhaber seiner göttlichen Natur zu sein (2 Petr 1,4) und Christus selbst Ausdruck zu verleihen?

Was wir nicht tragen sollten

What Not to Wear (Was wir nicht tragen sollten) ist eine beliebte Fernsehsendung in den USA. In dieser Sendung, die in New York City produziert wird, gehen die beiden Moderatoren Stacy und Clinton zu den Leuten nach Hause, durchforsten ihre Kleiderschränke und sagen ihnen, was »geht« und was nicht. Sie sind darauf spezialisiert, den Leuten zu zeigen, welche Mode ihnen steht und zu ihrem Typ passt.

Männer und Frauen von überall aus den Vereinigten Staaten stehen auf der Warteliste, um von Stacy und Clinton beraten zu werden – sie erhoffen sich davon, danach besser auszusehen und attraktiver zu werden, um so ihr Selbstwertgefühl zu steigern.

Die Bibelstellen im Neuen Testament, die unser Verhalten betreffen, unterscheiden sich kaum von dem Rat, den Stacy und Clinton geben. Es wird uns gesagt, dass wir »Liebe anziehen«, »Christus anziehen« und »Mitleid anziehen« sollen, wie den Gästen der Fernsehshow gesagt wird, was sie anziehen sollen. Außerdem wird uns gesagt, dass wir Einstellungen und Verhaltensweisen ablegen sollen, die uns nichts nützen, so wie Stacy und Clinton manche Kleider im Spiegel zeigen und sie dann weglegen mit den Worten:»Das sieht schrecklich aus!«

Wer möchte denn nicht gerne die himmlische Mode tragen?

Manche Kleider stehen uns einfach nicht, dafür passen andere ganz gut zu uns und sehen toll aus. Genauso »geziemen« sich einige Einstellungen und Verhaltensweise nicht für Heilige (Eph 5,3), während andere Gottes Kindern super zu Gesicht stehen. Klingt das etwa nach Religion? Nicht im Geringsten. Überall in den Briefen entdecken wir, welche Mode die Heiligen am besten tragen sollten. Und wer möchte denn nicht gerne die himmlische Mode tragen?

Wenn du also das nächste Mal den Stellen in Epheser oder Römer oder sonst wo begegnest, wo steht,»was wir tun sollten«, dann denke an deine Identität als Kind Gottes. Wenn du das im Kopf behältst, denke daran, dass Gott dir einfach nur zeigt, welche Kleider dir gut stehen:

*So **zieht nun an** als Gottes Auserwählte, Heilige und Geliebte herzliches Erbarmen, Freundlichkeit, Demut, Sanftmut, Langmut. (Kol 3,12)*

Teil 2

....

Ist Gott ein Glücksspielautomat?

Durch den Zehnten verändert sich
euer Geben von einem freiwilligen
Akt der Anbetung zu sklavischem
Gehorsam dem Gesetz gegenüber.
John Harvey Grime (1851–1941)

7

Wir gingen schon ungefähr ein Jahr lang in eine Gemeinde, als ein Berater von außen hinzugezogen wurde. Er sollte die Beschaffung von Spendengeldern für ein Bauprojekt bewerkstelligen. Wir wurden dem Berater in einem Sonntagsgottesdienst vorgestellt. Er brauchte ungefähr 20 Minuten, in denen er einen Fragebogen austeilte, mithilfe dessen wir beantworten sollten, wie viel wir geben, wem wir geben und warum wir geben. Nachdem er die Fragebogen eingesammelt hatte, begann er damit, unsere Lehrveranstaltungen und Hauskreise zu besuchen.

Dann war unser Hauskreis an der Reihe. Ohne Zweifel: Er kannte sich in seinem Metier gut aus und lieferte einen flüssigen Vortrag ab. Er begann, uns von dem Bauprojekt der Gemeinde und der Beschaffung der Spendengelder zu berichten. Dann ging er dazu über, eine Geschichte zu erzählen.

»Ich kannte einmal einen Mann, der in eine Gemeinde ging, die auch für ein großes Projekt Spenden sammelte. Dieser Mann zögerte, seiner Gemeinde Geld zu spenden, weil seine Tochter krank war. Die Arztrechnungen waren sehr hoch. Monat für Monat sah er zu, wie die Gesundheit seiner Tochter sich verschlechterte und die Rechnungen stiegen. Zur gleichen Zeit kämpfte auch die Gemeinde mit ihren Finanzen.

Schließlich ließ der Mann sich überzeugen und entschloss sich, im Glauben einen Schritt zu gehen und der Gemeinde seinen Zehnten zu geben. Trotz seiner wachsenden Schulden gelobte er, seine Gemeinde zu unterstützen, komme was da wolle. Als er begann, den Zehnten zu geben, begann sich die Gesundheit seiner Tochter zu verbessern. Und schließlich wurde sie wieder ganz gesund!

Gott ist wirklich treu, wenn wir ihm gegenüber treu sind. Wir müssen unsere Bequemlichkeit hinter uns lassen und einfach geben, auch wenn es wehtut.«

Dann forderte der Berater uns dazu auf, der Gemeinde ein »Versprechen« zu machen. Er versicherte uns, dass Gott uns im Gegenzug segnen würde.

> Die Botschaft war, dass wir Gottes Segnungen in unserem Leben *kaufen* könnten.

Wenn du diese Geschichte über den Vater und seine kranke Tochter gelesen hast, hast du wahrscheinlich die unterschwellige (oder gar nicht so unterschwellige) Botschaft mitbekommen. Die Gesundheit der Tochter verbesserte sich erst, *nachdem* ihr Vater anfing, den Zehnten zu geben. Die versteckte Botschaft war, dass wir in unserem Leben auch Freiheit von schwierigen Umständen erleben können, vorausgesetzt wir geben die zehn Prozent, also eigentlich, dass wir Gottes Segnungen in unserem Leben *kaufen* könnten. Und daraus schlussfolgert, dass Gott seine Segnungen zurückhält (in diesem Fall die Heilung eines Familienangehörigen), wenn wir unser Geld vor ihm zurückhalten.

Das war eine solide Gemeinde, also waren wir gespannt. Wir vertrauten dem Urteilsvermögen unserer Leiterschaft. Tatsächlich dauerte es nur wenige Wochen, bis in der Gemeinde die ersten Stimmen laut wurden, die »Druck! Manipulation! Wohlstandsevangelium!« schrien. Die Leiterschaft der Gemeinde stimmte dem zu und das war das letzte Mal, dass wir den Berater mit seiner Spendenkampagne gesehen hatten.

Geld-zurück-Garantie

Was wir während dieser Spendensammlungs-Aktion erlebten, war die »Light«-Version des schlechten Zehnten-Gewissens. Manche Fernsehprediger gehen sogar noch weiter. Sie sagen: »Alles, was du gibst, erhältst du dreifach wieder zurück!« (Mir ist aufgefallen, dass sie sogar »siebenfach« sagen, wenn sie richtig verzweifelt sind.) Ich habe mich oft gefragt, warum diese Dienste nicht auch selbst etwas an andere christliche Werke spenden. Dann würden sie es gemäß der gleichen Logik ja auch siebenfach zurückbekommen!

Andere Gemeinden bieten sogar eine Geld-zurück-Garantie für den Zehnten an. Und sie setzen für diese Rückzahlung Gottes auch noch ein Zeitlimit und sagen: »Wenn Gott dich nicht innerhalb von drei Monaten nach deinem Zehnten segnet, werden wir das Geld erstatten!« Aber wer ist denn bereit, nach drei Monaten zu kommen und zu sagen: »Wir haben als Familie im Juni 900 Dollar gespendet und jetzt sind drei Monate vorbei, aber wir sind noch nicht gesegnet worden«? Jetzt kannst du raten, was als Nächstes kommt: »Nun, Bruder, das Problem ist nicht, was du ge-

geben hast. Du hast nicht genügend Glauben! Du musst Gott vertrauen, dass er dich segnet, dann wird er es auch tun. *Uns* hat er
ja auch gesegnet, nachdem wir gegeben haben. Er wird auch dich
wieder segnen.« Und ein anderer fügt dem noch hinzu: »Denk
mal an all die guten Dinge, die in den letzten drei Monaten in
deinem Leben geschehen sind. *Das* sind Gottes Segnungen. Du
musst nur deine Augen aufmachen – sie sind überall!«

Keiner will, dass man ihm nachsagt, er habe »nicht genügend
Glauben«. Keiner will als geistlich blind gelten für die Segnungen
Gottes in seinem Leben. Folglich kann die »Geld-zurück-Garantie« für den Zehnten am Ende für Gemeinden ein echter Gewinn
sein.

Aber woher kommt die Vorstellung, dass wir uneingeschränkt
erwarten könnten, dass Gott uns das Gegebene wieder erstatten
wird? Und nimmt uns das nicht die Freude am Geben? Paulus be-
schrieb diejenigen, die so denken, als »Menschen, die eine *verdor-
bene Gesinnung* haben und der Wahrheit beraubt sind *und meinen, die Gottesfurcht sei ein Mittel zur Bereicherung*« (1 Tim 6,5).
Ach, und diese Geld-zurück-Garantie-Angebote werden normalerweise begleitet von einem Zitat aus dem Alten Testament:

Bringt den Zehnten ganz in das Vorratshaus, damit Speise
in meinem Haus sei, und prüft mich doch dadurch, spricht
der HERR der Heerscharen, ob ich euch nicht die Fenster
*des Himmels öffnen und euch **Segen in überreicher Fülle***
herabschütten werde! (Mal 3,10)

Aber aus gutem Grund wird die Textumgebung dieser Stelle sel-
ten in die Betrachtung des Zehnten einbezogen. In Maleachi 3,8
steht »ihr beraubt mich« und in Vers 9 steht »mit dem Fluch seid
ihr verflucht«. Warum werden diese Verse bei dem Aufruf weg-

gelassen? Weil Aussagen des alten Bundes über Flüche sich heutzutage nur schlecht vermarkten lassen. Es ist »gemeindepolitisch unkorrekt«, herumzulaufen und den Leuten zu erzählen, sie stünden so lange unter einem Fluch, bis sie zehn Prozent ihres Einkommens herausrückten. Also endet die Verkaufstechnik mit nur der *Hälfte* der Botschaft aus Maleachi – dem Segnungsteil.

> Wirkt Gott wirklich auf diese Weise, mit nicht mehr Urteilsvermögen als eine hirnlose Maschine?

Unter dem Strich ist jede Botschaft fehlerhaft, die kommuniziert, dass wir Gott Geld bezahlen und er uns dafür finanziell segnet (1 Tim 6,5). Ich mache keinen Hehl daraus – unter dieser Theologie wird Gott zum Glücksspielautomaten. Wir stecken oben unsere Münzen rein und ziehen den Glaubenshebel nach unten. Wenn wir genügend Münzen reinwerfen und fest genug glauben, gewinnen wir den Jackpot!

Wirkt Gott wirklich auf diese Weise, mit nicht mehr Urteilsvermögen als eine hirnlose Maschine?

Übernommen?

»Ich weiß, wir sind frei vom Gesetz. Aber … wir sollten trotzdem zehn Prozent geben, denn das haben wir doch aus dem Alten Testament übernommen, oder?«

Ich höre oft Fragen wie diese. Natürlich fragt man sich, wie eine reine Gnadenbotschaft damit zusammenpasst, die örtliche Gemeinde zu unterstützen. Ist unser Zehnter ein bestimmter Betrag? Geben wir einfach, was wir wollen (oder nicht wollen)? Und wie wird man überhaupt jemanden motivieren können zu geben, wenn es um eine »völlig kostenlose« Gnadenbotschaft geht?

Als Antwort auf mein erstes Buch *The Naked Gospel* (Das nackte Evangelium) erhielt ich eine E-Mail, die mich eindringlichst warnte, die Botschaft vom freiwilligen Geben unter der Gnade würde Amerikas Gemeinden erheblich schädigen. In der Mail hieß es weiter, meine Ansicht sei »tief enttäuschend für all jene von uns, die genug studiert haben, um die einfache Wahrheit zu verstehen, Gott *zehn Prozent* zu geben«.

Solche Kommentare sind mir nicht fremd. Ich bekomme sie ständig. Und seit ich als Pastor bei Ecclesia arbeite, fragen sich andere Pastoren, wie ich eine solche Position zu freiwilligem Geben beziehen und trotzdem überleben könnte. »Wie kann deine Gemeinde sich überhaupt über Wasser halten mit dieser Lehre?«, fragen sie.

Finanzen sind eines der schwierigsten Gebiete, mit denen sich Leiter heute beschäftigen müssen. Ich habe bisher noch keine Gemeinde besucht, die nicht auf die finanzielle Unterstützung ihrer Mitglieder angewiesen wäre. Ich bin mir nicht sicher, ob Gott überhaupt will, dass wir so eine Gemeinde haben. Paulus sprach oft darüber, wie die Gemeinden, die er besuchte, ihn finanziell unterstützten und anderen Mitchristen gaben, die in Not waren. Neutestamentliches, gnadenbasiertes Geben wird dem Gebenden und nicht nur dem Empfänger als ein Geschenk präsentiert. Es ist gut und gesund für uns, unsere Gemeinde finanziell, aber auch *auf andere Weise* zu unterstützen:

Denn die Gaben, die Gott uns in seiner Gnade geschenkt hat, sind verschieden. Wenn jemand die Gabe des prophetischen Redens hat, ist es seine Aufgabe, sie in Übereinstimmung mit dem Glauben zu gebrauchen. Wenn jemand die

*Gabe hat, einen praktischen Dienst auszuüben, soll er diese Gabe einsetzen. Wenn jemand die Gabe des Lehrens hat, ist es seine Aufgabe zu lehren. Wenn jemand die Gabe der Seelsorge hat, soll er anderen seelsorgerlich helfen. **Wer andere materiell unterstützt, soll es uneigennützig tun.** Wer für andere Verantwortung trägt, soll es nicht an der nötigen Hingabe fehlen lassen. Wer sich um die kümmert, die in Not sind, soll es mit fröhlichem Herzen tun. (Röm 12,6-8 NGÜ)*

Dennoch können viele Pastoren und Gemeindeleiter in die Falle treten, von ihrer Gemeinde einen bestimmten Prozentsatz zu fordern. Und das vielleicht noch nicht einmal aus einer negativen Motivation heraus. Manche sind ehrlich überzeugt davon, dass dieser Prozentsatz von Gott angeordnet wurde. Im Alten Testament wurde Israel klar angewiesen, den Zehnten zu geben von allem, was sie hatten, um damit die Priester zu unterstützen. Warum sollte es heute anders sein? Um diese Frage zu beantworten, müssen wir uns die Geschichte des Zehnten genauer anschauen. Und wir wollen sie vergleichen mit den Informationen über das Geben unter Gottes neuem Weg.

8

I m Alten Testament teilte Gott Israel in zwölf Stämme auf. Jeder Stamm erhielt seinen Anteil am Gelobten Land. Nun, jeder Stamm, bis auf einen. Ein Stamm, die Leviten, so benannt nach Josefs Bruder Levi, erhielt kein Eigentum. Vielmehr erhielten sie die Anweisung, frei von persönlichen Besitztümern zu bleiben. Warum? Weil sie einem einzigartigen Zweck dienten, sie waren Mittler zwischen Gott und Menschen. Das war eine vollzeitliche Verantwortung, also mussten die anderen Stämme sie unterstützen.

Jeder Stamm gab den Leviten den zehnten Teil. Das ermöglichte ihnen, Gott vollzeitlich zu dienen, ohne sich um Geld sorgen zu müssen. Aber der Zehnte unter dem Gesetz beinhaltete *mehr als zehn Prozent* deines Einkommens. Es bedeutete auch, Getreide und andere Opfer beizutragen, was unter dem Strich viel mehr ausmachte.

Hier ist also die Frage: Wenn wir heute einen Pflichtteil von zehn Prozent geben sollten, an wen sollte das Geld gehen? Der Priesterstamm der Leviten existiert nicht mehr. Ihre Funktion als Mittler zwischen Gott und Menschen ist vorbei. Und die Bibel sagt uns, dass unser Hohepriester nicht unser Pastor, christlicher Leiter oder unsere Gemeinde ist. Wir haben einen Hohepriester, Jesus (Hebr 7,26-28). Darüber hinaus ist jedes Glied am Leib Christi ein Priester (1 Petr 2,9; Hebr 13,10).

> ## Wer sollte also den Zehnten erhalten?

Wer sollte also den Zehnten erhalten?

Wir Christen sind frei vom Gesetz. Folglich sind wir auch frei von den vorgeschriebenen zehn Prozent als Maßstab für unser Geben. Der Zehnte ist kein System, das für uns heute besteht. *In keinem der Briefe des Neuen Testaments gibt es ein einziges Beispiel für eine Anweisung an uns Christen, den Zehnten zu geben.*

»Aber was sagt Jesus über den Zehnten?«, fragst du jetzt vielleicht.

In den Evangelien erwähnt Jesus den Zehnten nur drei Mal. Jedes Mal kritisiert Jesus die Pharisäer, weil sie sich wegen ihres Zehnten brüsteten. Sie dachten, sie seien im Recht, weil sie den richtigen Geldbetrag gaben. Aber Jesus sagte, sie seien nicht im Recht, weil sie den Geist des Gesetzes ignorierten: Gerechtigkeit, Güte und Treue (Lk 11,42; 18,11-14; Mt 23,23).

Mellis Rolle

Der Hebräerbrief erwähnt tatsächlich den Begriff des Zehnten. Er findet sich in einer Geschichtsstunde über Abraham und sein Geschenk an einen fremden Priester mit dem Namen Melchisedek. Manche argumentieren damit, dass der Gedanke des Zehnten dem Gesetz vorausging, weil Abraham Melchisedek bereits den Zehnten gezahlt hatte, obwohl es noch überhaupt kein Gesetz gab. Darum nehmen sie an, dass das Geben des Zehnten eine von Gott gegebene Forderung sei. Sie behaupten, das gelte auch noch für heutige Gemeinden, trotz unserer Freiheit vom Gesetz. Dieses Argument hat aus drei Gründen keinen Bestand. Erstens war Abrahams Geschenk an Melchisedek rein freiwilliger Natur und keine göttliche Forderung. Im Nahen Osten war es tatsächlich so, dass man, nachdem man einen Kampf gewonnen hatte, einer königlichen Person aus Respekt den Zehnten der Beute abgab. Zweitens gab Abraham diesen Zehnten nur *einmal* in seinem ganzen Leben. Er gab ihn Melchisedek nicht regelmäßig oder gewohnheitsmäßig. Wenn wir Christen Abrahams Beispiel folgen müssten, würde es nur *einmal* in unserem Leben auf uns zutreffen. Und drittens sollten wir beachten, dass Abraham ein Zehntel *seiner Kriegsbeute* abgab. Wenn wir Abrahams Beispiel folgen sollten, dann wäre es auch gerechtfertigt, wenn wir Christen gegen andere Menschengruppen in den Krieg zögen und uns ihren Besitz nähmen, um dann zehn Prozent davon auf die Gemeindewiese zu legen.

Die Wahrheit ist, dass Abraham Melchisedek aus *reinem Respekt vor seinem Priestertum* ein Geschenk machte. Melchisedek war ein Bild auf die zukünftige Priesterschaft Christi. Dieses Geschenk wurde weder gefordert, noch ist es ein Beispiel, dem wir folgen müssten. Stattdessen gibt uns der Hebräerbrief diese Geschichte einfach wieder, um zu zeigen, dass »der Geringere von dem Höhergestellten gesegnet wird« (Hebr 7,7). Das bedeutet, dass Abraham (und Levi, der von ihm abstammte) geringer war als Melchisedek. Darum waren Levi und die alttestamentlichen Priester *geringer als Christus*.

Das ist die Logik hinter der Erzählung dieses Ereignisses. Es gibt in dieser Hebräerstelle keinen Hinweis darauf, dass wir das auf unser Leben anwenden sollen, das heißt, es gibt keinerlei Anweisung für neutestamentliche Christen, einen geforderten Zehnten zu geben. Wenn Gott gewollt hätte, dass neutestamentliche Gläubige exakt den Zehnten gäben, hätte er diese Anweisung dann nicht wenigstens in einem der Briefe erwähnt?

Freiheit beim Geben

Vom Römerbrief bis zur Offenbarung gibt es keine Stelle, die Christen auffordert, vorgeschriebene zehn Prozent zu geben. Im Gegenteil – unter Gottes neuem Weg gibt es kein Minimum und kein Maximum. Es ist allein unsere Sache:

*Jeder, wie er es sich **im Herzen vornimmt; nicht widerwillig oder gezwungen,** denn einen **fröhlichen** Geber hat Gott lieb! (2 Kor 9,7)*

Paulus lehnt den Gedanken ab, unter Druck (»Zwang«) zu geben. Anstatt den Zehnten zur Pflicht zu machen, sollte die Gemeinde der *letzte* Ort sein, an dem Menschen unter Druck gesetzt werden, etwas zu geben.

> Es ist spannend, Anteil zu haben an dem, was der Gott des Universums tut.

Warum also geben? Im Neuen Testament werden drei gute Gründe für das Geben diskutiert. Erstens wird uns gesagt, wir sollen geben, wenn es eine *Not* gibt (2 Kor 8,13 Lut). Zweitens wird uns gesagt, dass wir mit anderen teilen sollen, wenn wir *Überfluss* haben (2 Kor 8,13-15). Und drittens sehen wir, dass die frühe Gemeinde gab, weil sie *begeistert* war von der Botschaft und eine *geistliche* »Ernte« von ihrem Geben sehen wollte (2 Kor 9,7-10). Du musst zugeben: Es ist spannend, Anteil zu haben an dem, was der Gott des Universums tut, und mit ihm zusammenzuarbeiten. Das ist tatsächlich ein Grund zu geben!

»Funktioniert« es wirklich?

Als Pastor weiß ich aus eigener Erfahrung, wie verführerisch es ist, dieses ganze »Freiheit-vom-Zehnten«-Thema unter den Teppich zu kehren. Jede Gemeindeleitung wäre hoch erfreut, wenn sie wüsste, dass sie jedes Jahr garantierte zehn Prozent des Einkommens ihrer Gemeindeglieder für ihr Budget einkalkulieren könnte. Es ist viel zu bequem, über das alljährlich knappe Gemeindebudget in Panik zu verfallen und dann gewisse Druckmittel anzuwenden, um den Haushalt auf Vordermann zu bringen.

Aber wie gut funktionieren diese Druckmittel überhaupt? Eine Umfrage unter Gemeinden in ganz Amerika ergab kürzlich, dass der durchschnittliche Gottesdienstbesucher seiner Gemeinde weniger als drei Prozent gibt. Und mehr als die Hälfte aller Gottesdienstbesucher gibt überhaupt nichts. Trotz der besten Bemühungen unserer Leiter, uns zu motivieren, ist das Geben immer noch ziemlich armselig.

Die Frage, die wir stellen sollten, ist *nicht*: »Funktioniert das freiwillige Geben wirklich?« sondern vielmehr: »Was lehrt uns der neue Bund über das Geben?« Wenn dann das, was wir lehren, Wahrheit ist, sind Gott und *seine* Gemeinde für das Ergebnis verantwortlich.

Aber dieses ganze »Geben aus Gnade«-Thema kann unheimlich sein. Ich werde dieses Thema nicht umgehen: Du kannst dich entscheiden, diesen Ansatz bei deiner Gemeinde oder deinem Dienst anzuwenden, und erfolglos sein. Dein Haushalt kann völlig einbrechen. Vielleicht musst du sogar deine Gemeinde schließen. Es gibt bei diesem Ansatz keinen garantierten Erfolg – im finanziellen Sinne.

Aber wir Leiter müssen uns ein paar Fragen gefallen lassen. Glauben wir an einen allmächtigen Gott, der fähig ist, für die Finanzen zu sorgen, für eine Sache, die er voranbringen will? Ich denke, die meisten von uns würden dem zustimmen. Jetzt kommt eine schwierigere Frage: Wenn die Finanzen nicht hereinkommen, ist Gott dann tatsächlich dort am Wirken? In manchen Fällen kann die Antwort ja sein. Aber vielleicht haben wir die Not einfach nicht kommuniziert oder wir teilen unsere Begeisterung zu wenig anderen mit. Allerdings kann die Antwort auf diese Frage in manchen Fällen leider tatsächlich nein lauten – sogar, wenn es um einen Dienst geht, der uns nahesteht und anscheinend einer gewissen Not begegnet. Wenn das also der Fall ist, dann ist die letzte Frage folgende: Möchten wir wirklich einen Dienst forcieren, obwohl Gott andere Menschen nicht motiviert, ihn zu unterstützen?

Den Leitern möchte ich also Folgendes sagen: Wenn wir sowieso nicht viel zu verlieren haben – denn die Mehrheit gibt sowieso keine zehn Prozent! – warum versuchen wir es dann nicht einfach mal mit dem neuen Bund? Wir Gemeindeleiter sollten ehrlich sein, was unsere Bedürfnisse anbelangt. Aber wir sollten auch ehrlich sein, was die christliche Freiheit beim Geben anbelangt. Wenn wir es zulassen, dass die Menschen selbst entscheiden, ob sie ein Prozent, acht Prozent, zwölf Prozent oder was auch immer geben wollen, was könnte dann geschehen?

Interessanterweise habe ich herausgefunden, dass viele Menschen in der Vergangenheit gar nichts gegeben haben, weil sie spürten, dass es nicht »zählen« würde, wenn es keine zehn Prozent sind. Zu diesem Schluss sind sie gelangt, nachdem sie die Botschaft von den vorgeschriebenen zehn Prozent gehört hatten. Also haben sie den Gedanken zu geben, völlig verworfen. Wie sehr schätzt der Gedanke des »Gebens aus Gnade« *jede* Gabe und verändert damit alles? Ich vermute, wir Leiter werden es nicht wissen, solange wir es nicht versuchen.

Warum versuchen wir es nicht einfach mal mit dem neuen Bund?

Ich würde unsere Gemeinde lieber schließen, als ein »religiöses« Geben des Zehnten zu fördern. Das neutestamentliche Geben muss von Herzen kommen, nicht unter Zwang. Wir können ausgehend von dem, was wir haben, und aus der Not des Augenblicks heraus geben. Wir sollten auch nicht zögerlich sein und auf unseren Brieftaschen sitzen. Unter der Gnade sind wir frei, unser Vorrecht des Gebens großzügig wahrzunehmen, egal wie viel Prozent unseres Einkommens es am Ende ausmacht.

Das ist neutestamentliche Freiheit in Aktion!

Teil 3
....

Die beiden Dienste Christi

Selbstverbesserung ist nicht nur
eine Sünde, sondern auch eine
Unmöglichkeit.
Norman Grubb (1895–1993)

9

Vor einigen Jahren sprach ich bei einer Männerfreizeit in den Bergen von West Virginia. Mein Vortrag handelte von der Bedeutung der Trennungslinie des Kreuzes – dem Ereignis, das Gottes neuen Weg einführte. Das Konzept ist einfach: Das Zeitalter des Neuen Testaments wurde durch den Tod Christi eingeläutet, und *nicht durch seine Geburt* (Hebr 9,16-18). Deshalb wurde Jesus unter dem Gesetz geboren. Und er diente einem Publikum, das *nach wie vor* unter dem Gesetz war (Gal 4,4-5). Das bedeutet, dass das Zeitalter des Neuen Testaments (oder des neuen Bundes) nicht mit dem Baby in der Krippe begann.

»Schlagt bitte alle Matthäus Kapitel 1 auf«, sagte ich.

Als alle soweit waren, sagte ich: »Jetzt blättert eine Seite zurück und sagt mir, was ihr seht.«

»Das Neue Testament«, riefen alle.

»Das stimmt. In den meisten Bibeln gibt es eine Trennseite, worauf in großen, fetten Buchstaben »Neues Testament« steht. Aber ist das richtig? Beginnt das Neue Testament wirklich mit

Matthäus 1? Beginnt das Zeitalter des Neuen Testaments mit dem kleinen Jesuskind in der Krippe?«

»Nein, ich glaube nicht«, sagte einer.

Ich wartete ein paar Sekunden, damit der Gedanke verinnerlicht werden konnte. Plötzlich hörte ich hinten im Raum ein lautes Reißgeräusch. Der Hauptpastor der Baptistengemeinde, die die Freizeit veranstaltete, hielt eine Seite hoch, die er aus seiner Bibel herausgerissen hatte. Es war die Trennseite, auf der »Neues Testament« stand.

»Ich schätze mal, ich werde die nicht mehr brauchen!« verkündete er.

Ich hätte es selbst nicht besser sagen können.

Die große Trennung

Das kleine Jesuskind in der Krippe in Bethlehem wurde unter Gesetz geboren. Und auch alle anderen um ihn herum waren immer noch unter dem Gesetz:

*Als aber die Zeit erfüllt war, sandte Gott seinen Sohn, geboren von einer Frau und **unter das Gesetz getan**, damit er **die, welche unter dem Gesetz waren**, loskaufte, damit wir die Sohnschaft empfingen. (Gal 4,4-5)*

Da steht es schwarz auf weiß – eine Wahrheit, die wir schwer vernachlässigt haben. Ja, wir sind ziemlich vertraut mit dem Gedanken, dass Jesus »von einer Frau geboren« wurde. Aber viele von uns haben aus dem Blick verloren, dass Jesus »unter Gesetz geboren« wurde. Das bedeutet, dass angefangen von Matthäus 1 durch alle vier Evangelien hindurch *Gottes neuer Weg noch nicht in*

Kraft getreten ist. Erst dreiunddreißig Jahre später, als Jesus *starb*, trat der neue Bund in Kraft:

> *Denn wo ein Testament ist, da muss notwendig der Tod dessen eintreten, der das Testament gemacht hat; denn **ein Testament tritt auf den Todesfall hin in Kraft**, da es keine Gültigkeit hat, solange derjenige lebt, der das Testament gemacht hat.* (Hebr 9,16-17)

Die Trennseite in unserer Bibel sagt uns, dass das Neue Testament mit Matthäus 1 beginnt. Doch das ist nichts weiter als eine literarische Festlegung. Es vermittelt uns nicht, dass die Wahrheit des Kreuzes die große Trennung bringt. Das Zeitalter des Neuen Testaments beginnt in Wirklichkeit mit Jesu *Tod*, nicht mit seiner Geburt.

Der erste Dienst Christi

Die Wahrheit über diese große Trennung durch das Kreuz, enthält einige weitreichende Konsequenzen, wie wir die Bibel verstehen – insbesondere die Lehren Jesu –, welche Beziehung wir zu Gott haben und wie wir unser Leben leben. Wie verstehen wir also die Lehren Jesu im Licht der großen Trennung durch das Kreuz?

> Das Zeitalter des Neuen Testaments beginnt in Wirklichkeit mit Jesu *Tod*, nicht mit seiner Geburt.

In seinem gesamten Dienst konzentrierte sich Jesus auf zwei bestimmte Dinge. Sein *zweiter* Dienst enthielt Weissagungen über einen zukünftigen neuen Weg – einen Weg frei von Vorschriften, Regeln und Religion. Er sprach von einem System auf der Grundlage von Gnade, in dem wir Gott »Papa« nennen würden. Das kommt uns normalerweise zuerst in den Sinn, wenn wir über die Lehren Jesu nachdenken. Dieser zweite Dienst enthielt Gedanken wie Licht, Liebe und neues Leben. Aber wir dürfen nicht den *ersten* und genauso wichtigen Fokus seiner Lehre vernachlässigen: jeden in seiner Umgebung über den wahren Geist des Gesetzes aufzuklären.

Hier sind einige Auszüge aus einer Killer-Botschaft (Mt 5,21-48), die Jesus verkündigte und die alle umhaute:

Ihr habt gehört, dass zu den Alten gesagt ist: »Du sollst nicht töten!«, wer aber tötet, der wird dem Gericht verfallen sein. **Ich aber sage euch:** *Jeder, der seinem Bruder ohne Ursache zürnt, wird* **dem Gericht** *verfallen sein. (Mt 5,21-22)*

Ihr habt gehört, dass zu den Alten gesagt ist: *»Du sollst nicht ehebrechen!«* **Ich aber sage euch:** *Wer eine Frau ansieht, um sie zu begehren, der hat in seinem Herzen schon Ehebruch mit ihr begangen. (Mt 5,27-28)*

Wenn dir aber dein rechtes Auge ein Anstoß [zur Sünde] wird, so reiß es aus und wirf es von dir! Denn es ist besser für dich, dass eines deiner Glieder verloren geht, als dass dein ganzer Leib **in die Hölle geworfen wird**. *(Mt 5,29)*

Und wenn deine rechte Hand für dich ein Anstoß [zur Sünde] wird, so haue sie ab und wirf sie von dir! Denn es ist besser für dich, dass eines deiner Glieder verloren geht, als dass **dein ganzer Leib in die Hölle geworfen wird**. *(Mt 5,30)*

Ihr habt gehört, dass gesagt ist: Du sollst deinen Nächsten lieben und deinen Feind hassen. **Ich aber sage euch:** *Liebt eure Feinde, segnet, die euch fluchen, tut wohl denen, die euch hassen, und bittet für die, welche euch beleidigen und verfolgen,* **damit ihr Söhne eures Vaters im Himmel seid.** *(Mt 5,43-45)*

Darum sollt ihr **vollkommen sein, gleichwie euer Vater im Himmel** *vollkommen ist! (Mt 5,48)*

Mose 2.0

Jesu Zuhörer waren vertraut mit dem »Du sollst nicht töten« und zuversichtlich, dass sie dieses Gebot halten könnten. Aber das »Jeder, der seinem Bruder zürnt« war sicherlich etwas Neues. Wahrscheinlich hatten sie das heute schon gebrochen. Genauso hatten sie gehört »Du sollst nicht ehebrechen« und waren wahrscheinlich fähig, dieser Versuchung zu widerstehen. Aber »Wer eine Frau ansieht, um sie zu begehren«? »Wie sollen wir einen Impuls kontrollieren, der nur den Bruchteil einer Sekunde dauert?«, fragten sie sich vielleicht. Dann macht Jesus es ihnen unmissverständlich klar – er fordert sie auf, das Auge herauszureißen und die Hand abzuhauen und vollkommen zu sein wie Gott.

Jesus bezieht sich einige Male auf Mose und hebt dann die Messlatte noch an. Er macht es jedem unmöglich, das einzuhalten. Welche Folgen zog es nach sich, seinen Lehren nicht zu gehorchen? *Gericht* und *in die Hölle geworfen zu werden.*

Manche haben Matthäus 5 so ausgelegt, dass diese Stelle anwendbar ist für geistliches Wachstum bei Christen. In Anbetracht der angedrohten Konsequenzen allerdings glaube ich nicht, dass

Jesus einen Weg zu geistlichem Wachstum im Sinn hatte. Stattdessen steht unser letzter Bestimmungsort infrage. Es geht darum, ob wir »Söhne [unseres] Vaters im Himmel« (Mt 5,45) sein werden oder »in die Hölle geworfen« werden (5,29). Das ist der Zusammenhang und das sind die Worte Jesu.

Der einzige Grund, warum wir diese »Killerpredigt« überleben, ohne die große Trennung durch das Kreuz zu berücksichtigen, ist, dass die meisten von uns die Lehren Jesu nicht mit dem nötigen Ernst betrachtet haben. Wir beruhigen uns damit, dass er es »eigentlich nicht so gemeint« hat, und finden uns mit einer verwässerten Version der Lehre Jesu ab. Damit machen wir Jesus vom Stein des Anstoßes zum kleinen Steinchen auf dem Weg zur »Selbstverbesserung«.

Aber wenn wir jetzt die *Trennlinie* des Kreuzes betrachten, müssen wir die harten Lehren Jesu nicht mehr länger verwässern. Wir können sie stattdessen in den Zusammenhang bringen. Nimm dir die Zeit, die vier Evangelien durchzulesen. Beachte die *zwei* Dienste Jesu – sein zweiter Dienst führt den neuen Bund ein, *aber auch* seinen ersten Dienst, in dem er die Stolzen mittels des unerreichbaren, wahren Geistes des Gesetzes verurteilte. Dieser erste Dienst präsentiert uns keinen lieben, netten Jesus. Hier zeigt sich der Herr mit dem Schwert. Jesus bezieht sich wiederholte Male auf das Gesetz Moses und hebt dann die Latte weiter an.

Mose 2.0 wird eingeführt.

Was war Jesu Motivation, als er diese unmöglichen Lehren einführte? Jesus erweiterte das Gesetz, um zu zeigen, dass es unmöglich ist, es einzuhalten. Manche forderte er dazu auf, Körperteile abzuhauen. Anderen sagte er, sie sollten alle ihre Habe verkaufen. Und manche nannte er sogar »Schlangenbrut«.

Was war das Ergebnis? Der Reiche ging traurig seines Weges. Die Pharisäer wendeten sich wütend ab. Mission erfüllt.

Vancouver 2010

Die olympischen Maßstäbe sind hoch. 2010 fanden die Olympischen Winterspiele in Vancouver statt. Damals waren die Bedingungen für den Ski-Abfahrtslauf so, dass die Wettbewerber im Slalom während der Probeläufe Spitzengeschwindigkeiten von 145 km/h erreichten. Der Durchschnitt für Abfahrtsläufe auf diesem Niveau liegt normalerweise im Bereich von 137 km/h. Deshalb entschied das Olympische Komitee, die Skifahrer *weiter unten* am Berg starten zu lassen. Damit sollte verhindert werden, dass sie Geschwindigkeiten erreichten, die nicht mehr zu beherrschen sind.

Wie wir in Matthäus 5 gesehen haben, lädt Jesus seine Zuhörer zur geistlichen Olympiade ein. Aber im Gegensatz zum Olympischen Komitee von Vancouver setzt Jesus den Startpunkt *weiter oben* am Berg fest.

> Der Reiche ging traurig seines Weges. Die Pharisäer wendeten sich wütend ab. Mission erfüllt.

So wird es für jeden Skifahrer unmöglich, den Kurs zu steuern. Keiner wird es *jemals* bis nach unten schaffen, geschweige denn eine Medaille gewinnen.

Doch dann dreht Jesus überraschend den Spieß um. Er steigt selbst auf den Berg. Dann fährt er mit seinen Skiern formvollendet den Berg hinunter, gewinnt die Goldmedaille, stellt einen olympischen Rekord auf und händigt uns die Medaille aus. Dann ruft er allen Olympia-Teilnehmern zu: »Achtung, Lebensgefahr: Haltet euch von diesem Berg fern! Jeder Versuch herunterzufahren endet tödlich.«

Dieser Berg wird nicht verschwinden, bis Himmel und Erde mit ihm vergehen (Mt 5,18). Und wir sollten Respekt haben vor diesem Berg (Röm 7,12). Wir sollten mit Bewunderung zu seiner Spitze hinaufsehen. Aber wir haben kein Recht zu versuchen, sein heimtückisches Gefälle zu überleben:

*Das hat einen bildlichen Sinn: Dies sind nämlich die zwei Bündnisse; das eine **vom Berg Sinai**, das zur **Knechtschaft** gebiert, das ist Hagar. ... Das obere Jerusalem aber ist frei, und dieses ist die Mutter von uns allen. (Gal 4,24.26)*

10

Kürzlich sah ich mir im Kino einen 3D-Film an. Klar, man muss ein bisschen mehr dafür bezahlen und diese Brille aufsetzen. Aber die Erfahrung lohnt sich auf jeden Fall. Wenn du das Kino betrittst und der Film anfängt, wirst du neugierig. Neugierig, wie wohl alles ohne Brille aussieht. Also fing ich an, meine Brille auf- und abzusetzen, um das Bild mit und ohne die technischen Schattierungen zu sehen.

Wie ist es ohne Brille? Nun ich versichere euch – äußerst bescheiden. Wenn du die 3D-Brille absetzt, siehst du zwar denselben Film, aber mit unscharfen Umrissen. Nichts setzt sich richtig zusammen und du bekommst kein hochauflösendes, direktes Bild. Aber wenn du die Brille wieder aufsetzt, ist es wieder da. Derselbe Film, dasselbe Kino, doch die Brille verändert alles.

Genauso ist es, wenn du deine Bibel ohne die neutestamentliche Brille liest. Die Dinge passen nicht richtig zusammen. Okay, wir verstehen vielleicht die grundlegende Botschaft des Evangeliums, aber es bleibt alles unscharf. Erst wenn wir den Tod Jesu als Trennlinie der Menschheitsgeschichte betrachten, können wir die Lehre und die Ereignisse der Bibel im richtigen Zusammenhang sehen. Wir fangen an, das Evangelium als das zu sehen, was es wirklich ist – ein wunderschönes, hochauflösendes, direktes Bild der Gnade Gottes.

Das Kreuz schafft eine völlig neue Sichtweise des mosaischen Gesetzes und der harten Lehren Jesu, die wir Mose 2.0 genannt haben. Aber wenn wir den Tod Jesu nicht als Trennlinie der Menschheitsgeschichte ansehen, bleiben uns nur zwei Optionen, um seine schwierigen Lehren zu interpretieren: Entweder wir interpretieren sie im wörtlichen Sinne und für uns heute gültig, oder wir verbannen sie ins Reich der Übertreibung und versuchen, eine etwas abgeschwächte und leichter verdauliche Version seiner Lehre zu befolgen.

Lasst uns diese Optionen näher untersuchen.

1. Option: Der wörtliche, heute gültige Ansatz

Erstens: Wenn wir die harten Lehren Jesu wörtlich nehmen und für uns heute gültig ansehen würden, dann müsste es in unseren Gemeinden viele Amputierte geben. Ich will hier keine flapsigen Bemerkungen machen, aber das *ist* die wörtliche Interpretation seiner Worte. Jesus sagte ebenfalls wörtlich, dass wir versuchen sollen, vollkommen zu sein wie Gott, dass wir all unsere Habe verkaufen und den Armen geben sollen und dass wir nur so viel Vergebung von Gott bekommen, wie wir zuerst anderen ausgeteilt haben (so heißt es im Vaterunser; s. Mt 6,12.14-15)

Autsch! Wenn wir diese harten Lehren auf unser heutiges Leben anwenden wollen, kommen wir schnell zu ein paar deprimierenden Schlüssen. Erstens, es gibt keine Christen, die so leben!

Zweitens, wir sind alle dazu verdammt, »in die Hölle geworfen« zu werden (Mt 5,22.29-30), weil wir keine »Söhne des Vaters im Himmel« sind (Mt 5,45). Wenn wir die harten Lehren Jesu wörtlich nehmen, wird außerdem Matthäus 5 zu einer Stelle der Errettung aus Werken. Letzten Endes steht ganz klar die Errettung selbst – Himmel oder Hölle – auf dem Spiel (Mt 5,22.30).

2. Option: Der Ansatz der Übertreibung

Manche haben versucht, die Strenge der harten Lehren Jesu damit zu erklären, dass sie Übertreibung seien. »Jesus wollte damit nur sagen, wir sollten mit seiner Hilfe unser Bestes versuchen.«

Doch auch hier müssen wir bedenken, was bei dieser Lehre auf dem Spiel steht: Wenn du nicht gemäß diesen Geboten lebst, wirst du ins »Gericht« kommen und »in die Hölle geworfen« werden (Mt. 5,20-22.29-30). Wenn wir unsere Feinde nicht lieben, haben wir kein Recht, »Söhne unseres Vaters im Himmel« genannt zu werden. Dürfen wir also den Schluss ziehen, Jesus habe das alles nicht wirklich so gemeint, was er über diesen höheren Standard von Gesetzeserfüllung gesagt hat? Hat dann Jesus nicht auch »übertrieben«, als er über die Konsequenzen unseres Ungehorsams sprach – Gericht und Hölle?

Mir persönlich ist es nicht wohl dabei, die Worte Jesu als Übertreibung zu bezeichnen, um seine Lehren leichter verdaulich zu machen. Seine harten Lehren scheinen eigentlich nicht nur Vorschläge für ein bisschen heiliges Leben zu sein. Es geht um Leben und Tod. Wenn du versuchst, nach den Lehren Jesu in Mat-

> Es gibt keine
> Christen, die so
> leben!

thäus 5 zu leben, dann solltest du mehr Willenskraft haben als jeder andere in der Menschheitsgeschichte! Die Wirklichkeit ist doch, dass die meisten von uns Christen sich entschieden haben, ihre Glieder, Augen und ihr Hab und Gut zu behalten. Wir geben auch zu, dass wir nicht so vollkommen sind wie unser himmlischer Vater. Unser Leben beweist tagtäglich, dass die praktische Umsetzung der harten Lehren Jesu unmöglich ist.

Man kann leicht erkennen, warum die Jesus-übertreibt-Variante eine beliebte Interpretation ist. Zu den Versen über das Abhauen von Körperteilen und das Verkaufen all unserer Habe sagen wir möglicherweise: »Er meinte nur, dass wir die Sünde ernst nehmen sollten. Er meinte nur, dass wir nicht das Geld lieben sollten.« Schön und gut. Aber wie reagierten die Zuhörer damals auf seine harten Lehren? Sie waren verwirrt und traurig (Mk 10,22). Was auch immer unsere Interpretation heute sein mag, es gibt keinen Zweifel daran, dass Jesu Zuhörer wirklich glaubten, dass er diese Aussagen *wörtlich* meinte.

3. Option: Die Brille aufsetzen

Vielleicht fühlst du dich nicht wohl damit, dass Jesu harte Lehren wörtlich genommen werden müssen und für uns heute gelten. Aber vielleicht magst du den Gedanken, sie als Übertreibung zu betrachten und somit zu verwässern, genauso wenig. Nun, es gibt eine dritte Option. Hier ist sie: Wir können Jesu Lehren als wörtlich gemeint interpretieren, aber sie in den Zusammenhang setzen, dass sie an *Menschen gerichtet waren, die noch unter dem Gesetz waren* (Gal 4,4-5).

Es gibt nur eine einzige Interpretation, die einen Sinn ergibt: Jesus hat das, was er sagte, wörtlich und tatsächlich so gemeint.

Doch müssen wir den historischen Rahmen, den geistlichen Kontext und die Zuhörerschaft berücksichtigen, wenn wir die radikalen Aussagen Jesu lesen.

Erinnerst du dich an meinen Versuch, den 3D-Film *ohne* Brille anzuschauen? Es war alles ziemlich verschwommen. Hast du vielleicht genauso versucht, aus Jesu harten Lehren schlau zu werden, ohne dabei ein klares Verständnis von der Trennlinie des Kreuzes zu haben? Mit anderen Worten: Schaust du auf die Bibel, das Leben und deine Beziehung zu Gott durch die Brille des *neuen Bundes?*

Schaust du durch die Brille des *neuen Bundes?*

Wenn nicht, dann wird alles unscharf bleiben.

Eine uralte Dauerwerbesendung

Manchmal zappe ich spätabends durch die Programme und lande bei einer dieser faszinierenden Dauerwerbesendungen. Ich finde es immer sehr beeindruckend, wenn sie »Vorher-Nachher«-Bilder zeigen. Die Person links sieht immer so deprimiert aus. Aber auf dem Foto rechts sieht dieselbe Person plötzlich ganz anders aus! (Manchmal frage ich mich, ob sie für das »Nachher«-Foto nicht das Bild von *jemand anderem* nehmen.)

Welche Person wärst du lieber? Natürlich die »Nachher«-Person! Das ist ihre Verkaufsmasche: Wenn Sie sich wie »Vorher« fühlen, traurig und nicht in Form, dann schicken Sie uns einfach einen Scheck über 19,95 Dollar zuzüglich Verpackung und Versand und wir werden auch *Sie* in das »Nachher«-Bild verwandeln.

Genau dasselbe bietet Gott uns an, allerdings ohne die Tatsachen zu verdrehen. Im Gegensatz zu den Produkten aus Dauerwerbesendungen verwandelt uns Gottes neuer Weg zu hundert Prozent in einen anderen Menschen. Und das ist noch nicht alles! Das Ganze gibt es kostenlos – oder zumindest hat jemand anderes dafür bezahlt.

Genau wie diese Dauerwerbesendungen zeichnen Jesus und die Autoren des Neuen Testaments ein verlockendes »Vorher-Nachher«-Bild für uns. Zuerst zeigen sie, wie hoffnungslos die Dinge »vorher«, unter dem Gesetz waren. Oh Mann, das war vielleicht ein hässliches Bild – alles war total anstrengend und man kämpfte ständig gegen das lähmende Gefühl, versagt zu haben. Aber dann zeichnen sie ein lebendiges Bild des Lebens »nachher«. Unter Gottes neuem Weg erhalten wir eine Nähe zu Gott, von der die unter dem alten Weg nur träumen konnten. Wir werden ein zweites Mal geboren (Joh 3,3-7) mit einem neuen menschlichen Geist und Gottes Geist, der in uns lebt (Hes 36,26-27). Wir gehören zu Gott, egal was kommen mag (2 Tim 2,13; 1 Petr 2,9). Und während der alte Weg Israel zerrissen und gescheitert zurückließ in ihren Versuchen gehorsam zu sein, bringt uns der neue Weg dazu, das zu wollen, was Gott will (Phil 2,13; Hebr 8,10).

Durch diesen neuen Weg löste Gott jedes Problem, das unter dem Gesetz bestand. Als Zugabe machte er uns für immer gerecht (2 Kor 5,21); er schuf uns neu als Ausdruck seines eigenen Wesens (2 Petr 1,4) und vergab uns vollständig und bedingungslos (Hebr 10,14). Wenn wir durch den neuen Bund zu Gott in Beziehung treten, bleibt nichts mehr, wie es war (Hebr 7,12). »Wir dienen im neuen Wesen des Geistes und nicht im alten Wesen des Buchstabens« (Röm 7,6 Lut).

Wir dienen Gott, *ohne* Religion.

Der zweite Dienst Christi

Wie wir gesehen haben, brachte Jesus *zwei* Dienste mit sich auf die Erde. Als erstes vergrub Jesus seine jüdischen Zeitgenossen unter den wahren Forderungen des *alten* Bundes. Als zweites weissagte er über einen zukünftigen neuen Bund. Aber dieser Dienst des neuen Bundes schließt eine Hoffnung ein, die wir noch nicht angerissen haben. Durch Jesu zweiten Dienst führte er eine neue Hoffnung ein für alle *außerhalb der jüdischen Welt*.

Aber wer von uns kann sich an diesem neuen Bund erfreuen – jeder auf der ganzen Welt? Oder ist diese neue Hoffnung beschränkt auf Einzelne, die Gott bereits vorher ausgewählt hat?

Der alte Bund war auf eine ausgewählte Gruppe beschränkt – die Juden. Deine Berechtigung für den alten Weg des Gesetzes war durch deine Geburt vorherbestimmt. Du warst entweder im Israel-Verein oder nicht. Aber das hat sich unter dem neuen Bund geändert. Die Mauer zwischen Juden und Heiden wurde abgebrochen (Eph 2,14). Der Menschensohn wurde erhöht und zieht jetzt *alle* Menschen zu sich (Joh 12,32).

Jetzt lasst uns den zweiten Dienst Christi genauer anschauen – die Veränderung, im neuen Bund die Nicht-Juden in das Evangelium miteinzubeziehen. Und ich lade dich dazu ein, »deine erste *Wahl* Religion« aufzugeben.

Gottes »Big Fat Greek Wedding«

Was wollen wir nun sagen?
Dass die Nationen, die nicht nach
Gerechtigkeit strebten, Gerechtigkeit
erlangt haben.
Apostel Paulus (Röm 9,30 Elb)

11

Schicksal oder freier Wille? Plato oder Sokrates? Calvin oder Arminius? Seit Jahrtausenden fragen wir uns: »Ist alles vorherbestimmt oder gibt es einen freien Willen? Ist jeder unserer Schritte von einer höheren Macht im Voraus geplant oder haben wir die Freiheit, uns auf dem Planeten so zu bewegen, wie wir es wollen?«

Was für ein Kopfzerbrechen! Und was für eine ideale Vorlage für Gemeindespaltung! Prädestination (Vorherbestimmung), die Vorstellung, dass Gott manche zur Errettung bestimmt hat und andere für die ewige Verdammnis, hat in aller Welt Gemeindespaltungen hervorgebracht. Anhänger der Prädestinationslehre, des freien Willens und gemischter Varianten betreiben philosophische Haarspalterei, wenn sie über eines der kontroversesten Themen des christlichen Glaubens diskutieren und dafür komplizierte Begrifflichkeiten und sogar eine geheimnisvolle Fachsprache verwenden.

War es das, was der Apostel Paulus für die Gemeinde im Sinn hatte, als er das Wort *vorherbestimmt* ganze vier Mal in nur zweien seiner Briefe verwendete? Hätte er gewollt, dass wir die Plato-Sokrates-Debatte mit einem Jesus-Stempel darauf immer wieder aufs Neue wiederholen? Die ersten Spuren der theologischen Debatte über Schicksal versus freien Willen tauchen erst *mehrere Jahrhunderte nach dem Kreuz* auf. Die Frage ist, wie die Gemeinde des ersten Jahrhunderts über eine »Auserwählung einzelner« durch Gott gedacht hat, wenn sie sich darüber überhaupt Gedanken gemacht hat.

Gängige Standpunkte

»Der Römer- und der Epheserbrief sagen ganz klar, dass Gott uns vorherbestimmt hat! Wie kannst du dann sagen, es wäre nicht so?« sagt der eine.

»Aber der Römerbrief redet davon, dass es wichtig ist, dass wir den Namen Jesus anrufen, und das ist eine Entscheidung, die *wir* treffen. Wir sind keine Marionetten!« antwortet ein anderer.

Dann schaltet sich der Friedensstifter ein: »Seht mal, ihr habt beide recht. Gott hat uns erwählt und wir ihn. Beides stimmt. Wir können das einfach auf dieser Seite des Himmels nicht wirklich verstehen.«

Wenn du schon lange genug in einer Gemeinde bist, hast du wahrscheinlich schon mindestens eines dieser drei Modelle kennengelernt: (1) Gott hat uns zur Errettung erwählt; (2) wir haben Gott aus unserem freien Willen heraus gewählt; oder (3) Gott hat uns erwählt *und* wir ihn, aber wir können das einfach nicht verstehen.

Natürlich gibt es jedes dieser Modelle in verschiedenen Varianten. Aber um das Wesentliche zu erfassen, müssen wir uns nur mit den beiden Extremen befassen und mit dem »intellektuellen Spagat«, wie ich es nenne – dass irgendwie *beide* Ansichten stimmen.

Wenn man sieht, wie viel Ärger die Prädestination verursacht hat, ist es erstaunlich, dass der Begriff in der gesamten Bibel nur ganze vier Mal vorkommt! Es ist offensichtlich, dass bestimmte Taten Gottes lange vor der Zeit vorausgeplant wurden, damit sie irgendwann in der Zukunft eintreten würden. Aber die Frage ist doch: *Wer* ist unter dem neuen Bund vorherbestimmt?

> *Wer* ist unter dem neuen Bund vorherbestimmt?

Der Brief aus Nigeria

Die Presse berichtete kürzlich über John Worley, einen christlichen Psychotherapeuten. Eines Tages fand er in seinem E-Mail-Posteingang eine Nachricht von jemandem mit einem afrikanischen Namen. Worley öffnete die Mail. Es war eine ziemlich lange Nachricht mit der Bitte um Hilfe. Der Absender bat um die Überweisung eines bestimmten Geldbetrags. Nach kurzem Nachdenken schrieb Worley zurück: »Ich habe Interesse und kann Ihnen helfen.«

Worley schrieb diese günstige Gelegenheit dem »Willen Gottes« zu. Und er fiel auf die Idee herein, diesem afrikanischen Geschäftsmann eine große Summe Geld vorzuschießen in der Hoffnung, im Gegenzug die versprochenen 16 Millionen Dollar zu erhalten.

Es ist unnötig zu erwähnen, dass es nicht so funktionierte, wie Worley sich das vorgestellt hatte.

Vielleicht hast du auch schon einmal solch eine E-Mail bekommen wie Worley. Ich bekomme fast täglich eine. Dieser Brief aus Nigeria ist ein alter Trick, den es schon Jahrzehnte vor dem Aufkommen von E-Mails gab: Überweise etwas Geld im Voraus und du erhältst ein Vermögen zurück.

Was ist der erste Fehler, den die Opfer machen? Vielleicht der, dass sie annehmen, sie wären die *Einzigen*, die diese E-Mail erhalten haben. Sie denken, dass sie ausgewählt wurden. Wenn sie wüssten, dass Tausend andere dieselbe E-Mail auch bekommen haben, würden sie wahrscheinlich nicht so leicht auf diese Masche hereinfallen. Wenn wir es nicht besser wissen, ist es nur natürlich anzunehmen, wir seien für eine solche E-Mail wie die an Worley, auserwählt worden. Wir wollen glauben, dass wir die Glücklichen sind, dass wir allein das große Los gezogen haben. Diese Art von Denken öffnet die Tür für falsches Urteilen, falsche Schlussfolgerungen und schlechte Entscheidungen.

> Was wenn dieses »uns« nicht bedeutet, dass Einzelne herausgepickt wurden?

Wie wir noch sehen werden, ist es mit den Paulusbriefen und der Prädestination kaum anders. Im Epheserbrief lesen wir beispielsweise das Wort *uns* und nehmen dann an, dass jeder *Einzelne* von uns gemeint ist. Und dann ist es nur folgerichtig zu denken Gott wähle jeden von uns einzeln aus und bestimme den einen von uns für den Himmel und lasse den anderen ohne Hoffnung zurück.

Aber was ist, wenn die Wahrheit des Evangeliums viel einfacher ist? Was, wenn dieses »uns« nicht bedeutet, dass Einzelne herausgepickt wurden, während andere der ewigen Verdammnis überlassen bleiben? Und was ist, wenn gar kein gedanklicher Spagat notwendig ist, um all die Puzzleteile zusammenzusetzen? Kann es trotzdem *einfach* sein, auch wenn über das Prädestinationspuzzle schon Tausende von Seiten geschrieben wurden?

Eine Geschichte über zwei verschiedene Gruppen

Paulus' Brief an die Epheser beginnt damit, dass Gott jemanden zur Sohnschaft erwählt, und er benutzt dafür das Wort »uns«:

> ... *wie er* **uns** *in ihm* **auserwählt hat** *vor Grundlegung der Welt, damit wir heilig und tadellos vor ihm seien in Liebe.* **Er hat uns vorherbestimmt** *zur Sohnschaft für sich selbst durch Jesus Christus, nach dem Wohlgefallen seines Willens.* (Eph 1,4-5)

Eine gängige Interpretation ist, dass Paulus sich dabei auf »uns Christen« bezieht und sagt, Gott habe uns Christen erwählt und uns Christen zur Sohnschaft vorherbestimmt. Aber ich frage mich, ob das die beste Interpretation dieser Stelle ist. Natürlich sind Christen heilig, tadellos und angenommen. Aber mir scheint, dass das »uns« in diesem Abschnitt etwas spezifischer ist als nur »uns Christen«. Mal sehen, ob wir herausfinden können, was Paulus wirklich damit gemeint hat.

> *Darüber hinaus haben wir durch Christus ein göttliches Erbe empfangen, denn Gott hat uns* **von Anfang an erwählt,** *wie er es mit seinem Willen beschlossen hatte.* **Wir,**

die wir als Erste auf Christus gehofft haben, sollen mit unserem Leben Gottes Herrlichkeit loben. (Eph 1,11-12 NLB)

Wieder tauchen die Wörter *erwählt* bzw. *vorherbestimmt* (s. Übersetzung nach Schlachter, Luther oder Elberfelder) im Zusammenhang mit einer Gruppe auf, die »wir« genannt wird. Hier bezieht sich das »wir« auf die *ersten* Menschen, die auf Christus gehofft haben. Diese ersten Menschen waren natürlich die Apostel selbst und ihre *Mitjuden*. Das waren die Ersten, die glaubten.

Dann wird die Sache richtig interessant. Paulus nennt eine zweite Gruppe von Menschen. Er spricht diese zweite Gruppe direkt an:

*In ihm seid **auch ihr**, nachdem ihr das Wort der Wahrheit, das Evangelium eurer Errettung, gehört habt – in ihm seid auch ihr, als ihr gläubig wurdet, versiegelt worden mit dem Heiligen Geist der Verheißung. (Eph 1,13)*

Mit dem »auch ihr« meint Paulus natürlich seine Zuhörer – die Epheser, die *Heiden* sind. Wenn wir weiterlesen, sehen wir, wie Paulus diese beiden Gruppen wieder unterscheidet:

*Auch ihr wart tot durch eure Übertretungen und Sünden ... Unter ihnen haben **auch wir alle** einst unser Leben geführt in den Begierden unsres Fleisches und taten den Willen des Fleisches und der Sinne und waren Kinder des Zorns von Natur **wie auch die andern**. (Eph 2,1.3 Lut)*

Paulus sagt, die Epheser waren tot durch ihre Sünden. Dann sagt er »auch wir alle«. Worum geht es hier also? Warum bezieht sich Paulus auf eine Gruppe mit dem Namen »wir«, zu der er selbst gehört, und dann auf eine andere Gruppe mit der Bezeichnung »ihr«? Das ist eine wichtige Frage, wenn wir die wahre Bedeutung von Prädestination im Zusammenhang sehen wollen.

Wie wir sehen werden, ist die ehrlichste Interpretation dieses Kapitels im Epheserbrief folgende: Paulus bezieht sich mehrmals auf sich selbst, die Apostel und seine Mitjuden, wenn er »wir« und »uns« sagt. Und mit »ihr« und »auch ihr« spricht er die Epheser an, die Heiden sind.

Ihr alle

Das klingt zwar echt gut, aber ist diese Interpretation grammatikalisch haltbar? Ja, das ist sie. Der Brief war an Hunderte oder sogar Tausende von Ephesern gerichtet. Das »ihr« stand im Plural (im Griechischen stand hier das Plural-Pronomen *humeis*). Das wird noch klarer, wenn wir weiterlesen:

> *Darum gedenkt daran, dass ihr, **die ihr einst Heiden im Fleisch** wart und Unbeschnittene genannt wurdet von der sogenannten Beschneidung, die am Fleisch mit der Hand geschieht – dass ihr in jener Zeit **ohne Christus wart**, ausgeschlossen von der Bürgerschaft Israels und fremd den Bündnissen der Verheißung; ihr hattet keine Hoffnung und wart ohne Gott in der Welt. Jetzt aber, in Christus Jesus, seid ihr, **die ihr einst fern wart**, nahe gebracht worden durch das Blut des Christus. (Eph 2,11-13)*

Zuerst tendieren wir vielleicht dazu, einen Vers mit »ihr« zu lesen und nur auf uns selbst als Einzelpersonen (im Sinne von »du«) zu beziehen. Aber der Zusammenhang zeigt etwas anderes. In diesem Abschnitt ist das »ihr« klar und unmissverständlich im Plural und bezieht sich auf die Epheser – die alle Heiden waren. Paulus fährt fort und nennt sie »Unbeschnittene« (V. 11), »ausgeschlossen von der Bürgerschaft« (V. 12) und »die ihr einst fern wart« (V. 13). Ganz klar, Paulus spricht zu ihnen als zu *Heiden*.

Die Rassismus-Karte

Warum spielt Paulus hier die Rassismus-Karte aus? Denk daran: Die Heiden wurden als unrein und unwürdig angesehen, mit Gott Gemeinschaft zu haben. Die Juden betrachteten die Heiden als die niedrigste Form menschlichen Lebens auf der Erde. Die Heiden hatten keine Hoffnung, keine Berufung, keinen Bund und keine Beziehung zu dem einzig wahren Gott.

> Was bedeutet das für unsere Diskussion über die Prädestination von *Einzelnen* heute?

Im historischen Zusammenhang sind die Worte des Paulus sehr umstritten! Wie konnte Paulus, der selbst ein Jude und ein Pharisäer war, so kühn sein zu behaupten, dass die dreckigen Heiden Gott nahe gekommen seien? Aber genau das behauptet er:

> *Denn er ist unser Friede, der **aus beiden eins gemacht** und die Scheidewand des Zaunes abgebrochen hat, … um **die zwei in sich selbst zu einem neuen Menschen zu schaffen** und Frieden zu stiften, und um **die beiden** in einem Leib mit Gott **zu versöhnen** durch das Kreuz, nachdem er durch dasselbe die Feindschaft getötet hatte. (Eph 2,14-16)*

Wenn aus dem Zusammenhang klar wird, dass es Gottes vorherbestimmter Plan war, den *Heiden* das Evangelium zu bringen, was bedeutet das dann für unsere Diskussion über die Prädestination von *Einzelnen* heute?

Diese Frage wollen wir uns für später aufheben. Zunächst sollten wir sicherstellen, dass es hier wirklich genau darum geht. Wenn wir Gott unverfälscht *ohne* Religion erleben wollen, müssen wir alle Hebel in Bewegung setzen.

12

D er Film *My Big Fat Greek Wedding*[2] handelt von Toula Portokalos, einer jungen Frau in den Dreißigern. Sie lebt mit anderen Griechen in Chicago. Toula arbeitet im Restaurant ihres Vaters. Toulas Vater will, dass sie einen netten griechischen Mann heiratet, viele griechische Kinder bekommt und sich niederlässt, um ein traditionelles griechisches Leben zu führen. Aber Toula sucht nach mehr im Leben und findet es, als sie Ian Miller begegnet. Ian unterrichtet Englisch an der High School und ist *kein bisschen* griechisch. Nachdem sie ihre Beziehung so lange wie möglich geheim gehalten hatten, lassen Toula und Ian schließlich die Katze aus dem Sack. Toulas Papa bekommt einen Wutanfall.

Im Film wird vor allem die Unterschiedlichkeit der beiden Familien auf die Schippe genommen. Ian Miller kommt aus einer langweiligen, sterilen amerikanischen Familie. Im Gegensatz

---

2 »My Big Fat Greek Wedding« ist der Titel eines Films von Joel Zwick. Die Übersetzung lautet »Meine dicke fette griechische Hochzeit«.

dazu kennt Toula nur das geschwätzige und spontane griechische Familienleben. Im gesamten Film gibt es für Ians Eltern ständig Grund zur Beunruhigung: – Eine Feuerstelle im Vorgarten, über der ein Schwein gegrillt wird, eine griechische Tante, die ihnen haarsträubende Geschichten über einen Zwillingstumor erzählt und starke Liköre, die die Millers schwindlig werden lassen.

Für die Millers ist Toulas griechische Familie dreist, unkultiviert und vielleicht sogar »unrein«. Obwohl der Film voller Klischees ist, ist die Handlung sicher nicht aus der Luft gegriffen. Tatsache ist, dass schon so mancher die Griechen genau als das angesehen hat – unrein.

Weite Teile des Neuen Testaments können nur dann richtig interpretiert werden, wenn wir die Griechen mit *jüdischen* Augen betrachten. Selbst eine der umstrittensten Glaubensauffassungen unserer Zeit (die Prädestination) kann nicht richtig verstanden werden, wenn wir nicht wissen, wie die Juden die Griechen gesehen haben.

> Prädestination handelt von Gottes »Big Fat Greek Wedding«.

Wenn wir Prädestination in ihren biblischen Zusammenhang setzen, wird sich herausstellen, dass alles überraschend einfach ist. Prädestination handelt nämlich von Gottes »Big Fat Greek Wedding«. Gott tat etwas sehr Umstrittenes: Er machte sein Evangelium einer neuen Braut zugänglich, den Griechen. *Es ging nie darum, dass die einen für den Himmel auserwählt sind und die anderen der Hölle überlassen werden.*

So wie sich Familie Miller der unorthodoxen Vereinigung ihres Sohnes mit Toula gegenüber skeptisch zeigte, zeigten sich auch die Juden Jahwes Verbindung mit »den dreckigen Heiden« gegenüber skeptisch. Deshalb verteidigte der Apostel Paulus,

Gottes souveräne Entscheidung, *die Heiden zu retten*, so vehement.

Wenn also Jesus in seinem *zweiten Dienst* (durch den *neuen* Bund) das Evangelium *allen* Heidennationen anbot, dann geht es bei der Prädestination *nicht* darum, dass Gott die einen auserwählt und die anderen der Hölle überlässt.

Gottes »Big Fat Greek Wedding«

Gottes vorherbestimmter Plan war es, im Kreuz jeden geistlichen Unterschied zwischen Juden und Heiden aufzuheben. Für unser Leben in Christus hat das Gesetz keinerlei Bedeutung mehr. Gott machte beide Gruppen zu einer. Mit diesem Plan Gottes im Hinterkopf, erklärt Paulus nochmals, an wen er schreibt:

*Und er kam und verkündigte Frieden euch, **den Fernen, und den Nahen**; denn durch ihn haben **wir beide** den Zutritt zu dem Vater in einem Geist. (Eph 2,17-18)*

»Ihr« – das sind hier die »Fernen« (V. 17). Hier spricht Paulus wieder von Heiden. Wenn er von den »Nahen« spricht (V. 17), meint er die Juden. Dann fasst er beide zusammen und spricht von »wir beide« (V. 18).

Die Juden kamen aus derselben Blutlinie wie die Propheten. Sie hatten ein Erbe des Bundes, der Verheißung und der Treue Gottes. Sie waren bereits *nahe* – nahe an der Botschaft des Evangeliums. Zuerst wurde es von den Lippen der Propheten Israels verkündet und dann durch jüdische Apostel verbreitet. Dennoch betont Paulus, dass »wir beide« (Juden und Heiden) jetzt durch denselben Geist Zugang zu Gott haben. Das Ergebnis dieses Zugangs wird so beschrieben:

> So seid **ihr nun nicht mehr Fremdlinge ohne Bürgerrecht und Gäste**, sondern Mitbürger der Heiligen und Gottes Hausgenossen, ... in dem **auch ihr** miterbaut werdet zu einer Wohnung Gottes im Geist. (Eph 2,19.22)

Heiden waren *Fremdlinge* und *Gäste*, in Gottes Haus. Aber jetzt sagt Paulus, dass Heiden »miterbaut« werden (V. 22). Er sagt hier wieder »*auch ihr*« und meint damit »auch ihr Heiden, nicht nur wir Juden«. Am Beginn des dritten Kapitels sehen wir noch einmal, wen Paulus mit »ihr« meint:

> Deshalb [bin] ich, Paulus, der Gebundene Christi Jesu für **euch, die Heiden**. (Eph 3,1)

Ein Geheimnis wird enthüllt

Vielleicht bist du dir noch nicht ganz sicher, was es mit der Vorherbestimmung im Epheserbrief auf sich hat. Lies, was Paulus abschließend darüber geschrieben hat. Hier spricht er von einem uralten (vorhergeplanten) Geheimnis, das jetzt offenbart wurde. Was meinst du, *wer* hier *wozu* vorherbestimmt wurde?

> Beim Lesen dieses Briefes könnt ihr erkennen, dass ich weiß, wovon ich rede, wenn ich vom Geheimnis Christi spreche. **Den Menschen früherer Generationen hatte Gott keinen Einblick in dieses Geheimnis gegeben,** doch jetzt hat er es den von ihm erwählten Aposteln und Propheten durch sei-

*nen Geist offenbart. Die Nichtjuden – ›**darin besteht dieses Geheimnis**‹ – **sind zusammen mit den Juden Erben,** bilden zusammen mit ihnen einen Leib und haben zusammen mit ihnen teil an dem, was Gott seinem Volk zugesagt hat. Das alles ist durch Jesus Christus und mit Hilfe des Evangeliums Wirklichkeit geworden … **Es ist mein Auftrag, allen Menschen die Augen dafür zu öffnen,** wie der Plan verwirklicht wird, den Gott, der Schöpfer des Universums, vor aller Zeit gefasst hatte. **Bisher war dieser Plan ein in Gott selbst verborgenes Geheimnis.** (Eph 3,4-6.9 NGÜ)*

Gottes Plan stand schon lange vorher fest. Er war über viele Generationen hinaus nicht bekannt. Er wurde verborgen gehalten. Aber jetzt, durch den neuen Bund, der durch Jesu Tod eingesetzt wurde, wurde er offenbar. Hier sagt uns Paulus *genau*, wie dieser Plan aussieht: *Die Heiden* sollen Miterben sein (V. 6). Hast du jetzt immer noch Zweifel daran, was genau Gott vorherbestimmt hat und jetzt ans Licht kam? Scheinbar denkt Paulus, dass es jetzt allen klar sein müsste (V. 9).

Ok, das war's. Wir haben alle Verse zum Thema Vorherbestimmung im Epheserbrief analysiert. Und der Epheserbrief ist einer von nur zwei Briefen, in denen das Wort »vorherbestimmt« vorkommt. Solltest du jetzt also für möglich halten, dass die Vorherbestimmung im Epheserbrief etwas mit der Auswahl der Heiden zu tun haben könnte, – rate mal, was als nächstes an der Reihe ist? Es gibt nur noch einen Ort an dem wir nachschauen müssen, im Römerbrief. Damit hätten wir dann alle wichtigen Bibelstellen zu dieser Streitfrage untersucht.

Die Berufung der Heiden

Wenn wir die Vorherbestimmung im Zusammenhang Juden-Heiden verstehen, hilft uns das nicht nur, die Epheser- und Römerstellen zu verstehen, sondern auch die gemeinschaftliche Natur aller Verse, die von Gottes »auserwähltem« Volk sprechen. Im Alten Testament galt diese Bezeichnung dem ganzen Volk Israel. Im Neuen Testament bezieht sich Gottes auserwähltes Volk (oder die Auserwählten) ebenfalls auf eine ganze Gruppe – die Gemeinde Jesu.

Wenn uns klar wird, dass Gott die Heiden zur Errettung berufen hat, können wir weitere, viel diskutierte Stellen besser verstehen:

Da sagten Paulus und Barnabas freimütig: **Euch** *musste das Wort Gottes* **zuerst** *verkündigt werden; da ihr es aber von euch stoßt und euch selbst des ewigen Lebens nicht würdig achtet, siehe,* **so wenden wir uns zu den Heiden.** *Denn so hat uns der Herr geboten:* »*Ich habe dich zum Licht* **für die Heiden** *gesetzt, damit du zum Heil seist bis an das Ende der Erde!*« **Als die Heiden** *das hörten, wurden sie froh und priesen das Wort des Herrn, und es wurden* **alle die gläubig, die zum ewigen Leben bestimmt waren.** *(Apg 13,46-48)*

Der letzte Satzteil dieses Abschnitts – »und es wurden alle die gläubig, die zum ewigen Leben bestimmt waren« (V. 48) – wurde schon von vielen aus dem Zusammenhang gerissen, um den Gedanken einer Auserwählung Einzelner zu unterstützen. Aber die Betonung liegt hier darauf, dass sie *Heiden* waren. Ja, so viele, wie anwesend waren und das Evangelium hörten, glaubten. Aber im historischen Kontext war die Hauptbotschaft die, dass »die dreckigen Heiden« (und zwar alle einschließlich der dort anwesenden) zum Leben berufen worden waren!

Vielleicht denkst du: »Okay, jetzt hab ich's verstanden. Vorherbestimmung handelt von der umstrittenen Entscheidung Gottes, die Heiden ins Evangelium miteinzubeziehen. Aber wird nicht im Römerbrief ganz deutlich von der Auserwählung Einzelner gesprochen?« Gute Frage. Darum werden wir uns als nächstes kümmern. Aber vorher musst du berücksichtigen, dass der Glaube an eine Auserwählung Einzelner hauptsächlich mit Bibelstellen im Epheser- und im Römerbrief begründet wurde. Was ist also, wenn sich herausstellt, dass beide Briefe von etwas völlig anderem reden? Mal abgesehen von einigen vereinzelten Stellen über Gottes »auserwähltes« Volk oder die »Auserwählten« (bezogen auf die Gemeinde als Gesamtes), gibt es in der Bibel überhaupt noch einen Anhaltspunkt dafür, dass Jesu Angebot des neuen Bundes nicht für *jeden* offen ist?

13

Der Begriff der Vorherbestimmung wird im Römerbrief erstmals in Kapitel 8 erwähnt:

*Wir wissen aber, dass denen, die Gott lieben, alle Dinge zum Besten dienen, denen, die nach dem Vorsatz berufen sind. Denn die er zuvor ersehen hat, die hat er auch vorherbestimmt, **dem Ebenbild seines Sohnes gleichgestaltet zu werden**, damit er der Erstgeborene sei unter vielen Brüdern. Die er aber vorherbestimmt hat, die hat er auch berufen, die er aber berufen hat, die hat er auch gerechtfertigt, die er aber gerechtfertigt hat, die hat er auch verherrlicht.*
(Röm 8,28-30)

Gott kennt die Zukunft. Er wusste schon vorher, wer von uns zur Errettung kommen würde. Aber nur weil er unsere Zukunft schon kennt, heißt das nicht, dass er unsere Entscheidungen kontrolliert. Hier müssen wir sorgfältig lesen und fragen: Vorherbestimmt – *wozu*? Darauf gibt es eine klare Antwort: vorherbestimmt, dem Bild seines Sohnes gleichförmig zu sein. *Das bezieht sich auf unser geistliches Wachstum.* Wir werden dem Bild Christi gleichförmig gemacht, weil Gott alle seine Kinder in der gesamten Geschichte der Menschheit ansah und ihnen im Voraus versprach, dass er für ihr Wachstum sorgen würde.

Paulus spricht hier also *nicht* von der Erwählung der Heiden für das Evangelium. Viel mehr spricht er davon, wozu die Christen insgesamt vorherbestimmt sind. Als Gemeinde sind wir von Gott geschaffen, um dem Bild Christi gleichförmig zu werden, um eine himmlische Berufung zu haben, um vor Gott gerecht zu sein und um eines Tages in verherrlichtem Zustand Gott von Angesicht zu Angesicht sehen zu können. Diese Stelle ist verwandt mit der Aussage, dass »… der, welcher in euch ein gutes Werk angefangen hat, es auch vollenden wird bis auf den Tag

> Unser Wachstum
> in Christus ist
> beschlossene Sache!

Jesu Christi« (Phil 1,6). Alle Christen sind *gemeinschaftlich* dazu vorherbestimmt, mit der Zeit dem Bild Christi gleichförmig zu werden. Hier sagt Paulus, dass unser Wachstum in Christus beschlossene Sache ist!

Das war für die Römer ermutigend zu lesen, weil sie mit Leiden (V. 18) und Schwachheit (V. 26) zu kämpfen hatten. Paulus wollte sie wissen lassen, dass Gott für sie war (V. 31) und dass Gott ihre Reife im Blick hatte. Gott wirkte mitten in ihrem Leid, um sie seinem Bild gleichförmig zu machen. Ihr Leiden hatte also einen Sinn. Das ist der Zusammenhang dieser Stelle.

Diese drei Verse (V. 28-30) waren nie dazu gedacht, für sich alleine zu stehen und eine Lehre der Erwählung Einzelner zu begründen. Sie sollten im Zusammenhang verstanden werden, als Ermutigung für diejenigen, die litten. Das ist es, was in dem Kapitel als Ganzes ausgedrückt wird.

Es stimmt auch, dass wir Christen *gemeinschaftlich* »erwählt« wurden (V. 33), so wie Israel gemeinschaftlich Gottes auserwähltes Volk war. Aber *wozu* sind wir erwählt? Wiederum im Zusammenhang gesehen: Wir sind erwählt, dem Bild Christi gleichförmig zu sein, eine himmlische Berufung zu haben, Gott nahe zu sein und eine zukünftige Herrlichkeit zu haben. Dazu hat Gott alle Christen gemeinschaftlich erwählt. Das ist etwas ganz anderes als zu behaupten Gott habe den einen für den Himmel erwählt und den anderen ließe er zur Hölle gehen. *Wenn Gott in dieser Stelle die Erwählung einzelner hätte vermitteln wollen, hätte er das ganz klar auch gemacht.* Die direkte Deutung ist hier, dass die himmlische Berufung (Zweck) und die vorherbestimmte Gleichgestaltung (Wachstum) der Römer ihnen als Ermutigung inmitten von »Bedrängnis« und »Not« (V. 35) vermittelt wurde.

Der Donald Trump(f)

Der Name Donald Trump ist gleichbedeutend mit Erfolg. Trump fordert Vortrefflichkeit, gleichgültig ob es um Immobilieninvestitionen, Sport oder Unterhaltung geht. Seine hohen Maßstäbe und seine Fähigkeit, Dinge anzupacken, sind die Grundlage für die beliebte amerikanische Fernsehserie *The Apprentice*[3]. In der Serie müssen die Teilnehmer schwierige geschäftliche Herausforderungen annehmen und stehen auf dem Prüfstand, während Trump alles arrangiert und das Endergebnis beurteilt. Und jede

---

3 Das vergleichbare deutsche Format der Sendung wurde 2004 unter dem Titel »Big Boss« mit Reiner Calmund ausgestrahlt.

Sendung endet mit Trumps berühmten Worten: »Du bist gefeuert!«

Man kann über Donald Trump sagen, was man will, eines ist sicher: *Er* bestimmt, wo es langgeht. Ob nun jemand eingestellt oder gefeuert wird, er bestimmt den Kurs. Niemand legt sich mit Donald Trump an.

Niemand.

Im Epheserbrief (und auch im Römerbrief, wie wir noch sehen werden) spielt Gott seine Trump(f)-Karte aus. Er sagt: »Ich bestimme, wo's langgeht!« Paulus erwähnt das immer wieder, wenn er aufzeigt, dass Gott in der Geschichte immer das tat, was er wollte – mit Jakob, Esau, Pharao und vielen anderen. Worum es auch geht, Gott bekommt es immer hin, auf seine Weise.

> Gott spielt seine Trump(f)-Karte aus.

Unsere Aufgabe ist es, ihn zu respektieren. Wir verstehen vielleicht nicht, auf was er hinauswill und wir sind vielleicht auch nicht damit einverstanden! Trotzdem sind wir dazu berufen, seine Souveränität zu respektieren. Aber hier ist der Haken: Paulus stellt *nicht* Gottes Souveränität heraus, um die Erwählung *einzelner* Christen zu rechtfertigen. Wenn wir den Epheser- und den Römerbrief durchlesen, stellen wir fest: Gott hat seine Trump(f)-Karte auf *andere* Weise ausgespielt. Er spielte sie aus, als er »die dreckigen Heiden« erwählte, das Evangelium zu erben.

Vor zweitausend Jahren gefiel das dem Establishment ganz und gar nicht.

Gottes Trump(f)-Karte

Der Römerbrief ist dem Epheserbrief erstaunlich ähnlich. Beide Briefe enthalten eine Diskussion über Vorherbestimmung *vollkommen eingebettet in das Gerede über Juden und Heiden*. Wie im Epheserbrief eröffnet Paulus auch hier die Diskussion über Juden-versus-Heiden, indem er von »den Israeliten« spricht:

... die Israeliten sind, denen die Sohnschaft und die Herrlichkeit und die Bündnisse gehören und die Gesetzgebung und der Gottesdienst und die Verheißungen. (Röm 9,4)

Paulus bemerkt zunächst, dass Israel das Evangelium in gewissem Sinne *verdient* – schließlich war Jesus selbst jüdischer Abstammung. Aber dann sagt Paulus etwas, um die Einbeziehung der Heiden zu rechtfertigen:

Das heißt: Nicht die Kinder des Fleisches sind Kinder Gottes, sondern die Kinder der Verheißung werden als Same gerechnet. (Röm 9,8)

Wer sind denn nun die Kinder des Fleisches? Jeder einzelne Jude. Und wer sind dann die Kinder der Verheißung? Jeder, der an Jesus Christus glaubt, egal ob Jude oder Heide. *Was hat also dieses ganze Gerede über Juden und Heiden mitten in einem Abschnitt zu suchen, der sich angeblich nur mit der Erwählung Einzelner befasst?*

Paulus sagt, dass Gott tun kann, was er will. In seiner göttlichen Weisheit entschloss er sich, die Heiden miteinzubeziehen und sie ebenso zur Errettung zu erwählen. Das war umstritten.

Schließlich war es unter den Juden Konsens ein Heide habe kein Recht darauf, auch nur im Traum daran zu denken, Gott kennenzulernen.

Gottes Recht zu entscheiden

Als nächstes erinnert Paulus an Rebekkas Zwillinge im Alten Testament. Er benutzt sie als Beispiel, um zu belegen, dass Gott schon immer so gehandelt hat, wie es ihm gefiel:

> *Doch schon vor der Geburt, noch bevor die Kinder irgendetwas Gutes oder Böses getan hatten, sprach Gott zu Rebekka. **Dies geschah nach dem feststehenden Willen Gottes und seiner freien Wahl,** die nicht abhängt von Taten, sondern allein von seiner Entscheidung. So sprach er zu Rebekka:»Der Ältere wird dem Jüngeren dienen.« In der Schrift heißt es:»Jakob habe ich geliebt, aber Esau habe ich gehasst.« (Röm 9,11-13 NLB)*

Gott hat Jakob geliebt und er hasste Esau. Und das, noch bevor die beiden geboren wurden. Es steht zweifelsfrei fest. Die Frage ist nur, *warum Paulus das erwähnt.* Um den Gedanken zu rechtfertigen, dass Gott heute einzelne handverlesene Christen in den Himmel kommen lässt, und den Rest in die Hölle schickt?

Interessanterweise will Paulus auf etwas ganz anderes hinaus. Es geht ihm hier gar nicht um die Frage der Erwählung Einzelner. Ich kann zwar verstehen, wie jemand zu solch einem Schluss kommen kann: Wir nehmen die Bibel zur Hand, lesen sie und nehmen natürlich alles persönlich. Aber sieh mal, wie Paulus für uns *neu*testamentliche Heilige den Zusammenhang herstellt. Interessanterweise geht er in eine Diskussion über, *wie Gott sich aufmachte, die Heiden in das Evangelium einzubeziehen*, und nicht nur die Juden:

> *Wenn Gott seinen Zorn zeigen und seine Macht ausüben will, kann er viel Geduld mit den* **Gefäßen seines Zorns** *haben, die zum Verderben bestimmt sind, und dadurch den Reichtum seiner Herrlichkeit denen erweisen, die er als* **Gefäße seines Erbarmens** *dafür vorbereitet hat. Das gilt auch für uns, die er* **aus dem jüdischen Volk und aus den anderen Völkern erwählt hat.** *(Röm 9,22-24)*

Wer waren die Gefäße des Zornes Gottes? Die Heiden. Und worum geht es in diesem Abschnitt? Dass Gott einen Plan hat. Er will Menschen retten, nicht nur aus den Juden, sondern auch aus den anderen Völkern. Damit will er seine Langmut unter Beweis stellen. Sowohl Juden als auch Heiden können eine himmlische Berufung in Christus Jesus bekommen!

Gottes Bürgerrechtsbewegung

Gegen Ende des 19. Jahrhunderts führten die Gesetze in den Südstaaten der USA zur Trennung von Schwarzen und Weißen. Afroamerikaner wurden als Bürger zweiter Klasse angesehen, Weiße hingegen fälschlicherweise als überlegen. Die Rassentrennung erstreckte sich auf Schulen, Restaurants, Sitzplätze in Bus und Bahn, auf Telefonzellen und Toiletten. Die Gesetze verhinderten sogar gemischte Ehen und beschränkten die Wahlrechte der Afroamerikaner.

Aber das alles sollte sich bald ändern.

Im Sommer 1947 unterzeichnete Präsident Harry Truman eine Anordnung, die im Militär Gleichbehandlung und Chancengleichheit für alle Menschen anordnete, ohne Rücksicht auf Rasse, Hautfarbe, Religion oder nationale Herkunft. Das war der Startschuss der amerikanischen Bürgerrechtsbewegung. Ihr Ziel war, die Rassendiskriminierung zu verbieten und die amerikanische Gesellschaft zu verändern. Schulen, die zuvor afroamerikanische Schüler ausgegrenzt hatten, öffneten sich. Busse und Restaurants beendeten ihre Rassendiskriminierung. Langsam änderte sich die Mentalität in den gesamten Vereinigten Staaten, vor allem im Süden. Die Menschen begannen, Afroamerikaner in einem neuen und angemessenen Licht zu betrachten.

Religiöser Fanatismus in der Bibel

Wir denken nicht gerne über Rassismus nach, wenn wir die Bibel lesen. Aber genau das war vor zweitausend Jahren das Thema zwischen Juden und Heiden. Dabei ging es nicht nur um eine innere Einstellung. Es gab handfeste Diskriminierung, wie wir sie auch bei uns in den Vereinigten Staaten erlebt haben:

*Als aber Petrus nach Antiochia kam, widerstand ich ihm ins Angesicht, denn er war im Unrecht. Bevor nämlich etliche von Jakobus kamen, **aß er mit den Heiden**; als sie aber kamen, zog er sich zurück und **sonderte sich ab**, weil er die aus der Beschneidung fürchtete. Und auch **die übrigen Juden heuchelten mit ihm**, sodass selbst Barnabas von ihrer Heuchelei mit fortgerissen wurde. (Gal 2,11-13)*

Schlicht und einfach Rassismus. Und wir müssen diesen Rassismus berücksichtigen, wenn wir die Bibel lesen. Dann verstehen wir, warum Paulus sich verteidigen musste, dass er als Apostel zu den Heiden ging.

Hast du dich jemals gefragt, warum Paulus im Römerbrief fast drei Kapitel lang über Gottes Auserwählung spricht? – *Das* ist der Grund. Er verteidigte die radikalste Entscheidung, die Gott je getroffen hatte: die Öffnung des Evangeliums für »dreckige Heiden«. Klar, dieser vorherbestimmte Plan war zwar Abraham als Verheißung gegeben worden: – Er würde zum Vater *vieler* Nationen werden. Aber diesen Plan auch tatsächlich auszuführen, das war eine einzige Beleidigung!

> Wir denken nicht gerne über Rassismus nach, wenn wir die Bibel lesen.

Keiner sagte etwas dagegen, dass Gott eine Person hier und eine da auswählte. *Das hatte Gott bereits im Alten Testament getan!* Das war nichts »Neues«. Denn Gott hatte Jakob, Mose, David und andere zu seinem Dienst auserwählt. Was in den Tagen von Paulus Schlagzeilen machte, war, dass Gott eine gesamte Menschengruppe berief, die historisch gesehen *nicht* sein Volk gewesen war. Angesichts von mehreren Jahrtausenden, in denen Gott sich nur um Israel gekümmert hatte, war das für das jüdische Ego definitiv eine Beleidigung!

»Aber das 9. Kapitel des Römerbriefs ist bekannt dafür, dass es Gottes Erwählung von Einzelpersonen unterstützt! Das Gleichnis von Gott als dem Töpfer und uns als dem Ton muss doch bedeuten, dass er uns als Einzelne erwählt hat. Wie kannst du behaupten, hier gehe es nur um Gottes Erwählung der *Heiden*?«

werden manche fragen. Es gibt nur eine Möglichkeit, der Sache auf den Grund zu gehen: Weiterlesen. Also tun wir das!

14

Paulus zieht zwei Parallelen in Bezug auf Gottes Entscheidung für die Heiden. Zunächst vergleicht er diese Entscheidung des neuen Bundes mit Gottes Recht, das Herz des Pharaos zu verhärten. Dann vergleicht Paulus diese Entscheidung des neuen Bundes mit einem Töpfer, der mit seinem Ton machen kann, was er will:

> *Denn zu Mose spricht er: »Wem ich gnädig bin, dem bin ich gnädig, und über wen ich mich erbarme, über den erbarme ich mich«.* **So liegt es nun nicht an jemandes Wollen oder Laufen, sondern an Gottes Erbarmen.** *Denn die Schrift sagt zum Pharao: »Eben dazu habe ich dich aufstehen lassen, dass ich an dir meine Macht erweise, und dass mein Name verkündigt werde auf der ganzen Erde.« So erbarmt er sich nun, über wen er will, und verstockt, wen er will. Nun wirst du mich fragen: Warum tadelt er dann noch? Denn wer kann seinem Willen widerstehen? Ja, o Mensch,*

wer bist denn du, dass du mit Gott rechten willst? Spricht
auch das Gebilde zu dem, der es geformt hat: Warum hast
du mich so gemacht? **Oder hat nicht der Töpfer Macht**
über den Ton, aus derselben Masse das eine Gefäß zur Ehre,
das andere zur Unehre zu machen? (Röm 9,15-21)

Gott kann sich erbarmen, über wen er sich erbarmen will. Im Alten Testament hat er sogar *verhärtet*, wen er verhärten wollte! Pharao ist da das perfekte Beispiel. Gott nahm sein Recht wahr, das Herz des Pharaos zu verhärten, damit der Name Gottes »verkündigt werde auf der ganzen Erde« (Röm 9,17). Warum also erweist Gott den Heiden Barmherzigkeit? Aus demselben Grund – um seinen Namen auf der *ganzen* Erde zu verkünden, nicht nur unter den Juden!

Beachte, dass es also nicht an jemandes Wollen oder Laufen liegt. Es liegt nicht an menschlichen Bemühungen, sondern an Gott, der sich erbarmt. Für manche mag das wie ein Argument klingen, das für die Erwählung Einzelner spricht. Aber Paulus erklärt nur ein paar Verse weiter, was er damit meint: »Was wollen wir nun sagen?

> Hier geht es *nicht* um die Erwählung Einzelner.

Dass *Heiden, die nicht nach Gerechtigkeit strebten*, Gerechtigkeit erlangt haben, und zwar die Gerechtigkeit aus Glauben, dass aber *Israel, das nach dem Gesetz der Gerechtigkeit strebte*, das Gesetz der Gerechtigkeit nicht erreicht hat« (Röm 9,30-31).

Wer war der Mensch, der rannte und strebte? Der Jude. Und wer war der Mensch, dem Barmherzigkeit erwiesen wurde? Der Heide. Die Heiden rannten nicht der Gerechtigkeit hinterher. Sie kümmerten sich nicht im Geringsten um Gott! Und dennoch erwählte sie Gott für das Evangelium.

Hier geht es *nicht* um die Erwählung Einzelner. Paulus verteidigt Gottes souveräne Entscheidung, einer Gruppe Erbarmen zu erweisen, die noch nicht einmal nach Gerechtigkeit strebte – den Heiden.

Der Sinn des Töpfers

Paulus erzählt das Gleichnis vom Töpfer, um klarzustellen: Gott hat volle Entscheidungsfreiheit. Natürlich denken manche, dass sich dieses Gleichnis auf das ewige Schicksal des Einzelnen bezieht. Aber wenn ein Stück Lehm ein »Gefäß zur Unehre« ist, ist das wohl kaum ein Gleichnis für die Hölle. Ein besserer Vergleich dafür wäre, den ganzen Lehm wegzuwerfen und ihm gar keinen Verwendungszweck mehr zu geben!

Nein, der Hauptpunkt ist hier, dass Gott ein Töpfer ist, der mit seinem Werkstück machen kann, was er will. In diesem Zusammenhang ist es das Recht des Meistertöpfers zu entscheiden, das Evangelium durch Jesus auch auf die heidnischen Nationen auszudehnen. Die Verse, unmittelbar nach dem Töpfergleichnis, machen das sehr deutlich:

Wenn nun aber Gott, da er seinen Zorn erweisen und seine Macht offenbar machen wollte, mit großer Langmut die Gefäße des Zorns getragen hat, die zum Verderben zugerichtet sind, damit er auch den Reichtum seiner Herrlichkeit an den Gefäßen der Barmherzigkeit erzeige, die er zuvor zur Herrlichkeit bereitet hat? Als solche hat er auch uns *berufen, **nicht allein aus den Juden, sondern auch aus den Heiden.** (Röm 9,22-24)*

Gott ertrug die Heiden und ihre absurden, sündhaften Wege für sehr lange Zeit (V. 22). Und er ertrug sie, damit er sie eines Tages für die Herrlichkeit bereit machen konnte (V. 23-24). Dieser Plan war im Alten Testament verborgen. Die Juden konnten ihn einfach nicht sehen oder es übers Herz bringen, ihn zu glauben. Und doch gab es den Plan. Paulus zitiert die Weissagung Hoseas:

*Wie er auch durch Hosea spricht: »**Ich will das ›mein Volk‹ nennen, was nicht mein Volk war**, und die ›Geliebte‹, die nicht Geliebte war. Und es soll geschehen, an dem Ort, wo zu ihnen gesagt wurde: Ihr seid nicht mein Volk!, da sollen sie ›Söhne des lebendigen Gottes‹ genannt werden.«*
(Röm 9, 25-26)

Eine klare Schlussfolgerung

Wer gehörte also nicht zu Gott? Die Heiden. Und wer war nicht Gottes »Geliebte«? Die Heiden. Diesen Gedankengang finden wir in den folgenden Versen:

Was wollen wir nun sagen? Dass Heiden, die nicht nach Gerechtigkeit strebten, Gerechtigkeit erlangt haben, und zwar die Gerechtigkeit aus Glauben, dass aber Israel, das nach dem Gesetz der Gerechtigkeit strebte, das Gesetz der Gerechtigkeit nicht erreicht hat. (Röm 9,30-31)

»Was sollen wir nun sagen?« Dieser Satz bedeutet: Jetzt bringt Paulus es auf den Punkt! Diese Aussage ist eine Art rote Flagge, die in der Luft geschwenkt wird, um anzuzeigen, *warum* Paulus das alles gesagt hat.

Könnte es sein, dass die wahre Bedeutung der Vorherbestimmung uns ins Gesicht blickt?

Bergbau in Afghanistan

2010 ließen Pressekanäle auf der ganzen Welt verlauten, in Afghanistan seien riesige Mineralvorkommen entdeckt worden. Das derzeit ein vom Krieg gebeutelte Brachland hat jetzt auf einmal eine zweite Chance bekommen.

Die Entdeckung von Eisen, Kupfer, Gold und Lithium verspricht, Afghanistan zu einem bedeutenden Bergbauzentrum werden zu lassen. Eine Mitteilung des Pentagons besagt in der Tat, dass Afghanistan bald als das »Saudi-Arabien des Lithiums« bekannt werden könnte. Das wertvolle Mineral ist ein begehrter Rohstoff zur Herstellung von Batterien für alle möglichen elektronischen Geräte.

Manche denken jetzt, dass Afghanistan ein reiches Land ist. Aber war es das eigentlich nicht schon die ganze Zeit? Im Grunde genommen waren die Mineralvorkommen und das Potenzial, sie zu erschließen, schon *immer* da gewesen. Man könnte sogar sagen, dass Gott Afghanistan »vorherbestimmt« hat, weltweit führend in der Bergbauindustrie zu sein. Das Potenzial war nur erst dann entdeckt worden, als US-amerikanische Regierungsvertreter und Geologen ihre Entdeckungen bekannt gemacht hatten.

Im Römerbrief macht Paulus eine ähnliche Ankündigung. Er sagt, das Evangelium habe die Länder der Heiden reich gemacht.

Sie sind nicht mehr länger heidnisches Brachland. Sie haben das Potenzial für großen Reichtum in der Dimension des Geistes.

Aber genauso wie für Afghanistan noch wichtige Entscheidungen ausstehen, können auch Heiden ihre Chance verspielen. Klar, Gott hat vorherbestimmt, dass uns das größte Angebot aller Zeiten gemacht wird. Aber wir müssen diese Chance nutzen: »Jeder, der den Namen des Herrn anruft, wird gerettet werden« (Röm 10,13).

So wird Prädestination wirklich kompatibel mit unserem freien Willen, ohne dass wir einen gedanklichen Spagat machen müssen. Wir brauchen auch nicht auf »später, im Himmel« warten, um es zu verstehen. Der verborgene Reichtum des Evangeliums wurde jetzt geoffenbart, auf heidnischem Boden. Und wir *entscheiden* uns, diesen Reichtum abzubauen und alle Schätze einzusammeln, die in Jesus Christus sind.

> **So wird Prädestination wirklich kompatibel mit unserem freien Willen.**

Entscheidungsfreiheit

Zu dieser Entscheidungsfreiheit sagt Paulus den Römern Folgendes:

Aber die Gerechtigkeit aus Glauben redet so: Sprich nicht in deinem Herzen: Wer wird in den Himmel hinaufsteigen? – nämlich um Christus herabzuholen – oder: Wer wird in den Abgrund hinuntersteigen? – nämlich um Christus von den Toten zu holen. (Röm 10,6-7)

Genau das hatten die Juden immer gesagt – dass Heiden nicht in den Himmel hinaufsteigen könnten. Paulus sagt: »Lasst die Finger von solchen Voraussagen! Vergesst nicht: Gerechtigkeit ist jetzt ein Geschenk und hat nichts mehr mit dem Gesetz zu tun.«

Wo steht in dieser Bibelstelle etwas über die Vorherbestimmung Einzelner zu Himmel und Hölle? Gar nirgends. Darum geht es Paulus überhaupt nicht. Seine einzige Botschaft über Gottes Erwählung handelt von Menschengruppen und nicht von Einzelpersonen. Es geht nur um Juden und Heiden. Es geht nicht um dich versus den Typen, der neben dir wohnt. Paulus reißt die Tür weit auf für die Errettung aller:

> Prädestination handelt von Gottes Plan, das Evangelium auf »die dreckigen Heiden« auszugießen.

Denn wenn du mit deinem Mund Jesus als den Herrn bekennst und in deinem Herzen glaubst, dass Gott ihn aus den Toten auferweckt hat, so wirst du gerettet … denn die Schrift spricht: »Jeder, der an ihn glaubt, wird nicht zuschanden werden!« (Röm 10,9.11)

Paulus sagt, dass der Glaube an Jesus das Wesentliche ist und keinen enttäuscht. Und sogar jetzt noch, ein ganzes Kapitel später, reitet er immer noch auf den zwei Menschengruppen herum:

*Es ist ja **kein Unterschied zwischen Juden und Griechen**: Alle haben denselben Herrn, der reich ist für alle, die ihn anrufen, denn: »**Jeder**, der den Namen des Herrn anruft, wird gerettet werden«. (Röm 10,12-13)*

Von hier an fährt Paulus ein ganzes Kapitel lang fort, wie wichtig der persönliche Glaube an Jesus Christus ist. Er sagt: »Wie sollen sie aber an den glauben, von dem sie nichts gehört haben?« (Röm 10,14). Er sagt, dass alle in Gottes Königreich eingepfropft werden können, »wenn sie nicht im Unglauben verharren« (Röm 11,23). Schließlich sagt er, dass Gott seinen Plan ausgeführt hat, »damit er sich über alle erbarme« (Röm 11,32). Die Botschaft ist klar und deutlich: »Jeder, der den Namen des Herrn anruft, wird gerettet werden« (Röm 10,13).

Das große Bild

Sowohl im Epheserbrief als auch im Römerbrief wird also das große Bild dargestellt:

- Gott ist Gott.
- Er kann tun, was er will.
- Er hat die Heiden ebenfalls zur Errettung erwählt.
- Jetzt kann jeder durch Glauben zu Christus kommen.
- Lebe mit dieser Realität! Es ist Gottes souveräne Entscheidung.

Vorherbestimmung ist real. Sie ist ein biblischer Begriff und ein biblischer Gedanke. Aber was bedeutet sie wirklich? Im Zusammenhang haben wir gesehen, dass sie von Gottes Plan handelt, das Evangelium auf »die dreckigen Heiden« auszugießen. Es geht nicht um die Erwählung von Einzelnen.

Mit Gottes wahren Absichten im Hinterkopf sehen wir: Gott hat beschlossen, das Evangelium auf die Heiden auszugießen (und dazu gehören die meisten von uns!). Gottes unendliche Liebe gilt allen Menschen. Unsere Aufgabe ist es, diese seine souveräne Entscheidung zu respektieren. So feiern wir Gottes neuen Weg *ohne* eine erste Wahl Religion.

Teil 5

Frank Lloyd Wrong

Wir kennen uns selbst erst
durch Jesus Christus.
Blaise Pascal (1623-1662)

15

W ir haben uns verfahren. Ich glaube, wir haben eine falsche Ausfahrt genommen. Jetzt sind wir in Norfolk anstatt in Richmond. Aber wir müssten bald da sein!«, versicherte der Fahrer des Leichenwagens meiner Mutter am Telefon. Meine Mutter legte den Hörer auf, blickte auf ihre Armbanduhr und seufzte: »Ich glaube, das wird noch eine *ganze* Weile dauern.«

Hier standen wir und das sollte die Beerdigung meiner Großmutter sein. Seit vierzig Minuten standen der Pfarrer, meine Verwandten und ich um das Grab herum, starrten einander an und fragten uns, was wir tun sollten. Keiner von uns war je auf einer Beerdigung ohne Sarg gewesen!

Nach einer weiteren Stunde des Wartens wurde der Pfarrer immer unruhiger. Er sagte, er müsse bald irgendwo anders sein. »Wenn der Leichenwagen nicht bald kommt, weiß ich auch nicht, was wir machen sollen.«

Eine Beerdigung ohne Sarg *und* ohne Pfarrer! Wir beschlossen, mit dem Gottesdienst zu beginnen. Der Pfarrer kam bis zu der Stelle, an der er den Leichnam meiner Großmutter dem Grab anbefehlen sollte. »Asche zu Asche …«, sagte er, dann hielt er inne. »Ich kann wirklich nicht weiter machen, solange der Leichnam nicht tatsächlich hier ist!«, sagte er. »Es tut mir leid.«

Als er sich gerade zum Gehen wandte, kam der Leichenwagen an. Die Bremsen quietschten, als der Wagen in der Nähe des Grabes zum Stehen kam. Heraus kam eine bärtige Dame in einem dreiteiligen Nadelstreifenanzug. Sie hatte zwar keinen Vollbart, aber egal, welche Maßstäbe man anlegt, es war der Anfang eines sehr respektablen Bartes inklusive Schnauzer.

»Es tut mir leid, ich bin zu spät! Ich habe eine falsche Ausfahrt genommen und bin in Richtung Norden gefahren anstatt in Richtung Süden. Aber jetzt bin ich bereit, die Zeremonie abzuhalten«, sagte sie und fuchtelte mit einem Manuskript herum, das sie aus ihrer Manteltasche gezogen hatte. »Dies ist meine erste Beerdigung, aber ich habe mir hier Notizen gemacht.«

»Die Zeremonie abhalten?«, fragte meine Mutter. Ihre normalerweise sonst sehr ruhige Fassade begann zu bröckeln. »Wovon sprechen Sie?«

Die bärtige Dame schaute verwirrt. »Das war Teil des Gesamtpakets – ich transportiere die Verstorbene *und* ich halte die Zeremonie ab«, behauptete sie beharrlich. »Sie müssen sowieso dafür bezahlen.«

Meine Mutter hielt inne und rang sichtlich um Fassung. Dann sagte sie der Fahrerin, dass wir alles bezahlen würden, aber dort stünde der Pfarrer meiner Großmutter und er würde den Gottesdienst auch zu Ende bringen.

Die bärtige Leichenwagenfahrerin sackte etwas in sich zusammen, doch dann übergab sie uns den Sarg meiner Großmutter und fuhr weg.

Von da an verlief die Beerdigung ohne weitere Störungen.

Zu spät zur eigenen Beerdigung?

Meine Großmutter war zu ihren Lebzeiten niemals zu spät gekommen. Aber sie kam im wahrsten Sinne des Wortes zu spät zu ihrer eigenen Beerdigung. Auf dieselbe Weise kommen viele von uns zu spät zur eigenen Beerdigung. Ich rede hier natürlich nicht von unserer körperlichen, sondern von unserer geistlichen Beerdigung. Sowohl der Römer- als auch der Galaterbrief sagen uns, dass wir mit Christus *gestorben* sind:

*Wir wissen ja dieses, dass **unser alter Mensch mitgekreuzigt worden ist**, damit der Leib der Sünde außer Wirksamkeit gesetzt sei, sodass wir der Sünde nicht mehr dienen; denn wer **gestorben ist**, der ist von der Sünde freigesprochen. (Röm 6,6-7)*

***Ich bin mit Christus gekreuzigt. Nicht mehr ich bin es, der lebt**, nein, Christus lebt in mir. Und solange ich noch dieses irdische Leben habe, lebe ich im Glauben an den Sohn Gottes, der mir seine Liebe erwiesen und sich selbst für mich hingegeben hat. (Gal 2,20 NGÜ)*

Geistlich gesprochen nahmen wir an einer Beerdigung teil – unserer eigenen. Aber wir müssen dieser Beerdigung auch »beiwohnen«, sie miterleben und uns ihrer Folgen bewusst werden.

Bei unserem ganzen christlichen Gerede über Verhalten, geistliche Disziplin und Selbstverbesserung, fürchte ich, dass wir die Kernbotschaft des christlichen Glaubens vernachlässigen – Tod und neues Leben. Die Wurzel des Christseins ist wirklich der Tod und das Aufwachen als brandneuer Mensch. In dem Moment, in dem wir unser ganzes Vertrauen auf Jesus Christus setzen und nur von ihm unsere Errettung erwarten, vollzieht sich in uns ein grundlegender Austausch. Durch unseren eigenen Tod, unsere Beerdigung und Auferstehung werden wir gerechte Heilige und Kinder Gottes. Und dieser Wechsel ist nicht symbolisch oder bildlich, sondern real und tatsächlich.

> Wir nahmen an einer Beerdigung teil – unserer eigenen.

Der neue Bund beinhaltet noch so viel mehr als nur das, dass wir dem Gesetz entkommen sind und unter der Gnade leben. Gnade würde gar nicht für alle funktionieren. Sie ist nur für die gedacht, die im Kern neu geworden sind. Nur unsere Neuheit in Christus zusammen mit der Freiheit der Gnade entfesseln die Ausdrucksformen des Geistes Gottes.

Warum sterben?

»Warum mussten wir mit Christus sterben? Ist das nicht alles ein bisschen sehr dramatisch?« magst du vielleicht denken. »Hätte Gott das nicht auch anders regeln können?«

Das Neue Testament sagt uns, dass wir aus gutem Grund mit Christus gestorben sind. Erstens, wir sind *dem Gesetz* gestorben, damit wir auf eine neue Weise leben können (Gal 2,19; Kol 2,20). Zweitens, wir sind *der Macht der Sünde* gestorben, um Entscheidungsfreiheit zu erhalten (Röm 6,2; 7,12). Drittens, wir sind gestorben, um *ein neues Herz, einen neuen Verstand und einen neuen Geist* zu erhalten – um eine neue Schöpfung zu werden (Hes 36,26; 1 Kor 2,16; 2 Kor 5,17). Manche von uns reden davon, wie sie »ihr Leben Christus gegeben haben«. Faktisch hatten wir aber gar kein

Leben, das wir hätten geben können. Gott konnte mit unserem Leben nichts anfangen. Stattdessen kreuzigte er unseren alten Menschen und gab uns ein neues Leben, sein Leben. Die geistliche Person, die wir in Adam waren, wurde getötet und mit Christus in das Grab gelegt. »Nun ja, *vergeistlicht gesehen* schon, aber …« Man hört das ziemlich oft, der Tod unseres alten Menschen sei nur »vergeistlicht« wahr (also wahr »in Gottes Augen« oder wahr im Himmel, aber *nicht* gegenwärtige Realität hier auf Erden). Aber es gibt keine biblische Grundlage dafür, den Tod unseres alten Menschen nur als »vergeistlichte Wahrheit« zu betrachten.

Ich verstehe, warum wir das gemacht haben: um unseren andauernden Kampf mit der Sünde zu erklären. Aus ähnlichen Gründen sagen manche auch, wir Christen müssten »uns selbst sterben«. Will heißen, dass unser Tod mit Christus in Stufen erfolgt und noch nicht abgeschlossen ist. Wir gehen diese Theologie des »Sich-selbst-Sterbens« im nächsten Kapitel an. Zunächst aber geht es hier noch weiter.

Die andere Hälfte

Gott ließ uns nicht im Grab. Er ging weiter und weckte uns mit Christus auf und setzte uns zu seiner Rechten (Eph 2,6). Hast du mitbekommen, wo wir sind? Wir sitzen direkt neben Gott. Und das ist wiederum real gemeint – nicht symbolisch oder vorgetäuscht. Wie nah bist du Gott also? Weil du mit Jesus eins geworden bist (Röm 6,5; 1 Kor 6,17), bist du direkt neben Gott. Du hast den besten Platz im Haus! Ja, es ist ein geistlicher Ort. Aber geistliche Wahrheit ist sehr reale Wahrheit. Jeder ist geistlich irgendwo – entweder in Adam oder in Christus. Dein geistlicher

Standort ist wörtlich und tatsächlich gemeint. Es ist diese geistliche Realität aus der wir jeden Tag unseres Lebens auf dem Planeten Erde leben:

*[Gott] hat uns mitauferweckt und **mitversetzt in die himmlischen [Regionen]** in Christus Jesus. (Eph 2,6)*

*Wenn **ihr nun mit Christus auferweckt worden seid,** so sucht das, was droben ist, wo der Christus ist, sitzend zur Rechten Gottes. Trachtet nach dem, was droben ist, nicht nach dem, was auf Erden ist; **denn ihr seid gestorben, und euer Leben ist verborgen mit dem Christus in Gott.** (Kol 3,1-3)*

Wollte Gott, dass wir diese Wahrheiten zwar lesen, sie aber erst dann erleben, wenn wir in den Himmel kommen? Offenbar sind wir bereits im Himmel angekommen. Hast du das mitbekommen? Geistlich *sind* wir schon dort, auferweckt sitzen wir dort mit dem König. Der Himmel ist also ein Ort, an den wir kommen werden, aber der Himmel ist auch ein Ort, wo wir bereits sitzen. Bist du schon mal irgendwo hingegangen, wo du dich bereits befunden hast? Hm – hm, darüber müssen wir wohl noch ein wenig nachdenken. Aber genau das möchte Gott von uns – dass wir darüber *nachdenken*:

> Offenbar sind wir bereits im Himmel angekommen.

Trachtet nach dem, was droben ist, nicht nach dem, was auf Erden ist; denn ihr seid gestorben, und euer Leben ist verborgen mit dem Christus in Gott. (Kol 3,2-3)

Wir sollen wir selbst sein

Zu oft denken wir Christen, im Kern seien wir »Sünder« wie jeder andere auch. Wenn wir das tun, übersehen wir einen der großartigsten Aspekte des Kreuzes – den Tod unseres alten Menschen. Wenn wir die Theologie »Ich bin ein dreckiger Wurm« übernehmen und dann so sein wollen »wie Jesus«, dann wird sich das als vergebliche Liebesmüh' herausstellen. So wird Christsein zu einer nutzlosen und verlogenen Übung. Wir versuchen im Wesentlichen, uns wie jemand zu verhalten, der wir nicht zu sein glauben.

Das Ganze wird zur Religion.

Wir sind gestorben. Wir wurden auferweckt und hingesetzt. Und wir sind rein und Gott nahe. Können wir noch mehr wollen? Aber dann ertappen wir uns bei dem Gebet: »Herr, ich möchte dir näher sein.« Ja, wir wachsen in der *Erkenntnis* Gottes und in seiner Liebe, aber die wichtige Wahrheit ist: *Wir sind Gott bereits so nahe – näher geht's nicht.* Ja, das stimmt. Wenn du in Christus bist, bist du geistlich eins mit Jesus (Röm 6,5) und sitzt direkt neben dem Vater (Eph 2,6). Mehr noch – dein menschlicher Geist ist tatsächlich und im wörtlichen Sinne mit Gottes Geist verschmolzen:

*Wer aber dem Herrn anhängt, ist **ein Geist** mit ihm.*
(1 Kor 6,17)

Ein Geist mit ihm? Nun, das ist ganz schön nahe. Jesus machte unser Wesen neu und verschmolz seinen eigenen Geist mit unserem neuen menschlichen Geist. Wir müssen diese Nähe erkennen, sie als wahr ansehen (denn sie ist wahr!) und davon leben! Das ist etwas anderes als die weitverbreitete Religion, dass wir *versuchen*, Gott nahe zu kommen und ihm nahe zu bleiben. Wenn wir beginnen, die Schönheit unserer Vereinigung mit Christus zu erfassen, wird jedes unserer Motive sich mehr und mehr verändern. Wir werden immer mehr sehen, dass das Leben eines Christen wirklich nur bedeutet, dass wir *wir selbst sind*.

16

In dem Film *Immer Ärger mit Bernie* sind Larry und Richard beste Freunde und versuchen, in ihrer Firma Karriere zu machen. Dabei entdecken sie, dass jemand Geld von der Firma veruntreut hat. Sie informieren ihren Chef Bernie Lomax. Dieser scheint sich über ihre Entdeckung zu freuen und lädt zum Dank die jungen Männer in sein Strandhaus ein.

Als sie in dem Strandhaus ankommen, entdecken sie, dass Bernie tot ist, offensichtlich von der Mafia umgebracht. Die jungen Männer verstehen bald, dass Bernie selbst das Geld veruntreut und die Mafia mit ihm gemeinsame Sache gemacht hatte!

Dann werden die Ereignisse bizarr. Anstatt die Polizei zu rufen, hecken Richard und Larry einen Plan aus, um vorzutäuschen, dass Bernie noch am Leben ist. Sie schleppen den Leichnam überall mit hin in dem Versuch irgendwie das Traumwochenende am Strand fortzusetzen. Aber alles wird nur noch verrückter: Die Mafia denkt Bernie wäre *noch am Leben*, und versucht, ihn nochmals umzubringen.

Im Film mag das ja noch unterhaltsam sein. Als Variante des Christseins jedoch ist das ein schreckliches Leben! Als neue Schöpfung schleppen wir nicht den Leichnam unseres alten Menschen mit uns herum. Stell dir einmal vor, wie Tausende von Christen herumhumpeln und ihren eigenen, privaten Bernie mit sich herumschleppen. Das ist ein trauriges Bild! Aber im Wesentlichen ist es genau das, was viele von uns geglaubt haben – dass wir unseren alten Menschen mit uns durchs Leben herumschleppen. Vermutlich denken wir, eines Tages, im Himmel, würden wir endlich frei sein.

Gott sei Dank ist die Wahrheit um einiges besser!

Schwarzer Hund auf dem Altar?

Es ist ein großer Unterschied, ob wir begreifen, dass unser Tod mit Christus *ein vollbrachtes Werk* ist, oder ob wir immer noch versuchen, »das Kreuz auf uns zu nehmen« und irgendwie »uns selbst zu sterben«. Die Theologie des »Sich-selbst-Sterbens« will uns glauben machen, dass wir schmutzige, sündige Menschen sind, die ihr Selbst Stück für Stück loswerden müssen. Auf diese Weise könnten wir der Welt Christus zeigen. Im Grunde müssten wir Schritt für Schritt aus der Gleichung entfernt werden.

Diese märtyrerhafte religiöse Philosophie übersieht eine einfache Tatsache: Wir sind bei unserer Errettung bereits mit Christus gekreuzigt *worden* (Vergangenheit) (Gal 2,20; Röm 6,6; Kol 3,3). Und das ist nicht alles. Der Ausdruck »sich selbst sterben« *findet sich nirgends in der Bibel, angefangen von 1. Mose bis hin zur Offenbarung.* Und trotzdem scheint es für Christen heute die Theologie ihrer Wahl zu sein, um ihren aktuellen Kampf mit der Versuchung zu erklären. Ein Bild, das häufig verwendet wird, ist ein schwarzer und ein weißer Hund – zwei Identitäten in uns. Wir müssen den weißen Hund (die neue Identität) füttern und den schwarzen Hund (die alte Identität) verhungern lassen. Ein weiteres verbreitetes Beispiel ist, dass wir unsere alte Identität immer wieder zur Opferung auf den Altar legen, sie aber immer wieder herunterkrabbelt!

Diese Bilder sind zwar kreativ, aber sie senden die falsche Botschaft. Sie lehren nicht die Wahrheit, wer wir als neue Schöpfung in Christus sind. Wir wurden nicht auf den Altar gelegt. Wir wurden an einem Kreuz getötet. Interessanterweise ist die Kreuzigung eine Todesart, die man sich nicht selbst zufügen kann. Gott hätte Jesus auf jede andere Weise sterben lassen können. Warum wohl wählte er genau diese Todesart für Jesus (und unsere alte Identität) aus? Ich glaube, er wollte uns damit zeigen, dass es zu nichts führt, wenn wir versuchen uns selbst zu kreuzigen. Stell dir mal vor, du kreuzigst dich selbst! Du nagelst eine Hand fest – und dann? Wir haben nichts zu unserer Kreuzigung beigetragen, und wir können dem nichts hinzufügen, was Gott bereits für uns vollbracht hat. Egal ob im Römerbrief steht, dass »unser alter Mensch mitgekreuzigt worden ist« (Röm 6,6) und das »ein für alle Mal« (Röm 6,10-11), oder ob der Galaterbrief davon spricht, dass wir »mit Christus gekreuzigt« sind (Gal 2,20) oder ob der Kolosserbrief uns sagt, dass wir »den alten Menschen ausgezogen« haben (Kol 3,9): Die Botschaft ist immer dieselbe.

Es ist vollbracht!

> Stell dir mal vor, du kreuzigst dich selbst! Du nagelst eine Hand fest – und dann?

Tod durch wilde Tiere?

Aber sagt Paulus nicht »ich sterbe täglich«, und heißt das nicht, dass wir das auch tun sollten? Obwohl der Ausdruck »täglich sterben« oft verwendet wird, um eine Theologie des »Sich-selbst-Sterbens« zu rechtfertigen, *hat dieser Abschnitt nichts mit unserem alten Menschen oder unserem Kampf gegen die Sünde zu tun:*

> *Und warum begeben auch wir uns stündlich* ***in Gefahr?***
> *So wahr ihr mein Ruhm seid, den ich habe in Christus Jesus, unserem Herrn: Ich* ***sterbe täglich!*** *Wenn ich als Mensch in Ephesus* ***mit wilden Tieren gekämpft habe,*** *was nützt es mir, wenn die Toten nicht auferweckt werden?*
> *(1 Kor 15,30- 32)*

Hier verteidigt Paulus sein Apostelamt. Er erinnert seine Leser daran, dass er und die anderen Apostel sich stündlich selbst Gefahren aussetzten und in Ephesus sogar gegen wilde Tiere kämpften. Die Apostel taten alles, was notwendig war, um die Botschaft zu verbreiten. Was Paulus' Hingabe anbelangt – er sah im wahrsten Sinne des Wortes täglich dem *natürlichen* Tod ins Auge.

Wow! Der Zusammenhang des Ausdrucks »täglich sterben« wirft sicherlich Licht auf die irrige Vorstellung, die viele von uns davon hatten, täglich sterben zu müssen.

Unser Kreuz aufnehmen

Aber sagt Jesus nicht, wir sollen unser Kreuz aufnehmen und ihm nachfolgen? Und bedeutet das nicht, dass wir uns selbst sterben müssen oder zumindest der Sünde noch weiter sterben müssen? Es stimmt, dass Jesus seinen Zuhörern sagt: »Nehmt euer Kreuz auf euch.« Und zwar als Teil der *Heils*botschaft:

> *Dann rief er seine Jünger und die Menge zu sich. »Wenn jemand mir nachfolgen will«, sagte er, »muss er sich selbst verleugnen, sein Kreuz auf sich nehmen und mir nachfolgen. Denn wer versucht, sein Leben zu bewahren, wird es verlieren.* Wer aber **sein Leben um meinetwillen und um der guten Botschaft willen verliert**, *wird es retten. Was nützt es einem Menschen, wenn er die ganze Welt gewinnt, dabei aber* **seine Seele verliert**? *(Mk 8,34-36 NLB)*

Der Zusammenhang der Aussage Jesu ist, dass wir unser Kreuz auf uns nehmen sollen, damit wir *unser Leben retten und unsere Seele nicht verlieren.* Jesus spricht hier ganz klar über die Errettung. Die Frage ist also: Wann werden wir an ein Kreuz geschlagen? Wann werden wir gekreuzigt, indem wir Jesus an sein Kreuz folgen? Die Antwort aus der Schrift ist deutlich – bei der Errettung. Bei der Errettung sterben wir mit Christus (Röm 6,6; Gal 2,20) und dieser Akt verlangt keine Wiederholung.

Es gibt keine Stelle im Neuen Testament, die beinhaltet, dass wir nach unserer Errettung der Sünde noch mehr sterben müssten oder dass wir überhaupt uns selbst sterben müssten. Eigentlich sehen wir das Gegenteil – es wird hervorgehoben, dass wir *ein für alle Mal* der Sünde gestorben sind:

> *Denn was er gestorben ist, das ist er der Sünde gestorben,* **ein für allemal**; *was er aber lebt, das lebt er für Gott.* **Also auch ihr:** *Haltet euch selbst dafür, dass ihr für die Sünde tot*

seid, aber für Gott lebt in Christus Jesus, unserem Herrn!
(Röm 6,10-11)

Unsere Aufgabe ist es, unseren einmaligen Tod gegenüber der Sünde als real zu betrachten. So kann er spürbare Auswirkungen auf unser Denken hier und jetzt haben. Wenn wir nicht imstande sind,

Wir sind jetzt *von Natur aus* Heilige.

diesen wunderbaren Austausch als etwas schon Geschehenes anzusehen, dann leben wir in dem Irrtum, dass wir uns in Nichts von einer verlorenen Person unterscheiden. Letztendlich sehen wir dann uns selbst als »begnadigte Sünder«, anstatt die radikale Wahrheit zu ergreifen, dass wir jetzt *von Natur aus* Heilige sind.

Geistliche Schizophrenie?

Wenn wir also nach einem Grund suchen, warum wir immer noch sündigen, sollten wir in unserer Theologie den alten Menschen besser nicht wieder auferwecken. Denn das widerspricht dem Wort Gottes. Und noch etwas: Wenn du nicht glaubst, dass dein alter Mensch tot, begraben und verschwunden ist, wirst du versuchen, irgendwie »die Hälfte von dir« zu töten. Jesus sagte: *»Wenn ein Haus in sich selbst uneins ist*, kann ein solches Haus nicht bestehen« (Mk 3,25). Wenn wir zwei gegensätzliche Identitäten haben, die sich gegenseitig bekämpfen, ist das eine geistliche Schizophrenie, die kein Mensch aushalten kann. Wir sind für etwas Einfacheres geschaffen. Wir sind für etwas Besseres geschaffen. Wir sind für *die Wahrheit* geschaffen.

Wir sind neu.

Was hindert uns zu glauben, dass dieser geistliche Persönlichkeitstausch real und tatsächlich geschehen ist? Ganz einfach: die Tatsache, dass *wir immer noch sündigen*. Also sagen manche, unser Tod mit Christus sei nur eine positionelle (»himmlische«) Wahrheit. Andere sagen, es sei nur eine fortschreitende Wahrheit (die Stück für Stück wahr wird). Vermutlich finden wir immer eine Erklärung dafür, warum wir immer noch sündigen. Tag für Tag haben wir aufs Neue zu kämpfen. War die Herzoperation wirklich erfolgreich? Oder ist sie vielleicht doch nur ein Anfang oder bloß symbolisch zu verstehen?

Zum Glück gibt es darauf eine Antwort. Sie kommt direkt aus der Feder desselben Apostels, der uns davon in Kenntnis gesetzt hat, dass wir neu sind. Paulus sagt uns, dass wir neu sind, und dann erklärt er uns, warum wir immer noch kämpfen. Die Antwort auf die Frage, *warum wir als neue Schöpfung in Christus immer noch sündigen*, ist eine der stärksten Entdeckungen, die ein Christ machen kann. In den nächsten Kapiteln werden wir in Gottes Wort schauen, um diese Entdeckung zu machen.

Aber vorher lass uns noch über Politik sprechen.

17

Wenn in den Vereinigten Staaten ein neuer Präsident ins Amt kommt, erbt er oder sie unvermeidlich die Probleme, die die vorhergehende Regierung verursacht hat. Das hängt einfach mit dem Land zusammen. Wenn es mit der Wirtschaft abwärtsgeht, könnte es an der vorhergehenden Regierung liegen. Wenn die Arbeitslosigkeit hoch ist, könnte es an der vorhergehenden Regierung liegen. Wenn wir uns im Krieg befinden und es nicht so gut läuft, könnte es etwas mit den Entscheidungen zu tun haben, die die vorhergehende Regierung getroffen hat.

Die meisten neuen Präsidenten ersetzen das alte Kabinett durch neue Minister. Auf diese Weise werden die alten Wege, wie man Dinge getan hat, ausradiert und der neue Präsident kann als unbeschriebenes Blatt ganz neu beginnen. Das Letzte, was ein neuer Präsident im Weißen Haus haben will, ist altes Denken.

Nein, es ist Zeit für Veränderung in Washington.

Natürlich haben frühere Regierungen Auswirkungen auf eine neue Präsidentschaft. Trotzdem mögen die Amerikaner es nicht, wenn die neue Regierung der alten die Schuld in die Schuhe schiebt. In unseren Augen wird ein Präsident eingesetzt, um die Probleme unseres Landes zu lösen und nicht, um der vorigen Regierung die Schuld dafür in die Schuhe zu schieben. Die alte Regierung ist weg. Sie ist nicht mehr im Amt. Es mögen einige Auswirkungen zurückbleiben, aber das ist keine Entschuldigung in der Vergangenheit zu verweilen.

Auf ähnliche Weise haben wir die Auswirkungen der Präsidentschaft unseres alten Menschen geerbt. Frühere Entscheidungen haben zu Denkmustern und Lebensstrategien geführt, die in unserem Oberstübchen gespeichert sind. Das nennt die Bibel *das Fleisch.* Das Fleisch ist die alte Denkweise und die alte Weise zu handeln. Im Grunde genommen ist das Fleisch die Politik der alten Regierung.

> ## Das Fleisch ist die Politik der alten Regierung.

Jetzt, da der alte Mensch nicht mehr im Amt, also gestorben und tot ist, sollten wir nicht so tun, als sei er immer noch da. Wir sollten nicht dem alten Menschen die Schuld in die Schuhe schieben und sagen:»Ich konnte gar nichts dafür. Das war mein alter Mensch!« Nein, wir sind in einem neuen Zeitalter. Bei uns hat ein Regierungswechsel stattgefunden! Klar gibt es noch Überreste, Strategien und Denkweisen – das Fleisch –, aber wir sind der neue Mensch:

Darum: Ist jemand in Christus, so ist er eine neue Schöpfung; **das Alte ist vergangen***; siehe, es ist alles neu geworden! (2 Kor 5,17)*

Sündige *Natur?*

In einigen Bibelübersetzungen taucht manchmal der Begriff »sündige Natur« auf, um den Ursprung unseres andauernden Kampfes zu beschreiben. Das Problem mit dieser Übersetzung des griechischen Wortes *sarx* ist, dass wir Christen leicht annehmen könnten, dass unsere Natur sündig ist. Wir setzen den Begriff »meine sündige Natur« gleich mit dem Gedanken, dass »mein alter Mensch oder meine alte Natur immer noch da ist«.

Die wörtliche Übersetzung des Wortes *sarx* ist »Fleisch« und nicht »sündige Natur«. Es war niemals Paulus' Absicht gewesen, dass wir denken, das Fleisch sei der alte, wieder zum Leben erwachte Mensch. Wenn wir dem Begriff »Fleisch« nachgehen, wird schnell klar, dass es eine Art zu *denken (»sinnen«)* (Röm 8,6 Elb) und eine Art zu *wandeln* (Röm 8,4) ist – es ist das Überbleibsel der Programmierung noch aus der Zeit vor unserer Errettung. Darum ist es notwendig, dass unsere Gedanken erneuert werden. Unser *Denken* ist manchmal fleischlich; es braucht im Lauf der Zeit immer wieder eine Neuprogrammierung.

Vor unserer Errettung hatten wir eine komplexe Struktur aus Strategien zur Lebensbewältigung, Methoden im Umgang mit Schmerz und um das zu bekommen, was wir wollen. Aber jetzt haben wir eine neue Denkweise und eine neue Bezugsquelle – den Geist Gottes. Wenn wir in unsere alte Denkweise zurückverfallen, heißt das nicht, dass unser alter Geist das Grab verlassen hat. Nein, es heißt einfach, dass unser Denken erneuert werden muss.

Unser Geist (unser Innerstes) beherbergt unsere gerechte Natur in Christus. Unsere Seele dagegen hat keine geistliche Natur in sich. Die Seele (griechisch: *psyche*) ist nur ein Spiegel, der die ganze Zeit entweder das Fleisch oder den Geist Gottes reflektiert. Unser »Seelenspiegel« ermöglicht uns, von einem Augenblick auf den anderen im Fleisch oder im Geist zu wandeln.

Wie »wachsen« wir also? Indem wir mehr darüber lernen, wer wir bereits als neue Schöpfung in unserem Geist *sind.* Dann beginnen wir, unseren Gedanken und Taten zu erlauben, *diese geistliche Realität* jeden Tag mehr zu *reflektieren.* Nur dann sind wir wirklich wir selbst!

Lass dich also nicht von dem Begriff »sündige Natur« irreführen. Die wörtliche Übersetzung ist »Fleisch«. Gottes Botschaft, wer wir als seine Kinder sind, ändert sich nicht: Wir sind gestorben. Wir sind zur Neuheit des Lebens auferweckt worden. Aber wir kämpfen immer noch mit alten Haltungen, alten Arten der Lebensbewältigung, alter Programmierung. Das ist das Fleisch.

Wenn wir dem Fleisch gemäß wandeln, ändert das nichts an der Tatsache, dass unsere Natur neu geworden ist. Der Wandel im Fleisch verändert unsere neue Lebensquelle nicht. Es bedeutet einfach, dass wir uns wie jemand verhalten, der wir nicht sind. Wir entscheiden uns für einen alten *Weg,* obwohl wir als Menschen bereits neu gemacht worden sind.

Fleischgeschmack

Fleischliches Denken hat viele Geschmacksrichtungen. Das Fleisch entwirft beispielsweise eine Strategie, wie wir gut, nett und religiös aussehen können. Wir sehen hier, wie das Fleisch von Paulus auf Grund seines Einhaltens des Gesetzes ein religiöses Resümee zieht:

*Wenn ein anderer meint, er könne **auf Fleisch vertrauen**, ich viel mehr: beschnitten am achten Tag, aus dem Geschlecht Israel, vom Stamm Benjamin, ein Hebräer von Hebräern, im Hinblick auf das Gesetz ein Pharisäer, im Hinblick auf den Eifer ein Verfolger der Gemeinde, im Hinblick auf die Gerechtigkeit im Gesetz untadelig gewesen. (Phil 3,4-6)*

Das ist *eine* Geschmacksrichtung – religiöses Fleisch. Wenn wir ein beeindruckendes Resümee unserer religiösen Leistung ziehen können (und das die anderen unterschwellig wissen lassen!), wandeln wir nach dem Fleisch. Das kann bedeuten, dass wir versuchen, unseren Selbstwert und unsere Identität auf unsere Denomination zurückzuführen, auf unsere theologische Ausbildung, unsere Errungenschaften in der Gemeinde, unseren »heiligen Lebensstil« oder unsere Bibelkenntnis.

Das Fleisch treibt uns immer zur Selbstverbesserung an und dazu, Ziele zu setzen. Dann können wir sehen, wie weit wir bereits gekommen sind, und uns gut fühlen wegen unseres »Wachstums«. Schau dir mal diese Bibelstelle an, in der Paulus den Selbstverbesserungsgeschmack des Fleisches enthüllt:

*Seid ihr so unverständig? Im Geist habt ihr angefangen und wollt es nun **im Fleisch vollenden**? (Gal 3,3)*

Perfektionistisches Fleisch will uns großmachen und verbessern. Genauso wie der religiöse Geschmack von Fleisch will der perfektionistische uns nicht schlecht, sondern gut aussehen lassen.

Religiöses oder perfektionistisches Fleisch mag gut aussehen und sich richtig anfühlen. Dennoch fordert Gott uns nicht dazu auf, uns in Ordnung zu bringen oder uns selbst zu verbessern.

Stattdessen sollen wir so weitermachen, wie wir in Jesus begonnen haben, und heranwachsen »in dem von Gott gewirkten Wachstum« (Kol 2,19). Das unterscheidet sich von den Strategien der Selbstverbesserung unseres Fleisches. Der eine Weg führt zu Stolz, Stress und Burn-out. Der andere Weg führt zu Leben und Frieden (Röm 8,6). Wenn unsere Gemeindeaktivitäten und unser gutes Verhalten uns ausgebrannt haben, dann haben wir den Unterschied zwischen religiösem oder perfektionistischem Fleisch und dem Leben

> Perfektionistisches Fleisch will uns großmachen und verbessern.

in der Freiheit des Geistes Gottes nicht verstanden (2 Kor 3,17).

Nicht jeder kämpft mit dem Fleischgeschmack der Selbstverbesserung. Es gibt noch andere Ausprägungen von fleischlichem Denken. Vielleicht sucht es auf einer sehr oberflächlichen Ebene zeitliches Vergnügen. Das Fleisch wird angezogen von selbstbezogenen Gedanken, aufmerksamkeitsheischenden Strategien und fleischlichen Lüsten. Hier ist eine Momentaufnahme von einigen ekelhaften Geschmacksrichtungen des Fleisches: Sexuelle Freizügigkeit, Eifersucht, Wutausbrüche, Neid und Streitereien oder Spaltungen (Gal 5,19-21).

Gleichgültig welchen Geschmack das Fleisch hat, seine Wünsche sind gegen das gerichtet, was Gott in unserem Leben tut. *Das Fleisch hindert uns zu sehen, wer wir wirklich in Christus sind* und das zu tun, was uns wirklich gefällt:

> *Denn das Fleisch gelüstet gegen den Geist und der Geist gegen das Fleisch; und diese widerstreben einander, **sodass ihr nicht das tut, was ihr wollt.*** (Gal 5,17)

Der dritte Weg

Wie halten wir also das Fleisch auf? Gott sei Dank müssen wir nicht tagelang unser Fleisch untersuchen und versuchen, es loszuwerden. Nein, das Fleisch und seine Denkweise werden nicht verschwinden, bis wir im Himmel sind. Anstatt also permanent unser Fleisch zu untersuchen, sollten wir uns lieber auf eine *einfache* Sache konzentrieren:

> *Ich sage aber: Wandelt im Geist, so werdet ihr die Lust des Fleisches nicht vollbringen.* (Gal 5,16)

Bedeutet das, dass wir »es einfach lassen und Gott machen lassen« und »das Feld räumen«, damit »alles von ihm kommt und nichts von uns«? Das mag zunächst richtig klingen. Aber hörst du auch das, was ich höre? Wer so etwas sagt, hält sich für *unvereinbar* mit Gottes Plänen. Sie müssen sich erst selbst loswerden, damit Gott in ihrem Leben handeln kann. Alles von Gott und nichts von uns? Was ist mit der Tatsache, dass wir neu geschaffen wurden? Als neue Schöpfung sind wir mit Jesus Christus *vereint*. Sollten wir wirklich für Gott das Feld räumen?

> Gott möchte uns mit offenen Armen empfangen und nicht ersetzen.

Nein, wir sollten mittendrin sein. Gott möchte uns mit offenen Armen empfangen und nicht ersetzen. Im Grunde genommen *hat* er uns bereits bei der Errettung ersetzt. Wir sind neu, gerecht, heilig und völlig kompatibel mit Gottes Geist. Er mag unsere Persönlichkeit, unseren Sinn für Humor, sogar unsere Hobbys und Interessen. Durch diese einzigartigen Aspekte unserer Persönlichkeit drückt er *sein* Leben aus.

Aufgrund der ewig gültigen Herzoperation am Kreuz ruft Gott es jetzt von den Dächern: »Ihr seid mir hundertprozentig willkommen!« Wenn wir den Gedanken festhalten, dass Gott recht hat, was unsere neue Identität anbelangt, dann wandeln wir nach der Wahrheit. Wenn wir unser Denken auf die Wahrheit über uns selbst und unsere wahren Wünsche richten, wandeln wir *ganz automatisch* nicht im Fleisch.

Religion treibt das Fleisch an, sich noch mehr anzustrengen und es mit der perfektionistischen Geschmacksrichtung zu versuchen oder aufzugeben und sich der Zügellosigkeit hinzugeben. Nur wenn wir sehen, dass wir eins sind mit Jesus Christus, verstehen wir: Es gibt einen *dritten Weg*. Nicht durch noch mehr Anstrengung, und auch nicht, indem wir uns der Zügellosigkeit hingeben. Stattdessen wird dieses Leben motiviert von der Freiheit der Gnade, die den Geist Gottes für all das freisetzt, was wir in jedem einzelnen Moment brauchen.

18

Ungefähr sechs Monate nach unserem Umzug nach South Bend im US-Bundesstaat Indiana erhielten wir wieder einmal eine Telefonrechnung. Doch diesen Monat erlebten wir eine Überraschung.

»Fast eintausend Dollar? Für Gespräche mit einer Astro-Hotline? Meine Frau hat den Verstand verloren.« Das war mein erster Gedanke, als ich die Rechnung sah. Es stellte sich heraus, dass Katharine die Rechnung auch gesehen hatte und etwas Ähnliches von mir dachte.

Zuerst brachen wir in Gelächter aus, aber kurz darauf machten sich Sorgen breit. Wie sollten wir beweisen, dass wir diese Gespräche nicht geführt hatten? Wir konnten es uns jedenfalls nicht leisten, diese Rechnung zu bezahlen!

Wir riefen bei der Telefongesellschaft an und sie schickten jemanden vorbei, der den Fall prüfen sollte. Als der Mann von der Telefongesellschaft kam, erklärten wir ihm, uns seien Telefonate berechnet worden, die wir nicht geführt hatten. Er wollte die

Rechnung sehen. Als er einen kurzen Blick darauf geworfen hatte, sagte er:»Rufen Sie doch die Astro-Hotline an. Sie können Datum und Uhrzeit der Anrufe auf Ihrer Rechnung angeben und dann die Aufzeichnung des getätigten Anrufs abhören.«

Wir griffen zum Telefon, wählten die Nummer der Hotline und tippten Datum und Uhrzeit eines der Anrufe ein, die auf unserer Rechnung vermerkt waren.»Chantal Abbott«, sagte die Frau auf dem Band, nachdem der Astrologe sie nach ihrem Namen gefragt hatte. Das war alles, was die Hotline uns hören ließ – nur die ersten fünfzehn Sekunden des Anrufs. Dann gaben wir ein paar andere Daten und Uhrzeiten ein und immer wieder war es derselbe Name.

»Es war eine Frau mit dem Namen Chantal Abbott«, verkündete ich. Der Telefonmensch schien fasziniert zu sein und huschte davon, um außen an unserem Haus etwas zu überprüfen. Ein paar Minuten später kam er zurück. Er hatte nichts gefunden, aber er sagte, er würde jetzt am Ende der Straße mal nachsehen, dort, wo alle Telefonleitungen unseres Blocks zusammenkommen.

»Ich werde Ihnen sagen, wenn ich etwas finde. Ist ja echt witzig!«

»Witzig?«, fragte ich mich.»Vielleicht für *ihn*.« Für uns war die ganze Geschichte ziemlich grotesk und sogar ein bisschen unheimlich. Zu diesem Zeitpunkt hatten wir uns noch nicht so richtig an die Kultur unseres neuen Wohnorts gewöhnt.

Zwanzig Minuten später kam der Telefonmensch mit einem Leuchten in den Augen wieder zurück und sagte:»Ich habe mal an der Ecke nachgesehen, wo alle Telefonleitungen zusammenkommen. Irgendetwas ist da im Busch. Im Telefonmast sind Einkerbungen. Irgendjemand klettert dort ziemlich regelmäßig hoch. Oben angekommen, sah ich, dass die Isolation um das Bündel mit den Telefonleitungen weggeschnitten wurde, und *Ihre* Leitung lag frei. Offensichtlich zapft jemand Ihre Leitung an und telefoniert auf Ihre Kosten.«

»Aber das ist noch nicht alles!«, sagte er aufgeregt. »Ich habe festgestellt, dass ein Haus in der Nähe des Mastes keinen Telefonanschluss hat. Also vermutete ich, dass das vielleicht diejenigen sind, die Ihre Leitung anzapfen. Dann fragte ich auf der Straße jemanden, ob er wüsste, wer in diesem Haus lebt. Sie kannten den Nachnamen der Frau zwar nicht, aber sie soll Chantal heißen.«

Die ganzen Anrufe wurden alle spätabends getätigt. Offensichtlich kletterte eine Frau namens Chantal mitten in der Nacht auf einen Telefonmast. Sie benutzte wohl Schuhe mit Spikes, um hochzukommen, und zapfte dann unsere Leitung an, um einen Wahrsager anzurufen. Nun, gibt es eine bessere Möglichkeit, die Echtheit eines Wahrsagers zu überprüfen? Frag ihn einfach: »Wo befinde ich mich jetzt gerade?«, wenn du gerade sechs Meter über dem Boden an einem Telefonmast hängst!

Der Telefonmensch sagte, er würde dafür sorgen, dass die Gespräche von unserer Rechnung verschwänden. Er sagte auch, wir könnten Chantal bei der Polizei anzeigen, aber wir entschieden uns, es nicht zu tun. Solange man die Gebühren von unserer Rechnung streichen würde, war uns das egal.

Aber der Telefongesellschaft war es wohl nicht egal. Innerhalb von 48 Stunden hielt ein Umzugswagen vor jenem Eckhaus und Chantal ward nicht mehr gesehen!

Vielleicht hatte der Wahrsager ihr geraten wegzuziehen?

Wer zapft *deine* Leitung an?

Warum habe ich dir diese wahre Geschichte erzählt? Ich wollte dir zeigen, wie leicht jemand in unser Leben eindringen und unsere Kommunikationsleitungen übernehmen kann, ohne dass wir das überhaupt merken. Und dasselbe kann uns auch geistlich passieren.

Unser *Denken* kann man ganz leicht anzapfen. Das Ergebnis davon sind »Anrufe«, die nicht von uns sind, auch wenn sie vielleicht genau wie wir klingen. Diese Anrufe können uns in Versuchung bringen, etwas zu tun, von dem wir genau wissen, dass es falsch ist. Die Anrufe lassen vielleicht Programme durch unsere Gedanken laufen und bieten Vorschläge an, wie wir uns für etwas rächen könnten, das uns jemand angetan hat. Oder die Anrufe überfluten uns mit Angst, wenn wir all die »Was-wäre-Wenn« des Lebens in Betracht ziehen.

Es gibt eine Macht, sie heißt *Sünde* (griechisch: *hamartia*), die sich einwählt und das Sprechen übernimmt. In ihrem Versuch, uns zu beeinflussen, ist sie kalt und berechnend. Sie ist ein listiger Vertreter, der unsere Leitungen anzapft und alle möglichen Anrufe tätigt. Diese Anrufe füllen uns mit religiösem Stolz oder sie erzeugen Sorgen über unsere Zukunft oder sie machen uns fertig. Wenn wir bemerken, dass solche Anrufe stattfinden, müssen wir sie überprüfen, und zwar durch den Filter von Gottes Wahrheit über uns: Passt dieser Gedanke zu *meiner wahren Identität* als neue Schöpfung? Stimmt er überein mit einem *liebenden Gott*, der mich berät und tröstet und meine Sünden vergessen hat?

Wenn nicht, dann kommt der Gedanke von einem *Dritten*.

Wenn wir diese Anrufe annehmen als unsere eigenen und die Rechnung einfach bezahlen, kaufen wir eine Lüge darüber, was für Menschen wir sind. Wir sind Kinder des lebendigen Gottes. Wir sind nicht von dieser Welt. Wir sind ein Volk, das Gott gehört. Wenn wir den Anrufen der Sünde nachgeben, dann haben wir nicht gemerkt, dass jemand unsere Leitung anzapft.

Die »andere« Sünde

Die meisten von uns denken, *Sünde* sei eine Handlung. Aber *Vine's Expository Dictionary of Old and New Testament Words* enthüllt eine zweite Verwendung des Wortes *Sünde* mit einer ganz eigenen Bedeutung. Gemäß W. E. Vine ist Sünde eine treibende Kraft, die durch die Glieder unseres Körpers wirkt. Vine behauptet auch, dass diese treibende Kraft personenähnliche Eigenschaften hat. Hier ist Sünde ein Hauptwort, keine Verb. Gott sagt uns, dass *es eine treibende Kraft gibt, die Sünde heißt und die durch unseren Körper wirkt.*

> Jemand zapft
> unsere Leitung an.

Kurzum, jemand zapft unsere Leitung an.

Das erste Mal taucht diese personenähnliche Kraft auf, als Gott Kain warnt: »… so lauert die *Sünde* vor der Tür, und ihr Verlangen ist auf dich gerichtet; du aber sollst über sie herrschen!« (1 Mos 4,7). In Römer 6 und 7 sehen wir dann, wie das Wort *Sünde* (griechisch *hamartia*) plötzlich überall auftaucht. Paulus sagt uns: Sünde befindet sich in unserem Körper, sozusagen direkt unter unserer Nase (natürlich nicht im wörtlichen Sinn). Und sie bringt uns dazu, genau das zu tun, was *wir* eigentlich nicht tun wollen.

*So herrsche nun nicht die **Sünde in eurem sterblichen Leib,** dass er **seinen** Begierden gehorche. (Röm 6,12 Elb)*

*Jetzt aber vollbringe **nicht mehr ich** dasselbe, sondern **die Sünde,** die in mir wohnt. (Röm 7,17)*

*Wenn ich aber das tue, was ich nicht will, so vollbringe **nicht mehr ich** es, sondern **die Sünde,** die in mir wohnt. (Röm 7,20)*

Ist dir aufgefallen, wem die Begierden in diesem ersten Vers zugeschrieben werden? In Römer 6,12 steht, »*seinen* Begierden«. Paulus behauptet, dass etwas in uns die Quelle der Versuchung ist, was *nicht* wir selbst sind. Und die Begierden, mit denen wir so oft kämpfen, werden ihm zugeschrieben!

Beachte bitte, dass sich die Kraft der Sünde in unserem natürlichen Körper befindet. Bei der Errettung geschieht mit unserem *Körper* nichts weiter. Darum bleibt die Möglichkeit, dass die Sünde unser Denken anzapft, bestehen.

Diese Erfahrung, von Römer 7, dass ich »das tue, was ich nicht will«, werden wir immer dann machen, wenn wir versuchen, auf gesetzlich-religiöse Weise unser Bestes zu geben. *Gott hat das Gesetz eingeführt, damit wir die Existenz dieses skrupellosen Vertreters in uns entdecken.* Wenn wir uns für Religion entscheiden, wird uns unweigerlich bewusst werden: »Egal, wie sehr ich mich auch anstrenge, ich bin von der Sünde abhängig.«

Die Macht der Sünde blüht unter dem Gesetz auf. Aber Gott in seiner Weisheit ließ uns dem Gesetz sterben und darum *sterben wir auch gleichzeitig der Sünde.* Die Herzoperation, die wir bei der Errettung erhalten haben, schneidet unsere Verbindung zur Sünde ab. Und sie gesteht uns die Freiheit zu, uns für etwas anderes zu entscheiden.

Wenn wir aber nicht verstehen, was bei der Errettung mit uns geschehen ist, verstehen wir die Botschaften der Sünde fälschlicherweise für unseren alten Menschen. Anstatt uns selbst kritische Geister zu nennen, müssen wir erkennen, dass die kritischen Gedanken aus der Sünde kommen. Anstatt uns selbst als schmutzig oder pervers zu bezeichnen, müssen wir wissen, dass der Ursprung von lüsternen Gedanken eine organisierte Macht namens *Sünde* ist. Anstatt uns selbst oder andere Klatschmäuler zu nennen, können wir erkennen, dass es dieses Sündenprinzip in uns ist, das uns dazu bringt, so zu handeln.

> Wenn wir den Ursprung der Versuchung erkennen, ist das schon mal super.

Wenn wir den Ursprung der Versuchung erkennen, ist das schon mal super. Dadurch können wir sehen, wie wir im Kern eine neue Schöpfung sein können, doch trotzdem mit Sünde kämpfen. Es hilft uns auch zu verstehen, warum eine Religion, die auf Vorschriften basiert, immer zu Versagen führt, weil es nur die Macht namens Sünde weckt. Wir sind bestimmt dazu, tief in unserem Innern von Gnade motiviert zu sein.

Wir sind bestimmt für Gott *ohne* Religion.

19

Nach einem erholsamen Winterurlaub fanden wir ein völlig ausgekühltes Haus vor. Die Heizung schien kaputt zu sein, also riefen wir erst einmal einen Fachmann an. Innerhalb weniger Stunden stand der Monteur vor der Tür. Nach nur wenigen Minuten forderte er uns mit einem ungläubigen Gesichtsausdruck auf:

»Schauen Sie sich das einmal an!«

Wir folgten ihm zu der Heizungsanlage hinaus in die Garage. Dort nahm er die Frontpaneele ab. Überall im Inneren waren Plastikschnipsel. Eine Ratte war in das Heizungssystem eingedrungen und hatte sich durch die Dichtungsschläuche gefressen. Als der Druck in den Rohren abfiel, stellte sich die Heizung automatisch ab.

Die Ratte kostete uns fast 1 000 Dollar für Ersatzteile und Arbeitszeit. Dann legten wir Gift aus und stellten Fallen auf. Aber nur zwei Wochen später hatte der Nager weitere 2 500 Dollar Schaden angerichtet. Dieses Mal fraß er sich durch ein Badewannenrohr im Obergeschoss und setzte den Raum darunter unter Wasser!

Bis heute wissen wir nicht genau, ob die Ratte zurückkehren wird, um noch mehr Chaos anzurichten oder ob wir sie erwischt haben. Aber sollten wir sie jemals finden, werden wir sie ausstopfen und ausstellen! Immerhin war sie 3 500 Dollar wert.

Die Ratte bei *dir* zu Hause

Ich erzähle diese Geschichte, weil es bei dir zu Hause auch so eine Ratte gibt. Die Macht der Sünde ist ein skrupelloser Agent, der in deinem Haus, in deinem menschlichen Körper, lebt. Und genauso wie die Ratte kann auch die Sünde eine Menge Schaden anrichten. Als neue Schöpfung sind wir der Sünde gestorben. Aber die Sünde selbst ist immer noch sehr lebendig, genauso wie die Ratte immer noch am Leben war, obwohl wir dachten, wir hätten sie getötet.

Stell dir mal vor, der Installateur hätte den Schaden nicht entdeckt oder wir hätten ihn nie der Ratte zugeschrieben. Dann hätten vielleicht meine Frau und ich uns gegenseitig beschuldigt. Vielleicht wären wir der Vorstellung aufgesessen, einer von uns hätte den Thermostat falsch programmiert oder vergessen, den Filter zu wechseln. Wer weiß, ob nicht einer von uns mit eigener Hand die ganzen Dichtungen zerschnippelt haben könnte ... Das klingt vielleicht dumm, aber genauso geißeln wir Christen uns selbst wegen dem, was die Ratte tut: »Ich bin ein ernsthafter Christ. Ich möchte Gott besser kennenlernen und geistlich wachsen. Warum muss ich mich dann ständig mit den gleichen alten Gedanken herumschlagen?« Es ist entscheidend, dass wir erkennen: Da gibt es etwas *in* uns, das *nicht* wir selbst sind. Unser Körper beherbergt eine Macht, die uns sowohl versucht als auch kontrolliert, wenn wir es zulassen. Der Ursprung unserer Sünden ist eine Ratte namens *Sünde*.

Wusstest du, dass in *deinem* Haus eine Ratte ist?

Die Quelle sündiger Gedanken

Viele von uns gehen davon aus, dass wir die Gesamtsumme unserer Gedanken sind, dass *wir das sind, was wir denken*. Aber Gott tippt auf Satans Hand und zeigt, dass da noch jemand anwesend ist. Nicht jeder Gedanke, den wir denken, kommt von uns. Nicht jede Idee, die unserem Verstand serviert wird, hat ihren Ursprung in uns.

Ich dachte immer, die lautesten und aufdringlichsten Gedanken in meinem Kopf kämen von mir selbst.

> Wusstest du, dass in *deinem* Haus eine Ratte ist?

Natürlich, denn ich denke sie ja auch! Wenn mir also immer wieder Versuchungen zu schaffen machen, muss ich das selbst sein. Also ist meine *Natur* sündig. Ich muss im Kern schmutzig sein.

Zum Glück habe ich die geistliche Ratte in meinem Haus entdeckt. Deshalb kann ich jetzt erkennen, dass ich einen Gedanken nicht nach seinem Ausmaß oder seiner Häufigkeit beurteilen sollte, sondern nach seinem *Inhalt*. Ganz gleich, wie aufdringlich ein Gedanke auch sein mag: Ich kann erkennen, dass es einfach nur schon wieder diese Ratte ist, die versucht, einen Schaden anzurichten, der mich teuer zu stehen kommt.

Unser Gott ruft uns dazu auf, jeden Zentimeter unseres Gedankenlebens neu zu interpretieren im Licht dessen, was er offenbart hat: Ich bin eine neue Schöpfung, ein Kind Gottes, mit einem neuen Herzen, einem neuen Verstand, einem neuen Geist und Gottes Geist lebt in mir. Wenn wir uns unserer Neuheit bewusst werden, ihr vertrauen und entsprechend handeln, fangen wir an, wirklich zu leben. Und die Realität unserer Neuheit wird immer wieder bestätigt, weil das Denken von »Gottes Gedanken« die einzige Wahl ist, die uns erfüllt. Warum? Weil wir *Christi Sinn* haben (1 Kor 2,16)!

Frank Lloyd Wrong

Meine Frau Katharine und ich heirateten kurz nach unserem Schulabschluss. Wir hatten nicht viel Geld für unser erstes Haus, aber wir wollten etwas Einzigartiges. Nachdem wir unsere Immobilienmaklerin mehrere Wochen lang an den Rand des Wahnsinns getrieben hatten, stolperte sie endlich über ein Haus, das im Jahr 1908 im Prärie-Stil erbaut worden war und vom Eigentümer zum Verkauf stand. Wir waren hellauf begeistert! Es war von einem Schüler von Frank Lloyd Wright entworfen worden, dem berühmten amerikanischen Architekten. Umgeben von traditionellen Häusern im viktorianischen Stil war dieses Haus einfach herausragend. Es stand sogar unter Denkmalschutz und war ein Programmpunkt der historischen Stadtrundfahrt. Die Stadt schätzte das einzigartige Design dieses Hauses so sehr, dass es zerlegt und an anderer Stelle wieder aufgebaut wurde, als das Grundstück für ein Krankenhaus benötigt wurde.

Die Häuser dieser Zeit, die im Stil Frank Lloyd Wrights erbaut worden sind, haben einige einzigartige Merkmale wie Dächer mit geringer Neigung, überstehende Dachvorsprünge und mehrflügelige Fensterreihen. Unser Haus war da keine Ausnahme. Es war ein originales Stück aus dieser Zeit und ein Vorrecht, es zu besitzen.

Doch stell dir mal vor, wir ziehen ein und ich fange an, mir Gedanken zu machen, wie ich es verbessern könnte: »Wir könnten diese Fenster austauschen und eine Glasschiebetür einbauen. Wir könnten diese horizontalen Linien herausreißen und entlang des Dachvorsprungs ein bisschen Pfefferkuchen-Dekor verbauen, damit es ein bisschen mehr wie die anderen Häuser in der Straße aussieht. Und wir könnten den Dachfirst etwas anheben, damit das Dach nicht mehr so flach ist.«

> Wir sind vom Meisterarchitekten vollkommen gestaltet.

Dann greife ich zum Vorschlaghammer und mache mich an die Arbeit.

Das ist natürlich nie geschehen. Ich hätte dieses Haus ad absurdum geführt. Wir waren im Besitz eines einzigartigen Stücks architektonischer Geschichte, das ruiniert gewesen wäre, wenn ich versucht hätte, es zu »verbessern«. Man kauft sich nicht ein historisches Haus einer bestimmten Stilrichtung und versucht dann, es in eine andere Stilrichtung zu zwängen. Das macht Frank Lloyd Wright zu Frank Lloyd Wrong[4].

Als Kinder Gottes wurden wir vom Meisterarchitekten persönlich vollkommen gestaltet. Doch wir sind von unserer eigenen Unwürdigkeit so überzeugt, so von unserem Versagen eingenommen, dass es uns schwer fällt zu glauben, wir müssten nicht »in Ordnung gebracht werden«. Geblendet von dem Wunsch des Fleisches, sich selbst zu verbessern, können wir nicht erkennen,

---

4 Anmerkung der Übersetzerin: Der Nachname »Wright« enthält das englische Wort für richtig, »right«. »Wrong« ist hingegen das englische Wort für »falsch«.

wie unpassend unsere Versuche der Selbstvervollkommnung eigentlich sind. Klar, es gibt die sogenannte »Gartenarbeit« – Veränderung unserer *Haltungen* und *Taten* – dass wir jeden Tag »Liebe anziehen« (Kol 3,14). Aber wir müssen hier eine wichtige Wahrheit verstehen: Wir – im Kern unseres Wesens – können nicht verbessert werden. Wir sind die Handarbeit unseres Meisters, in Christus Jesus geschaffen als eine neue Spezies himmlischer Menschen:

In Jesus Christus sind wir **Gottes Meisterstück.** *Er hat uns geschaffen, dass wir gute Werke tun, gute Taten, die er für uns vorbereitet hat, damit wir sie in unserem Leben ausführen.* (Eph 2,10 NeÜ)

Ihr aber seid ein **auserwähltes** *Geschlecht, ein* **königliches** *Priestertum, ein* **heiliges** *Volk, ein Volk des Eigentums, damit ihr die Tugenden dessen verkündet, der euch aus der Finsternis berufen hat zu seinem wunderbaren Licht.* (1 Petr 2,9)

Der ganze Zweck des Evangeliums ist, uns mitzuteilen, dass wir für eine echte Veränderung Jesus brauchen. Diese grundlegende Veränderung geschieht, wenn wir Christus annehmen. Von diesem Tag an ist es unsere Aufgabe, etwas über das Meisterstück zu lernen, als das Gott uns entworfen hat. Wir sollen *von unserer Vollkommenheit in Christus her leben*, anstatt uns durch Religion »selbst zu verbessern«:

Also auch ihr: Haltet euch selbst dafür, **dass ihr für die Sünde tot seid,** *aber für Gott lebt in Christus Jesus, unserem Herrn!* (Röm 6,11)

Seid ihr so unverständig? Im Geist habt ihr angefangen und
wollt es nun im Fleisch vollenden? *(Gal 3,3)*

Denn mit einem einzigen Opfer hat er die **für immer voll-**
endet, *welche geheiligt werden. (Hebr 10,14)*

Wir sind das Haus Gottes, ein wunderschöner Entwurf seiner selbst. Wenn wir uns dessen bewusst werden, ist es nur selbstverständlich uns so anzunehmen, wie er es tut. Wenn wir aber uns selbst als alte, heruntergekommene Hütte betrachten, treibt es uns ständig dazu, strukturelle Verbesserungen vorzunehmen. Aber diese selbst aufgebürdeten »Verbesserungen« laufen der Absicht Gottes mit uns zuwider. Wir können das Werk eines Meisterarchitekten nicht verbessern. Wir sind das Ergebnis von Gottes edelster Wertarbeit.

Und du sollst nicht an einem Meisterstück herumpfuschen.

20

In meinem Seminar »Gott ohne Religion« stelle ich den Menschen eine Reihe von Fragen, um zu sehen, was sie über sich selbst denken. Ich bitte sie, sich mit Menschen zu vergleichen, die sie entweder persönlich oder vom Hörensagen kennen.

Zuerst frage ich: »Wie viele von euch würden sagen, dass sie genauso gerecht sind wie ich?«

Die meisten Hände gehen hoch. Manche heben sogar beide!

Dann hebe ich die Messlatte an. »Wie viele sind genauso gerecht wie Mutter Theresa?«

Viele Hände gehen dann runter, aber ein paar Selbstbewusste lassen ihre oben. »Gott bewertet das wahrscheinlich auf einer Skala, und ich habe einfach nicht ihre Möglichkeiten, aber wenn ich sie hätte …«, denken sie vielleicht.

Ich setze noch eins drauf. »Wie viele sind genauso gerecht wie der Apostel Paulus?«

Nur ein paar mutige Seelen halten sich hartnäckig.

Dann hole ich zum letzten Schlag aus. »Und wie viele sind genauso gerecht wie Jesus Christus?«

Ich bin froh, dass wenigstens einer seine Hand oben lässt.

Aber genau das ist es: Wenn wir nicht sagen können, »ich bin genauso gerecht wie Jesus Christus«, dann liegen wir daneben. Dann haben wir das Wesentliche nicht verstanden. Vielleicht haben wir zugegeben, dass unsere Gerechtigkeit ein Geschenk ist, aber wir haben sie noch nie wirklich *in Besitz genommen*.

Wenn es um Gerechtigkeit geht, glauben viele von uns richtigerweise an zugerechnete Gerechtigkeit – dass Gott uns als Gerechte ansieht. Aber wir könnten fälschlicherweise denken, Gerechtigkeit sei nicht real und fassbar, zumindest nicht hier und jetzt. Vielleicht stellen wir uns das so vor, dass Gott oben im Himmel sitzt und nur so tut, als seien wir gerecht. Vielleicht sieht er uns nur aus dem Augenwinkel an, aber eigentlich schaut er auf Jesus. Wenn er sich uns wirklich zuwenden und uns anschauen würde, würde er sehen, dass wir immer noch die gleichen dreckigen Sünder sind.

> Vielleicht haben wir zugegeben, dass unsere Gerechtigkeit ein Geschenk ist, aber wir haben sie noch nie wirklich *in Besitz genommen*.

Ja, wir sind mit der Gerechtigkeit Christi *bekleidet*. Aber wag es nicht, unter diese Kleider zu schauen, sonst wirst du eine böse Überraschung erleben! Oder vielleicht wird Gott uns, kurz bevor wir die Tore des Himmels erreichen, noch eine Last-Minute-Politur verpassen. Aber warte mal – im Gespräch ist nur, dass wir im Himmel einen neuen *Körper* erhalten. Wann werden wir dann also hundertprozentig rein und gerecht in unserem Inneren, in unserem menschlichen Geist?

Vielleicht doch schon *jetzt*?

Zugerechnet oder verliehen?

In gewisser Hinsicht trifft das mit der zugerechneten Gerechtigkeit sicher zu. Wir sind durch Christus für gerecht erklärt worden. Und uns wurde diese Gerechtigkeit zugerechnet (Gal 3,6-7). Aber das ist noch nicht alles! Uns wurde Gerechtigkeit nicht nur zugerechnet, sondern auch verliehen. Jeder wird uns recht geben, dass unser alter Mensch im wahrsten Sinne des Wortes von Natur aus *un*gerecht war. Aber genauso sind wir nach dem Tod unseres alten Menschen auferweckt worden zu einem neuen Menschen – der *im wahrsten Sinne des Wortes* von Natur aus gerecht ist. Das ist *die* Nachricht schlechthin!

Jesus hat es treffend formuliert: Unsere Gerechtigkeit muss mit der der Pharisäer mithalten und sie sogar weit übertreffen, damit wir in den Himmel kommen (Mt 5,20). Wenn wir also für den Himmel bestimmt sind, wie gerecht sind wir dann? Stell dir vor, Tausende von Pharisäern stehen in einer Reihe und neben ihnen sind ihre lebenslangen Anstrengungen aufgehäuft. All das Blut, der Schweiß und die Tränen, die die Pharisäer auf sich genommen haben, um zu versuchen, vor Gott gerecht zu werden, verblassen vor der Gerechtigkeit, die wir in Jesus Christus geschenkt bekommen. Die Gerechtigkeit, die wir besitzen, ist größer als all die Anstrengungen der Pharisäer zusammengenommen.

Warum spricht die Bibel nicht von einer Last-Minute-Politur für Christen, kurz bevor wir in den Himmel kommen? Weil wir schon hier und jetzt kein bisschen gerechter werden können, als wir schon sind. Klar, eines Tages bekommen wir einen neuen Körper. Doch, was unseren menschlichen *Geist* anbelangt, sind wir jetzt schon bereit für den Himmel. Und unsere *Seele* ist wie ein Spiegel, der jederzeit beides wiedergeben kann – Sünde oder

Gerechtigkeit. Auch sie ist bereit für den Himmel, denn dort wird es keine Sünde zu reflektieren geben. Unser Geist und unsere Seele sind gemeinsam bereits jetzt tauglich für den Himmel. Nur unser Körper muss noch ersetzt werden.

Wir sind in unserem menschlichen Geist also genauso gerecht wie Jesus Christus. Das ist am Evangelium so radikal:

Denn er hat den, der von keiner Sünde wusste, für uns zur Sünde gemacht, damit **wir in ihm [zur] Gerechtigkeit Gottes würden.** *(2 Kor 5,21)*

»Nun, *in Christus*, ja«, mögen wir sagen, schieben aber gleichzeitig die Vorstellung davon beiseite. Am Ende stimmen wir zu, dass wir *in Christus* gerecht sind, als ob das nicht wirklich real wäre. Gibt Gott also nur vor, dass unsere neue Geburt real ist? Gibt er nur vor, wir hätten ein neues Herz? Gibt Gott nur vor, wir wären gerecht? Oder nennt er uns »die Gerechtigkeit Gottes«, weil es tatsächlich wahr ist?

Gerechtigkeit nützt uns erst dann etwas, wenn wir sie besitzen. Aber wenn wir sie in einen Bereich der Wahrheit verlagern, der nicht wirklich real ist, wird sie uns im Alltag nichts nutzen. Es ist wahr, dass wir die Gerechtigkeit Christi geschenkt bekommen haben. Aber was solltest du mit dem größten Geschenk anfangen, das dir je gemacht wurde?

Es besitzen.

Von Herz zu Herz

Hast du ein sündiges Herz? Ich kann dir nicht sagen, wie vielen Christen ich begegnet bin, die diese Frage mit ja beantworten haben. Und im Nachsatz sagen sie: »Aber durch Gnade bin ich errettet.« Das mag für dich zwar ziemlich demütig klingen, aber siehst du auch, was ich sehe? Das grundlegende Problem liegt darin, dass wir glauben, dass Christen ein sündiges Herz haben. Bei unserer Wiedergeburt in Christus geht es einzig und allein darum, dass wir ein neues Herz (Hes 36,26), einen neuen Verstand (1 Kor 2,16) und einen neuen Geist (Hes 36,26; Röm 8,16) bekommen haben und dass Gottes Geist in uns lebt (1 Kor 3,16). Wir denken vielleicht, es sei demütig und geistlich zu sagen, dass unsere Herzen böse sind. Aber Gott möchte nicht, dass wir uns täuschen. Er will so gerne, dass wir die Auswirkungen unserer Auferstehung in seinem Sohn entdecken – eine innere Verwandlung, die unsere Herzen für immer verändert hat.

Hast du ein sündiges Herz?

»Die Bibel nennt uns Sünder!«, werden manche sagen.

Nun, nicht wirklich. Wenn du Christ bist, nennt das Neue Testament dich immer wieder einen Heiligen, nicht Sünder.

»Paulus hat aber gesagt, er war der größte aller Sünder!«, erwidern manche.

Es stimmt, dass Paulus an Timotheus geschrieben hat, »dass Christus Jesus in die Welt gekommen ist, um Sünder zu retten, von denen ich der größte bin« (1 Tim 1,15). Doch der Zusammenhang macht klar, dass Paulus sich auf seine Erfolgsgeschichte im Ermorden von Christen bezieht, *bevor* er selbst errettet wurde. Damals war er »ein Lästerer und Verfolger und Frevler« (1 Tim 1,13). Hier betont Paulus, wie gnädig Gott war, ihm zu vergeben und ihn zum Aposteldienst zu berufen. Paulus wurde als Heiliger wiedergeboren, nachdem er *in seiner Vergangenheit* der größte aller Sünder gewesen war.

Paulus meint das genau so, wie er es schrieb. Es ist ein schlechter Witz, dass wir Christen fast jeden Vers nehmen, den wir finden können, um unser erbärmliches Selbstbild zu rechtfertigen. Es scheint uns zu gefallen, wenn wir uns in Schuld suhlen und als dreckige Sünder sehen können, die durch Gnade gerettet sind. Wir glauben zwar, dass wir ein rechtschaffenes Leben führen *sollten*, aber tief drinnen wollen wir es nicht wirklich. Aber wir sind wiedergeboren! Denk mal über folgenden Satz nach:

Ich will niemals wirklich sündigen.

Natürlich können wir Christen sündigen und tun es auch. Davon rede ich nicht. Was ich sage, ist, dass wir nicht sündigen *wollen*. Wenn wir in Christus Jesus sind, sind wir neu geschaffen für gute Werke (Eph 2,10), und Sünde ist für uns peinlich und bringt keine Frucht (Röm 6,21). Wenn wir uns absolut mies fühlen wollen – kein Problem: Wir brauchen nur zu sündigen. Sünde widerspricht allem in uns:

Jeder, der aus Gott geboren ist, tut nicht Sünde; denn sein Same bleibt in ihm, und er kann nicht sündigen, weil er aus Gott geboren ist. (1 Joh 3,9)

Ich weiß wohl, was du gehört hast: Sünde ist das Zeug, das wir tun wollen, aber nicht tun sollten. Aber ich sage, dass das falsch ist. Sünde ist *nicht mit uns kompatibel* und Sünde ist das Letzte, was wir tun wollen.

*Denn das Fleisch gelüstet gegen den Geist und der Geist gegen das Fleisch; und diese widerstreben einander, **sodass ihr nicht das tut, was ihr wollt**. (Gal 5,17)*

Sind dir in diesem Vers die beiden »Mannschaften« aufgefallen? Die eine Mannschaft ist das Fleisch, und die andere bist du und der Geist Gottes. Das Ziel des Fleisches ist es, dich davon abzuhalten, das zu tun, was *du* willst.

Scheinbar wollen wir dasselbe wie Gott. Er hat seinen Willen in unser Herz geschrieben: »Ihr [seid] Sklaven der Sünde gewesen, nun aber *von Herzen gehorsam geworden*« (Röm 6,17). Für den Rest unseres Lebens werden wir unsere neue Geburt auf die eine oder andere Art immer wieder unter Beweis stellen. Entweder, indem unser Leben ein Ausdruck Christi und damit erfüllt ist oder indem wir sündigen und uns elend fühlen.

Beides ist ein Beweis für unsere wahre Identität.

Als Kanadier aufwachen

Durch eine Reihe von jahrzehntealten Gesetzen, verloren viele in Kanada geborene Kinder ihre Staatsbürgerschaft, weil ihre Eltern mit ihrer Familie in die Vereinigten Staaten zogen. Es waren schätzungsweise mehr als einhunderttausend Kanadier betroffen.

Kürzlich änderte sich das total. Weil ein paar Leute jahrelang Petitionen eingereicht hatten, wachten eines Morgens im Jahr 2005 viele Tausend Menschen buchstäblich als Kanadier auf. Die kanadische Regierung stellte die Staatsbürgerschaft für all diejenigen wieder her, die sie zuvor verloren hatten. Tausende Briefe wurden rausgeschickt, die den Betroffenen verkündeten: »Von heute an sind Sie offiziell kanadischer Bürger.«

Genauso haben wir im Garten Eden unsere geistliche Staatsbürgerschaft verloren. Als unser Vorfahre Adam Gottes Königreich verließ, wurde die Menschheit in ein Land der Trennung

und der Finsternis ausgewiesen. Wenn wir Christus Jesus aufnehmen, wird unser Bürgerrecht in Gottes Königreich wieder
hergestellt. Aber vielen von uns sind
unsere neu gefundene Staatsbürger-
schaft und ihre Auswirkungen noch **Unser menschlicher**
nicht wirklich bewusst. Wir haben **Geist wurde**
vielleicht nie den Brief erhalten, oder **kompatibel mit**
vielleicht haben wir ihn auch erhal- **Gottes Geist.**
ten, aber wir wissen eigentlich nicht,
was das alles bedeutet.

Gott sagt, es gab eine geistliche Versetzung von dem, wer wir
in Adam waren, hin zu dem, wer wir *in* Christus sind:

Durch ihn aber seid ihr in Christus Jesus, der uns von Gott
gemacht worden ist zur Weisheit, zur Gerechtigkeit, zur
Heiligung und zur Erlösung. (1 Kor 1,30)

Er hat uns errettet aus der Herrschaft der Finsternis und
hat uns versetzt in das Reich des Sohnes seiner Liebe.
(Kol 1,13)

Mit dieser wunderbaren Versetzung ging auch eine radikale Veränderung im Kern unseres Wesens einher. Unser menschlicher
Geist wurde kompatibel mit Gottes Geist. Jetzt wohnt er buchstäblich dort, in unserer Menschlichkeit. Wir sind im wahrsten
Sinne des Wortes aus Gott geboren und mit allem ausgestattet,
was wir für ein neues Leben brauchen. Und wir sind tatsächlich
Teilhaber der göttlichen Natur!

Da seine göttliche Kraft uns alles zum Leben und zur Gott-
seligkeit geschenkt hat durch die Erkenntnis dessen, der

*uns berufen hat durch seine eigene Herrlichkeit und Tugend, durch die er uns die kostbaren und größten Verheißungen geschenkt hat, damit **ihr durch sie Teilhaber der göttlichen Natur werdet**, die ihr dem Verderben, das durch die Begierde in der Welt ist, entflohen seid. (2 Petr 1,3-4 Elb)*

Im Jahr 2005 wachten hunderttausend Menschen als Kanadier auf. Es ist an der Zeit, dass wir Christen aufwachen und uns bewusst werden, wer wir sind. Wir haben eine neue geistliche Abstammung und eine neue Staatsbürgerschaft. Und weil wir in Jesus Christus neu geworden sind, brauchen wir keine Religion mehr.

21

P apa, was bedeutet es, getauft zu werden?« fragte Lindsey. Diese Gelegenheit wollte mein Freund nicht verstreichen lassen. Seine kleine Tochter Lindsey befragte ihn über die Taufe und was das alles bedeute.

»Komm, wir gehen mal zum Spülbecken«, sagte Steven. »Und bring diese Wasserflasche mit.«

Steven steckte den Stöpsel in den Ausguss und füllte das Becken mit Wasser. Als das Wasser tief genug war, drehte er den Hahn zu. Er nahm die leere Flasche und hielt sie über das Spülbecken.

»Was passiert, wenn ich diese Flasche ins Wasser fallen lasse, Lindsey?«

»Sie wird mit Wasser vollaufen«, antwortete sie.

»Und wird sie schwimmen oder untergehen?«, fragte Steven.

»Sie wird bis auf den Boden sinken«, sagte sie.

»Das stimmt, Lindsey. Und das ist ein Bild dafür, was mit uns geschieht, wenn wir an Jesus glauben«, sagte Steven, während die

Flasche mit Wasser volllief und auf den Boden des Beckens sank.

»Wir sind geistlich in Christus hineingetauft. Er ist in uns, so wie das Wasser diese Flasche füllt. Und wir sind in ihm, so wie die Flasche im Wasser ist. Das Wasser ist in der Flasche, und die Flasche ist im Wasser. Aber eins müssen wir noch tun.«

Steven griff nach dem Deckel der Flasche. Er fasste ins Wasser hinunter und schraubte den Deckel auf die Flasche, sodass sie mit Wasser gefüllt unten liegen blieb.

> Die Taufe ist ein schönes Bild für unseren Tod, unser Begräbnis und unsere Auferstehung in Christus.

»Nachdem Gott uns mit dem Geist Jesu erfüllt hat, versiegelt er uns, bis Jesus wiederkommt. Er wird uns niemals verlassen. Wir sind in ihm und er ist in uns, für immer.«

An jenem Tag erhielt Lindsey am Spülbecken eine der besten Lektionen über die wahre Bedeutung der Wassertaufe.

Lilafärbung

Die Taufe ist ein schönes Bild für unseren Tod, unser Begräbnis und unsere Auferstehung in Christus. Die Wassertaufe ist eine Veranschaulichung und Feier unserer *geistlichen* Taufe:

> *Oder wisst ihr nicht, dass wir alle, die wir **in Christus Jesus hineingetauft** sind, **in seinen Tod** getauft sind? Wir sind also **mit ihm begraben** worden durch die Taufe in den Tod, damit, **gleichwie Christus** durch die Herrlichkeit des Vaters*

*aus den Toten **auferweckt worden ist, so auch wir** in einem neuen Leben wandeln. (Röm 6,3-4)*

Wenn wir ins Wasser getaucht werden, stellt das unseren Tod mit Christus dar. Und wenn wir aus dem Wasser gehoben werden, steht das dafür, dass wir zur Neuheit des Lebens auferstehen. Doch ich glaube, die Wassertaufe beinhaltet noch weitaus mehr. Ihre tiefste Bedeutung kann man vielleicht am besten verstehen, wenn man eine alte Tradition anschaut, die es schon lange vor der Taufe der ersten Christen gab.

Vor Jahrtausenden zerstießen die alten Färber die Häuser von Meeresschnecken, um ein lila Pulver daraus zu gewinnen. Wenn man das Pulver mit Wasser vermischte, wurde daraus eine äußerst kräftige lila Farbe. Die Färber tauchten dann ihren Stoff in ein großes Fass mit dieser lila Farbe. Der Stoff nahm natürlich die lila Färbung des Farbstoffes an, als er dort »hineingetauft« wurde.

Die Farbe Lila wurde sowohl in der alten griechischen als auch in der römischen Gesellschaft traditionell mit Königswürde in Verbindung gebracht. Wenn ein weißer Stoff in lila Farbe getaucht wird, nimmt der Stoff selbst eine neue Stellung, eine neue Identität an. Ein gewöhnlicher Stoff kommt verwandelt und mit einem neuen Zweck aus der Färbung heraus.

Wir Christen benutzen das Wort Taufe (griechisch: *baptizo*, was »eintauchen« oder »untertauchen« bedeutet), um unsere Tradition des Eintauchens in Wasser zu beschreiben. Der Begriff beinhaltet, dass wir ins Wasser hinuntersteigen und als eine Person herauskommen, die sich öffentlich mit Christus *identifiziert*. Die Taufe ist auch ein Bild dafür, dass wir königlich werden, denn wir sind in Jesus Christus eine königliche Priesterschaft (1 Petr 2,9). Zuvor waren wir ein gewöhnlicher Stoff. Als wir in Christus hineinversetzt wurden, wurden wir zu einer neuen Schöpfung. Wir wurden verwandelt und bekamen eine völlig neue Bestimmung. Wir sind ausgesondert für den König.

Heiliges Wasser?

»Wir wissen, dass du schon getauft bist, aber du musst noch in *unserem* Wasser getauft werden«, sagte der Pastor. »Bei der Taufe geht es darum, dass du dich mit der einen wahren Kirche identifizierst. Wenn du dich in unserem Wasser taufen lässt, kannst du dir dessen sicher sein. Ohne das wird es keine echte Erlösung geben.«

Kathleen war verwirrt. Als Teenager war sie zum Glauben an Jesus Christus gekommen und war kurz darauf getauft worden. Jetzt erzählte ihr ein Pastor, dass sie das noch einmal machen sollte, *in seiner Gemeinde*. Darüber hinaus behauptete er, ohne Wassertaufe gäbe es keine echte Erlösung.

Konnte das stimmen?

Taufe ist eines der vielen Themen, die die Gemeinde gespalten haben. Die eine Denomination sagt: Besprenkeln. Eine andere sagt: Untertauchen. Eine sagt, Taufe sei heilsnotwendig. Und eine andere behauptet, wie bei Kathleen, dass man in *ihrem* Wasser getauft werden müsse, damit es wirklich »zählt«.

Die ganze Geschichte hindurch haben religiöse Menschen immer versucht, sich durch *äußere* Handlungen abzugrenzen. Im ersten und auch im zweiten Jahrtausend haben viele versucht, sich für Gott auszusondern, indem sie ihre Namen änderten, ihr Haar schoren, spezielle Gewänder trugen oder sich sogar von der Gesellschaft zurückzogen. Heute versuchen einige Christen, sich für Gott auszusondern (und von sogenannten schwächeren

Christen abzusondern), indem sie sich mit einer exklusiven Denomination in Verbindung bringen, einen bestimmten Lehrer vergöttern oder in einer angesagten neuen Bewegung abtauchen. Andere betrachten sich als »Superchristen«, gemessen daran, wie oft Sie ihre Bibel lesen, von ihrem Glauben erzählen, in der Gemeinde dienen oder die Welt beeinflussen.

Wir Menschen lassen uns natürlich von *äußeren, sichtbaren* Kriterien beeindrucken, um zu bestimmen, wo wir mit Gott stehen. Unsere Spaltungen und Streitereien über Wassertaufe sind ein Zeichen dafür, dass wir uns nicht bewusst sind: *In* Christus *sind* wir schon ausgesondert. Dazu bedarf es keine Äußerlichkeiten mehr.

Taufe als Religion

Schon in der Gemeinde in Korinth sehen wir, wie sich Gläubige über die Wassertaufe streiten. Damals ging es nicht um die Taufmethoden, sondern um die »Größe« des Täufers. »Ich wurde von Petrus höchstpersönlich getauft! Und wer hat dich getauft?« sagten sie. Paulus stellte diese nach Ansehen strebenden Korinther zur Rede:

Ist Christus denn zerteilt? Ist etwa Paulus für euch gekreuzigt worden, oder seid ihr auf den Namen des Paulus getauft? **Ich danke Gott, dass ich niemand von euch getauft habe,** *außer Krispus und Gajus; so kann doch niemand sagen, ich hätte auf meinen Namen getauft! ...* **denn Christus hat mich nicht gesandt zu taufen,** *sondern das Evangelium zu verkündigen, [und zwar] nicht in Redeweisheit, damit nicht das Kreuz des Christus entkräftet wird. (1 Kor 1,13-15.17)*

Hätte die Wassertaufe Erlösung gebracht, hätte Paulus *sehr* viel Zeit damit verbracht zu taufen! Stattdessen steht hier genau das Gegenteil. Er verbrachte sehr wenig Zeit damit zu taufen, weil Gott ihn nicht gesandt hatte zu taufen. Offensichtlich brachten das Hören und Glauben des Evangeliums die Erlösung, nicht die Taufe.

> Hätte die Wassertaufe Erlösung gebracht, hätte Paulus *sehr* viel Zeit damit verbracht zu taufen!

Wir sehen das in Paulus' Streit mit den Galatern: »Habt ihr den *Geist durch Werke des Gesetzes empfangen* oder *durch die Verkündigung vom Glauben*?« (Gal 3,2) Aus dieser und aus anderen Stellen (s. Apg 10,47) geht hervor, dass die Apostel lehrten, dass wir den Geist aus Glauben empfangen und nicht durch die Wassertaufe.

Wir wissen, dass die Wassertaufe biblisch ist. In der gesamten Apostelgeschichte lesen wir, dass die Apostel die neuen Gläubigen tauften. Aber welchen Stellenwert sollte die Taufe für uns haben? Und was können wir dagegen tun, damit sie nicht zum religiösen Keil wird?

Begegnung mit dem Schöpfer

Stell dir mal einen Menschen vor, der eines Sonntagmorgens in der Gemeinde das Evangelium hört und daraufhin an Christus glaubt. Auf der Fahrt zum Mittagessen kommt er auf tragische Weise ums Leben, weil ein Lkw frontal mit seinem Auto zusammenstößt. Er begegnet seinem Schöpfer. An der Himmelstür wird er abgewiesen. Obwohl er seinen Glauben an den Tod und die Auferstehung Christi ausgedrückt hatte, um errettet zu werden, hatte er es nicht rechtzeitig geschafft, im Wasser getauft zu werden. Darum schmort er jetzt auf ewig in der Hölle.

Klingt absurd? Große Gruppen von Christen in aller Welt halten an einer Religion fest, die genau das lehrt. Vielleicht liegt der Ursprung des Ganzen in einem Missverständnis dessen, was Jesus gesagt hat:

> *Ich sage dir eins:* **Wenn jemand nicht aus Wasser und Geist geboren wird,** *kann er nicht ins Reich Gottes hineinkommen. Natürliches Leben bringt natürliches Leben hervor; geistliches Leben wird aus dem Geist geboren. (Joh 3,5-6 NGÜ)*

Manche deuten diese Stelle so, dass es ohne Taufe im Wasser keine Erlösung gibt. Aber ist es wirklich das, was Jesus hier gemeint hat?

Jesus spricht von zwei Geburten, einer natürlichen und einer geistlichen. Jeder, der schon einmal ein Baby zur Welt gebracht hat, weiß: Wenn die Fruchtblase platzt, beginnt die Geburt. Darum beschreibt Jesus unsere natürliche Geburt als »aus Wasser geboren«. Dann stellt er die natürliche Geburt einer zweiten, geistlichen Geburt gegenüber: »aus dem Geist geboren« zu sein. Um es

> Taufe *in die Auferstehung* von Jesus Christus verändert uns für immer.

unmissverständlich klar zu machen, sagt er dann: »Was aus dem Fleisch geboren ist, das ist Fleisch, und was aus dem Geist geboren ist, das ist Geist« (Joh 3,6).

Jeder Mensch wird aus dem Wasser geboren. Für die meisten von uns erfüllt sich diese Bedingung schon kurz nachdem unsere

Mutter das Krankenhaus erreicht. Um Jesu zweite Bedingung zu erfüllen, benötigen wir noch eine geistliche Geburt. Das Wasser kommt bei unserer ersten (natürlichen) Geburt ins Spiel. Bei der zweiten Geburt ist es nichts Natürliches, sondern der Geist persönlich, der uns neues Leben bringt.

Gott geht es um das, was in uns geschieht. Wie Petrus uns zeigt, rettet uns nicht das 60sekündige Nass werden:

*Das ist ein Vorbild der **Taufe, die jetzt auch euch rettet. Denn in ihr wird nicht der Schmutz vom Leib abgewaschen,** sondern wir bitten Gott um ein gutes Gewissen, **durch die Auferstehung Jesu Christi,** welcher ist zur Rechten Gottes, aufgefahren gen Himmel, und es sind ihm untertan die Engel und die Gewaltigen und die Mächte.*

(1 Petr 3,21-22 Lut)

Beachte, dass hier zwei Arten von Taufe einander gegenübergestellt werden. Es gibt eine Taufe, die errettet, aber es ist nicht die mit dem Wasser, die den Schmutz von unserem Körper wäscht. Es ist eine andere Art der Taufe. Die Taufe *in die Auferstehung* Jesu Christi verändert uns für immer.

Das ist etwas, was öffentlich und für alle Ewigkeit gefeiert werden muss!

Teil 6

....

Notfallplan der Regierung

Die Sündenvergebung ... ist der
Hauptinhalt der christlichen Lehre,
doch sie zu predigen ist eine höchst
gefährliche Angelegenheit.
Martin Luther (1483–1546)
(Übersetzung aus dem Lateinischen)

22

m Jahr 2008 erlitt die Weltwirtschaft einen massiven Schlag. Die US-amerikanische Hypothekenkrise bedrohte Millionen von Haushalten und den Aktienmarkt. Schließlich schritt die Regierung ein und stimmte einem nationalen Notfallplan zu. Dieser Plan entlastete einige Hauseigentümer von der Verantwortung für ihre Hypothekendarlehen.

Aber man kann sicher sein, dass die Banken ihr Geld bekamen. Egal ob sie es vom Hauseigentümer oder der Regierung erhielten, sie bekamen ihr Geld in jedem Fall. So funktioniert die Welt eben.

Ich bin mir sicher, dass sich Tausende von Hauseigentümern vor dem Notfallplan der Regierung in der Bank eingefunden hatten, um sich zu entschuldigen und um Gnade gewinselt haben. Vielleicht haben sie ihren Fall unter Tränen vorgebracht und der Bank sogar Angebote gemacht, sie anderweitig zu bezahlen.

Doch eines ist sicher: Den Banken war das egal. Warum? Weil alle Schulden, die in unserem Land im Finanzwesen gemacht werden, mit nur einer Währung bezahlt werden: Geld. Nicht mit Entschuldigungen. Nicht mit Erklärungen.

Geld.

Unsere Wirtschaft basiert auf *Geld*.

Gottes Wirtschaft basiert auf Blut

Wenn es um Vergebung geht, hat Gott schon immer eine Wirtschaft vertreten, die auf Blut basiert. Unter dem alten Bund brachte das Blut Sühne, und zwar jedes Jahr. Unter dem neuen Bund brachte das Blut uns Vergebung, und zwar ein für alle Mal.

Fast alles wird nach dem Gesetz mit Blut gereinigt,
*und **ohne Blutvergießen geschieht keine Vergebung**.*
(Hebr 9,22)

Gottes Blutswährung taucht sowohl im alten als auch im neuen Bund auf. Der Unterschied zwischen den beiden lässt sich mit einer einzigen Frage klären: *Wie oft wurde Blut vergossen?* Unter dem alten Bund wurde immer wieder neu Blut vergossen. Unter dem neuen Bund wurde das Blut Jesu nur einmal vergossen:

*Er braucht nicht täglich Opfer zu bringen, wie es die anderen Hohenpriester zunächst für ihre eigenen Sünden und dann für die Sünden des Volkes tun mussten, sondern er tat dies **ein für alle Mal**, als er sich selbst am Kreuz opferte.*
(Hebr 7,27 NLB)

Toll! Na und? Wir wissen alle, dass Jesus nur *einmal* gestorben ist. Stimmt. Aber nicht alle Christen sind auf dem gleichen Stand bei dem Thema, *wie viel* uns vergeben wurde. Wenn Blut die einzige Möglichkeit ist, Vergebung zu erlangen, und wenn Jesus sein Blut nicht noch einmal vergießen wird, dann müssen wir folgende Frage stellen: Wie viel wurde mir vergeben? Und muss ich irgendetwas tun, um noch mehr Vergebung zu erlangen?

Muss ich irgendetwas tun, um noch mehr Vergebung zu erlangen?

In unserer Kultur haben wir normalerweise keine Blutswirtschaft. Normalerweise funktioniert das so: Ich vergebe dir, wenn du mit Tränen in den Augen und einer Entschuldigung auf den Lippen vor meiner Tür stehst. Ich vergebe dir, wenn du erkennst, dass du etwas falsch gemacht hast. Ich vergebe dir, wenn du mir versprichst, dich zu bessern. Aber bei Gott funktioniert das nicht so. Es hat noch nie so funktioniert. Weder unter dem alten noch unter dem neuen Bund gab es ein System, das auf Entschuldigungen basierte. Es ging immer nur um Blut.

»Wenn ich mal Kinder habe, möchte ich, dass meine Kinder zu mir kommen und mich um Verzeihung bitten. Dann werde ich ihnen sagen, dass ich ihnen vergebe«, sagen vielleicht einige. Wir gehen davon aus, dass es eine Parallele gibt zwischen unseren und Gottes Wegen. Ich verstehe natürlich die Versuchung, vertraute Vergleiche heranzuziehen. Und ich stimme dem auch zu: Unsere zwischenmenschlichen Beziehungen wie die Eltern-Kind-Beziehung sind ein System, das auf Entschuldigungen basiert. Kannst du den Unterschied erkennen? In unseren zwischenmenschlichen Beziehungen gibt es nicht unseren vollkommenen Sohn, der leidet und eines blutigen Todes stirbt, um ein für alle Mal unsere Sünden wegzunehmen.

Kurz gesagt, *wir sind nicht Gott*. Und unsere Wege sind *nicht* seine Wege.

Wegnahme

Stell dir vor, ein Jude reist nach dem Versöhnungstag nach Hause. Er hat gerade an den Opferritualen im Tempel teilgenommen. Was für eine Erleichterung! Und wie dankbar er Gott ist! 365 weitere Tage der Sünde sind abgedeckt. Der Mann kommt nach Hause und findet seine Frau vor, die an ihm herumnörgelt, weil er so lange weg war. In seiner Enttäuschung und Wut rutscht ihm etwas heraus: Er missbraucht den Namen des Herrn. Jetzt muss er wieder 365 Tage warten, bis diese Sünde zugedeckt wird. Und das Jahr hat gerade erst angefangen. Ein ganzes Jahr des Sündigens wird vergehen, bis er wieder Erleichterung verspüren wird. Mehrere tausend Jahre war dieses jüdische Vergebungssystem in Kraft:

> Und Mose sprach zu Aaron: **Tritt zum Altar und opfere dein Sündopfer** und dein Brandopfer und erwirke Sühnung für dich und das Volk. Danach bringe das Opfer des Volkes dar und **erwirke Sühnung** für sie, **wie der HERR es geboten hat!** (3 Mos 9,7)

Gemäß den Anweisungen Moses wurden Jahr um Jahr dieselben Opfer dargebracht, die niemals jemanden wirklich reinigen konnten:

Denn das Gesetz hat nur einen Schatten von den zukünftigen Gütern, nicht das Wesen der Güter selbst. Deshalb **kann es die, die opfern, nicht für immer vollkommen machen, da man alle Jahre die gleichen Opfer bringen muss.** *Hätte nicht sonst das Opfern aufgehört, wenn die, die den Gottesdienst ausrichten, ein für alle Mal rein geworden wären und sich kein Gewissen mehr gemacht hätten über ihre Sünden? Vielmehr geschieht dadurch alle Jahre nur eine Erinnerung an die Sünden. Denn* **es ist unmöglich, durch das Blut von Stieren und Böcken Sünden wegzunehmen.** *(Hebr 10,1-4 Lut)*

Diese Opfer nahmen nie Sünden weg; sie sühnten sie nur für die Dauer eines Jahres. Eigentlich waren sie nur eine jährliche Erinnerung an die Sünden (V. 3), weil das Bedecken von Sünden (Sühne) nicht ausreicht. Sünden müssen *weggenommen* werden, damit sie vergeben werden können.

> Religion sagt: Komm mit Gott ins Reine – täglich, wöchentlich, jährlich.

Das ist es, was die Worte von Johannes dem Täufer so besonders machte, als er ausrief: »Siehe, das Lamm Gottes, das die Sünden der Welt *hinwegnimmt*!« (Joh 1,29). Das neue, vollkommene Lamm war auf der Bildfläche erschienen, um Sünden nicht nur zu bedecken, sondern um sie wegzunehmen. »Sühne« ist *nicht* neutestamentlich. Das griechische Wort für das, was Jesus vollbracht hat, ist *hilasterion* und bedeutet »die Gabe, die vollständig versöhnt und zufriedenstellt«. Im Neuen Testament erscheint das Wort »Sühne« nicht ein einziges Mal im Zusammenhang mit dem, was Jesus auf Golgatha vollbracht hat. Jesus hat unsere Schuld nicht nur gesühnt. Er gab uns in seinem Tod ein Geschenk, das unsere Sünden wegnahm und Gott für immer zufriedenstellte!

Natürlich bedeutete das, dass das Opfersystem aufhören konnte. Jeder Jude, der an Jesus glaubte, konnte seinen Laden im Tempel zumachen. Warum? »Hätte man sonst nicht aufgehört, Opfer darzubringen, wenn die, welche den Gottesdienst verrichten, *einmal gereinigt, kein Bewusstsein von Sünden mehr* gehabt hätten?« (Hebr 10,2). Es gibt keinen Grund mehr, sich schuldig zu fühlen, wenn das Sündenthema erledigt ist. Aber noch mal, wie können wir uns sicher sein, dass das Sündenthema erledigt ist? Weil das Blutsopfer Jesu keine Wiederholung braucht:

*Genauso starb auch Christus nur **einmal** als Opfer, um die Sünden vieler Menschen **wegzunehmen**. (Hebr 9,28 NLB)*

Religion sagt: Komm mit Gott ins Reine – täglich, wöchentlich, jährlich. Ob es die Stammesreligion ist, bei der sie einmal zu einer bestimmten Zeit um das Feuer marschieren, oder die jüdische Religion, bei der sie einmal im Jahr zum Tempel marschieren, oder eine katholische Religion, bei der sie jede Woche zur Messe marschieren, oder eine protestantische Religion, in der sie immer wieder den Mittelgang nach vorne marschieren und um Vergebung bitten, um »mit Gott ins Reine zu kommen«. Sie marschieren immer wieder, um ins Reine zu kommen und rein zu *bleiben*.

Das ist Religion.

Aber Gott hält an einer Wirtschaft fest, die auf *Blut* basiert. Weil Jesus Christus sein Blut nur *einmal* vergossen hat, haben wir Christen Vergebung erhalten. Das heißt, wir können es ablehnen, bei dem religiösen Zirkus mitzumachen. Wir können aus der Arena aussteigen. Wir können fest stehen und wissen: »Es ist vollbracht« (Joh 19,30).

Gott sagt, dass Jesus das einzige Sühnopfer ist (1 Joh 2,2). Gott ist völlig zufriedengestellt durch das Opfer seines Sohnes. Wenn schon Gott selbst zufrieden ist, wer sind wir, dass wir mit ihm darüber diskutieren wollen?

Nicht wieder anders überlegt

Weil Gott zufrieden ist, wird Jesus nicht aus dem Himmel herunterstürzen, um ein zweites Mal zu sterben. Und auch im Himmel wird Jesus nicht immer wieder aufs Neue gekreuzigt.

Er ging auch nicht in den Himmel, um sich immer wieder selbst zu opfern, wie die irdischen Priester, die Jahr für Jahr das Heiligtum betreten, um das Blut von Tieren zu opfern. Wenn das nötig gewesen wäre, hätte er seit Erschaffung der Welt immer wieder sterben müssen. Er kam ein für alle Mal am Ende der Zeiten, um die Macht der Sünde durch seinen Opfertod für uns zu brechen. (Hebr 9,25-26 NLB)

Wenn Gott keinerlei Wiederholungsopfer auf der Erde oder im Himmel plant, kann das nur eines bedeuten: Unsere vergangenen, gegenwärtigen und zukünftigen Sünden wurden vollständig ausgelöscht! Uns wird nicht fortlaufend vergeben, weil die Gefahr bestehen könnte, dass Gott es sich wieder anders überlegt. Nein, uns wurde *bereits* vergeben, Vergangenheit:

*Seid aber gegeneinander freundlich und barmherzig und vergebt einander, gleichwie auch Gott euch **vergeben hat** in Christus. (Eph 4,32)*

*Doch Gott hat euch mit Christus lebendig gemacht. Er **hat** uns alle unsere Schuld **vergeben**. Er hat die Liste der Anklagen gegen uns gelöscht; er hat die Anklageschrift genommen und vernichtet, indem er sie ans Kreuz genagelt hat. (Kol 2,13-14 NLB)*

Wo aber Vergebung für diese ist, da gibt es kein Opfer mehr für Sünde. (Hebr 10,18)

Stellen, die wie diese in der Vergangenheitsform geschrieben sind, zeigen, dass unsere Vergebung eine vollendete Tatsache ist. Sie ist nichts Fortlaufendes oder Andauerndes. Es ist geschehen.

Wie viele deiner Sünden lagen in der Zukunft, als Jesus starb?

Halte mal inne und denk eine Minute darüber nach. Wie viele deiner Sünden lagen in der Zukunft, als Christus starb? Alle! Die Sünden, die du vor deiner Errettung begangen hast, die Sünden, die du nach deiner Errettung begangen hast und die Sünden, die du morgen begehen wirst, sie waren *alle in der Zukunft*, als Jesus starb und sie wegnahm. Gott machte keinen Unterschied, was die Zeit ihres Auftretens betrifft. Das heißt, wir *haben* Vergebung *erlangt* – Vergangenheit – von *all* unseren Sünden.

Wir sind Menschen, die Vergebung erlangt haben.

23

ch möchte, dass du an zwei Zahlen denkst. Die erste ist die Zahl der Sünden, die du in deinem Leben begangen hast. Okay, eine grobe Schätzung reicht. Hast du's? Nun, die zweite Zahl ist die Zahl jener Sünden, die du *bekannt* hast oder für die du *um Vergebung gebeten* hast.

Siehst du das Problem? Eine dieser Zahlen ist viel kleiner als die andere. Wir können uns sowieso nur an eine kleine Zahl der Sünden erinnern, die wir begangen haben. Aber die Bibel sagt uns, dass Gott heilig ist und Sünde nicht dulden kann. Wie könnten wir also in den Himmel kommen, wenn wir noch Sünden haben – vergessene oder in Erinnerung gebrachte –, die wir nicht vollständig erledigt haben? Genau deshalb *ist unsere Vergebung nicht abhängig von unserem eigenen Handeln* (unserem Bekennen, unserer Buße oder unserer Bitte um Vergebung).

Nein, unsere Vergebung gründet sich *ausschließlich* auf das Blut Christi.

Das Sündenbekennen oder das Bitten um Vergebung können also keine Bedingung sein, um Vergebung zu erhalten. Wir haben schon Tausende von Sünden in unserem Leben vergessen. Gottes Erlösungswerk durch das Kreuz ist nicht abhängig von unserem Gedächtnis, von der Liste unserer Fehler oder gar von unserem Ausdruck des Bedauerns über das, was wir getan haben.

Die Amnesie-Lösung?

»Aber muss man denn nicht unter ›normalen‹ Umständen seine Sünden bekennen, *um Vergebung zu erhalten*? Sicher befasst sich Gott nicht mit Sünden, die wir vergessen haben. Aber was ist mit denen, an die wir uns noch erinnern?«

Das klingt auf den ersten Blick plausibel. Aber es gibt keinen biblischen Grund, bekannte Sünden von nicht bekannten zu unterscheiden. Und es gibt keinen Unterschied zwischen Sünden, an die wir uns erinnern, und Sünden, die wir vergessen haben. Wenn die Sünden, die wir vergessen haben, nur deshalb nicht mehr auf Gottes Radarschirm erscheinen würden, weil wir sie vergessen haben, dann wäre es doch die beste Lösung für uns, an einer Art geistlicher Amnesie zu erkranken. Wenn wir sie vergessen, dann vergisst sie der Gott des Universums scheinbar ebenfalls!

Lehrt das etwa die Bibel? Nicht im Geringsten. Unsere Vergebung hängt nicht von unserem Erinnerungsvermögen, unseren Worten, unserem Bekennen oder unserem Bitten ab. Unsere Vergebung beruht allein auf dem Blutsopfer Christi, das »ein für alle Mal« dargebracht wurde. Und es wird auch keine Last-Minute-Politur erwähnt, die wir erhalten, kurz bevor wir in den Himmel kommen.

Aber was ist, wenn mein Leben endet, bevor ich eine Sünde bekennen, umkehren und um Vergebung bitten kann? Katholische Priester bieten Beichte und Kommunion am Sterbebett an. Gemäß der Transsubstantiationslehre gehen sie davon aus, dass das Brot und der Wein buchstäblich zum Leib und Blut Christi werden. Also führt die Kommunion zu einer auf *Blut* basierenden Vergebung in letzter Minute, bevor du deinem Gott begegnest. Wenn du das verpasst, hast du eben Pech.

Obwohl dieser Gedanke das Wesen des Opfers ausklammert, das »ein für alle Mal« dargebracht wurde, so ist es doch wenigstens logischer als manche unserer verworrenen protestantischen Gedanken. Es zeigt wenigstens ein bisschen Verständnis von Gottes Wirtschaftssystem, in dem Vergebung nur durch *Blut* möglich ist. Doch der große Fehler der Katholiken ist, dass sie Wein mit Blut gleichsetzen. Dadurch vermitteln sie, dass das Blut Christi und die damit einhergehende Vergebung immer nur in sparsamen Portionen ausgeteilt wird. Das unterscheidet sich kaum von der Sühne im Alten Testament (dem Bedecken von Sünden), die durch das Blut von Tieren einmal im Jahr bewirkt wurde.

> Alle drei Systeme klammern das aus, was die Bibel deutlich lehrt.

So erhält der Katholik jede Woche in der Messe mehr Vergebung und Reinigung. Der Jude erhielt durch den jährlichen Versöhnungstag mehr Vergebung und Reinigung. Und viele Protestanten glauben an eine Wirtschaft, die auf *Worten* basiert, und denken, sie erhalten mehr Vergebung und Reinigung, weil sie Gott direkt darum *bitten*. Aber alle drei Systeme klammern das aus, was die Bibel deutlich lehrt – Gottes Blutswirtschaft, die »ein für alle Mal« Vergebung und Reinigung durch das einmalige Opfer Jesu brachte (Hebr 7,27; 9,26). Alle unsere Systeme – seien sie jüdisch, katholisch oder protestantisch –, die Gottes Blutswirtschaft und das ein für alle Mal dargebrachte Opfer Jesu Christi ignorieren, sind im Ansatz fehlerhaft.

Die Wahrheit ist einfach. Wir haben Vergebung erhalten – Vergangenheit (Kol 2,13). Und wir wurden gereinigt – Vergangenheit (Hebr 10,2). Und so sieht es der Gott des ganzen Universums:

> *... sagt er auch:»An ihre Sünden und ihre Gesetzlosigkeiten will ich nicht mehr gedenken.« Wo aber Vergebung für diese ist, da gibt es kein Opfer mehr für Sünde. (Hebr 10,17-18)*

Das Vaterunser

Aber was ist mit dem Vaterunser? Jesus sagt:»Vergib uns unsere Schuld, wie auch wir *vergeben* unseren Schuldigern« Den Leuten fiel die Kinnlade herunter, als sie das hörten. Jesus sagte, betet so: »Gott, bitte gib mir dieselbe Menge und Art von Vergebung, die ich anderen weitergegeben habe.« Dann, im Anschluss an das Vaterunser, trifft es sie wirklich hart. Er warnt sie, dass sie solange keine Vergebung erhalten würden, bis sie anfangen würden, anderen zu vergeben:

> *Denn **wenn ihr den Menschen** ihre Verfehlungen **vergebt**, so wird euer himmlischer Vater euch auch vergeben. **Wenn ihr aber den Menschen** ihre Verfehlungen **nicht vergebt**, so wird euch euer Vater eure Verfehlungen **auch nicht vergeben**. (Mt 6,14-15)*

Das stimmt. Jesus sagt seinen jüdischen Zuhörern, dass ihre Vergebung an die *Bedingung* geknüpft ist, anderen zuerst zu vergeben. Nimm dir einen Moment Zeit. Lies das Vaterunser langsam, vor allem das Ende und was Jesus im Anschluss daran sagt. Und jetzt vergleiche es zum Beispiel mit diesen Stellen, die *nach* dem Tod Jesu am Kreuz geschrieben wurden:

*Seid aber gegeneinander freundlich und barmherzig und vergebt einander, gleichwie auch Gott euch **vergeben hat** in Christus. (Eph 4,32)*

*Ertragt einander und **vergebt** euch gegenseitig, wenn einer Klage gegen den anderen hat; wie auch der Herr euch **vergeben hat**, so auch ihr! (Kol 3,13 Elb)*

Vor dem Kreuz sagte Jesus: »Vergib uns unsere Schuld, wie auch wir vergeben unseren Schuldigern.« Er entwarf das Vaterunser, *bevor* sein Blut vergossen wurde. Und es ist ein Gebet, das jedem Verdammnis bringt. Wenn wir nur genauso viel Vergebung erhalten würden, wie wir anderen gewährt haben, wären wir verdammt. Aber jetzt, nach Jesu Tod am Kreuz verdienen wir unsere Vergebung nicht dadurch, dass wir zuerst anderen vergeben. Vergebung ist ein Geschenk in Christus und an keine weiteren Auflagen geknüpft. Wir geben Vergebung an andere weiter, weil wir sie in Christus *bereits* haben.

Wir brauchen nicht bitten

Das Gebet Jesu war dazu gedacht, unsere Hoffnungslosigkeit außerhalb von Gnade aufzudecken. Gott möchte uns bewusst machen: Wir brauchen mehr Vergebung als nur die, die wir anderen gewährt haben. Gott möchte, dass wir seine Vergebung *als Geschenk* ansehen und nicht als etwas, das wir uns dadurch verdient haben, dass wir anderen zuerst vergeben haben.

> Das Gebet Jesu war dazu gedacht, unsere Hoffnungslosigkeit außerhalb von Gnade aufzudecken.

Gott geht es bei seiner Vergebung nicht darum, dass wir jede Sünde auf einem Notizblock auflisten und sie dann abhaken, wenn wir dafür um Vergebung gebeten haben und gereinigt wurden. Ja, es ist sehr religiös, um Vergebung zu bitten und uns dabei auf unsere eigene Fähigkeit verlassen, alles zu bekennen. Aber es wertet das Werk des Kreuzes ab. Jesus nahm unsere Sünden weg und reinigte uns »ein für alle Mal«. Wenn wir um Reinigung bitten, flehen, betteln und darauf warten, obwohl sie uns bereits gegeben wurde, missachten wir das, was Jesus am Kreuz gesagt hat: »Es ist vollbracht« (Joh 19,30).

24

Es gibt noch einen anderen großen Wurm im Apfel, wenn es darum geht, dass wir unsere bedingungslose Vergebung und Reinigung verstehen:

Wenn wir aber unsere Sünden bekennen, so ist er treu und gerecht, dass er uns die Sünden vergibt und uns reinigt von aller Ungerechtigkeit. (1 Joh 1,9)

Kein anderer Vers hat der Vergebungsgewissheit von uns Christen mehr geschadet als dieser. Wenn wir diesen Satz aus dem Zusammenhang reißen, kann unser ganzes Verständnis von Gottes bedingungsloser Vergebung in Stücke brechen. Wir machen es uns zu einfach, wenn wir diesen Vers so deuten, dass Gott täglich auf unsere Bekenntnisse reagiert, indem er neue sparsame Rationen seiner Vergebung und Reinigung austeilt. Das führt zu dem Schluss Gott würde uns Christen *nur dann vergeben, wenn wir unsere Sünden bekennen.*

Aber 1. Johannes 1,9 steht in einem ganz anderen Zusammenhang.

Wir sollten uns diesen Vers ein bisschen näher ansehen. Erstens, dieser Vers *ist* eine Aussage, die an Bedingungen geknüpft ist. Die Stelle enthält ein »Wenn«, an das eine Bedingung geknüpft ist. Darüber hinaus steht sie im Konjunktiv, das offen lässt, ob jemand bereit ist, seine Sünden zu bekennen. Folglich bleibt auch offen, ob er Vergebung und Reinigung erhalten wird. Ihm wird vergeben, wenn er bekennt, aber *ihm wird nicht vergeben, wenn er nicht bekennt.*

Jetzt frag dich mal selbst: Trifft das auf einen Christen zu? Wenn ja, dann müssen wir jede andere Stelle über Vergebung aus dem Fenster werfen. Und wir müssen anfangen, wöchentlich, täglich, ja sogar stündlich gemäß 1. Johannes 1,9 unsere Sünden zu bekennen, damit wir nicht aus Versehen eine vergessen.

Worum geht es also in 1. Johannes 1,9?

Gnostische Irrlehren

Wenn wir unsere Bibel aufschlagen, gehen wir oft davon aus, dass die Verse, die wir lesen, an Christen gerichtet sind. Wir vergessen, dass die Urgemeinde aus Gläubigen und Ungläubigen bestand, aus Menschen, die kurz davor standen zu glauben, und aus absoluten Irrlehrern. Zu jener Zeit gab es nicht ein Dutzend Denominationen in jeder einzelnen Stadt, von denen man sich eine aussuchen konnte. Es gab eine Gemeinde und diese schloss alle ein, die auch nur im weitesten Sinne am Evangelium Interesse hatten, mit all ihren richtigen und falschen Glaubensvorstellungen.

Jeder Apostel wusste das. Wenn sie also an die frühe Gemeinde schrieben, sprachen sie oft auch Ungläubige an, in der Hoffnung, sie würden zum Glauben an Jesus kommen. Das 1. Kapitel des Johannesbriefes ist gewiss einer dieser Fälle. Beachte, was Johannes' Hoffnung für sie ist:

Was wir gesehen und gehört haben, das verkündigen wir euch, **damit auch ihr Gemeinschaft mit uns habt;** *und* **unsere** *Gemeinschaft ist mit dem Vater und mit seinem Sohn Jesus Christus.* (1 Joh 1,3)

Das Publikum, an das sich Johannes hier wendet, *hat noch keine Gemeinschaft* mit dem Vater und dem Sohn. Johannes verkündet ihnen diese Dinge, *damit sie auch Gemeinschaft haben können.* Warum haben sie noch keine? Was hält sie davon ab? Wenn wir weiterlesen, finden wir das heraus:

Wenn wir **sagen, dass wir Gemeinschaft** *mit ihm haben, und doch in der Finsternis wandeln, so lügen wir und tun nicht die Wahrheit … Wenn wir* **sagen, dass wir keine Sünde haben,** *so verführen wir uns selbst, und die Wahrheit ist* **nicht** *in uns … Wenn wir* **sagen, dass wir nicht gesündigt haben,** *so machen wir ihn zum Lügner, und sein Wort ist nicht in uns.* (1 Joh 1,6.8.10)

In diesem Abschnitt wendet sich Johannes an frühe gnostische Irrlehrer, die behaupteten, ohne Sünde zu sein. Gnostiker vertraten auch die Irrlehre, dass Jesus nicht im Fleisch gekommen sei. Sie behaupteten, Gott würde niemals eine niedrigere Form annehmen, auch nicht für eine kurze Zeit. Sie sagten, Gott sei nur Geist und würde nie in echter menschlicher Gestalt erscheinen. Darum glaubten sie, Jesus sei irgend so eine Illusion, durch die man vielleicht seine Hand durchstrecken könnte, wie durch einen Lichtstrahl.

In seinem Brief wendet sich Johannes gegen diese Irrlehre in der frühen Gemeinde. Er sagt, jeder der die Menschwerdung Jesu leugne, sei »nicht von Gott« (1 Joh 4,3). Außerdem beginnt er sein erstes Kapitel mit folgenden Worten:

> *Was von Anfang war, was wir **gehört** haben, was wir mit unseren Augen **gesehen** haben, was wir **angeschaut** und was unsere Hände **betastet** haben vom Wort des Lebens – und das Leben ist erschienen, und wir haben **gesehen** und bezeugen und verkündigen euch das ewige Leben, das bei dem Vater war und uns erschienen ist.* (1 Joh 1,1-2)

Achte mal darauf, wie oft Johannes Wörter verwendet, die besagen, dass er Zeuge des Menschseins Jesu war. Johannes beginnt seinen Brief mit der Tatsache, dass Jesus tatsächlich im Fleisch gekommen ist. Für wen wäre solch eine Botschaft? Erinnere dich, dass jeder, der die Menschwerdung Jesu leugnete, »nicht von Gott« war (1 Joh 4,3). Am Anfang seines Briefes wendet sich Johannes offensichtlich an *Ungläubige*.

> Johannes wendet sich an frühe gnostische Irrlehrer.

Interessanterweise behaupteten die gnostischen Irrlehrer *auch*, dass Sünde nicht real sei oder zumindest keine Rolle spiele. Darum behaupteten sie, ohne Sünde zu sein. Genau zu diesen Gnostikern spricht Johannes in seinem ersten Kapitel. Johannes sagt über sie, sie hätten die Wahrheit des Wortes Gottes nicht in sich:

Wenn wir sagen, dass wir keine Sünde haben, so verfüh-
*ren wir uns selbst, und **die Wahrheit ist nicht in uns** ...*
Wenn wir sagen, dass wir nicht gesündigt haben, so ma-
*chen wir ihn zum Lügner, und **sein Wort ist nicht in uns**.*
(1 Joh 1,8.10)

Können wir uns dessen sicher sein, dass Johannes hier *Ungläubi-*
ge beschreibt? Ja. In einem anderen Brief des Johannes, heißt es,
dass wir Christen die Wahrheit in uns haben und dass die Wahrheit mit uns sein wird in Ewigkeit:

Der Älteste an die auserwählte Frau und ihre Kinder, die ich
in Wahrheit liebe, und nicht ich allein, sondern auch alle,
*welche die Wahrheit erkannt haben, um **der Wahrheit wil-***
***len, die in uns bleibt und mit uns sein wird in Ewigkeit**.*
(2 Joh 1,1-2)

Die Wahrheit lebt in uns Christen und sie wird in Ewigkeit mit
uns sein. Jetzt vergleiche das mit der Gruppe aus 1. Johannes, die

1. sagt, sie habe keine Sünde;
2. sagt, sie habe nie gesündigt;
3. nicht die Wahrheit in sich hat; und
4. das Wort nicht in sich hat.

Stell dir vor, ich mache dich mit einem meiner Freunde bekannt:
»Ich möchte dir meinen Freund Dave vorstellen. An Dave ist interessant, dass er in vollständiger Finsternis wandelt. Dave lebt
nicht in der Wahrheit. Dave behauptet, er habe keine Sünde. Dave
hat die Wahrheit nicht in sich. Dave hat Gott zum Lügner gemacht
und das Wort Gottes hat keinen Platz in seinem Leben. Aber an-

sonsten ist Dave ein echt toller Typ!« Wenn du meine Vorstellung gehört und Daves Hand geschüttelt hast, gehst du dann weg und denkst, Dave sei Christ? Natürlich nicht! Um Christ zu werden, muss man zuallererst *zugeben, dass man ein Sünder ist.*

Richtet sich 1. Johannes 1,9 nun also an Christen? Absolut nicht! In seinem Anfangskapitel wendete sich der Apostel Johannes an unerrettete Menschen wie Dave, die in der Leugnung ihrer Sünde lebten. Sie hatten noch keine Gemeinschaft mit Gott. Sie konnten noch keine völlige Vergebung erfahren. Und sie kannten auch die einmalige Reinigung noch nicht. Johannes hoffte, sie würden zur Vernunft kommen. Wenn sie nur ihre Sünde zugäben, könnten sie völlige Vergebung in Christus erfahren.

»Meine Kindlein«

Im zweiten Kapitel geht Johannes dazu über, eine andere Gruppe anzusprechen, die er »meine Kindlein« nennt (1 Joh 2,1). Er sagt diesen Christen ganz klar, dass er ihnen schreibt »weil euch *die Sünden vergeben sind* um seines Namens willen« (1 Joh 2,12). Christen sind Menschen, denen vergeben wurde, also drückt Johannes unsere Vergebung in der Vergangenheitsform aus, als abgeschlossene Handlung.

Wer muss also jetzt seine Sünden bekennen, *um Vergebung zu erhalten und von jeder Ungerechtigkeit gereinigt zu werden?* Dieselben Leute, die umherliefen und behaupteten, sie seien »ohne Sünde« (1 Joh 1,8). Dieselben Leute, die immer sagten, sie hätten

»nicht gesündigt« (1 Joh 1,10). Johannes richtet sich ganz klar gegen gnostische Irrlehrer und alle, die ihnen nachfolgten – *Ungläubige.*

1. Johannes 1,9 war nie als »Stück Seife« für die tägliche Reinigung von uns Christen gedacht. Stattdessen wurde es als Einladung an die gnostischen Irrlehrer geschrieben (oder jede andere verirrte Seele), die von sich behaupteten sündlos und vollkommen zu sein. Anstatt diesen Unsinn zu glauben, bittet Johannes sie, ihre Sünden zuzugeben und sie Gott zu bekennen.

> Es gibt kein System, um mehr Vergebung oder Reinigung zu erhalten.

Wenn sie das täten, würden sie Vergebung und Reinigung »von *jeder* Ungerechtigkeit« (V. 9) erhalten.

Beachte, dass Johannes das Wort »*jeder*« verwendet. In Jesus Christus erhalten wir vollständige, bedingungslose Vergebung und Reinigung von *jeder Ungerechtigkeit.* Dieser Vers war nie dazu gedacht, uns zum Aufzählen und Abhaken unserer Sünden aufzufordern. Wir erhalten nicht Schritt für Schritt mehr Vergebung in unserem Leben. Das wäre wieder Judaismus, der sich im Gewand von 1. Johannes 1,9 darstellt!

Echte Vergebung ist viel einfacher. Echte Vergebung geschieht »ein für alle Mal« (Hebr 7,27; 10,10). Wir sind für immer vollkommen rein gemacht:

> *Denn mit einem Opfer hat er die, die geheiligt werden, **für immer vollkommen gemacht**. (Hebr 10,14 Elb)*

»Nein zu allen Systemen!«

1. Johannes 1,9 ist ein einzigartiger Vers. Es gibt in keinem der Briefe eine weitere Stelle, die auch nur im Entferntesten so interpretiert werden könnte, dass Gottes Vergebung für uns Christen von unserem täglichen Sündenbekenntnis abhängt. Wenn das tatsächlich unser tägliches »Stück Seife«-System wäre, würden wir denn dann die eindeutige Lehre darüber nicht in mehreren Briefen finden? Und überhaupt ist es doch ziemlich notwendig, dass wir in der Vergebung und Reinigung bleiben, findest du nicht auch?

Tatsache ist: Jedes System – sei es jüdisch, katholisch oder protestantisch oder sonst etwas – das uns abverlangt, *etwas immer wieder zu tun*, um uns rein zu halten, ist zum Scheitern verurteilt. Wir haben viele Tausend unserer Sünden vergessen, das heißt, sie würden unvergeben und wir ohne Reinigung bleiben.

Jedes System, das nicht berücksichtigt, dass wir durch das einmalige Opfer Jesu Christi »ein für alle Mal« gereinigt worden sind, ist eine Beleidigung für Gottes abgeschlossenes Werk. Entweder wir haben Vergebung erhalten (Vergangenheit) oder wir brauchen noch Vergebung. Es kann nicht beides stimmen. Wenn wir 1. Johannes 1,9 in dem Zusammenhang sehen, dass es sich hier um eine Einladung an die Ungläubigen handelt, dann sind alle anderen Stellen über Vergebung im gesamten Neuen Testament eindeutig in ihrer Aussage, dass uns vollständig *vergeben worden ist*, bedingungslos und auf ewig.

Es gibt kein System, um etwas mehr Vergebung zu erhalten. Es gibt kein System, um ein bisschen mehr Reinigung zu erhalten. Es gibt kein System, um vor Gott »richtig zu bleiben«. Es gibt kein System, um »mit Gott in Gemeinschaft zu bleiben«.

Es gibt kein System.

25

Es war das erste Mal, dass wir das Abendmahl mit PowerPoint erlebten. Der Raum wurde abgedunkelt und die erste Folie erschien auf der Leinwand: »SÜNDENBEKENNTNIS« stand da in Großbuchstaben.

»Bevor wir miteinander das Abendmahl nehmen, müssen wir mit Gott ins Reine kommen. Also gehen wir jetzt ein paar Sündenbekenntnisse durch, um sicherzugehen, dass wir mit Gott im Reinen sind. Danach werden wir gemeinsam das Abendmahl nehmen«, sagte der Pastor.

Der Gottesdienst begann mit »Sündenbekenntnis als Nation«. Das war eine Gelegenheit für die Gemeinde, Buße zu tun und sich bei Gott dafür zu entschuldigen, dass Amerika sich von seinen christlichen Wurzeln abgewendet habe. Danach kam »Sündenbekenntnis als Gemeinde«, eine Gelegenheit für die Mitglieder der Gemeinde, die Versäumnisse als Gemeinde zu bekennen. Nach ein paar Minuten waren wir Teil des »Sündenbekenntnisses als Familie« und wurden gebeten, uns an daran zu erinnern, wo wir als Familie versäumt haben, Salz und Licht zu sein, um die Menschen für Christus zu erreichen.

Dann ging der Pastor über zu »Sündenbekenntnis als Einzelner«. Dieses enthielt eine ganze Reihe von Unterkategorien, Sünden gegen den Ehepartner, gegen nächste Familienangehörige, Verwandte, Arbeitskollegen, Arbeitgeber oder Arbeitnehmer, gegen Freunde und andere Gemeindemitglieder. Danach folgte eine Folie mit dem Titel »Versöhnung« mit der Einladung, Sünden jeglicher Art gegen jemanden der Anwesenden im Gottesdienst zu bekennen.

»Es gibt Tatsünden und Unterlassungssünden«, fuhr der Pastor fort. »Wir müssen an unbekannte Sünden denken, die wir begangen haben, aber wir müssen auch an die Dinge denken, die wir hätten tun können, aber nicht getan haben. Das sind Unterlassungssünden. Erlaube Gott, dir auch alle diese ins Gedächtnis zu rufen.«

Obwohl es dunkel im Raum war, reichte das Licht aus, um zu erkennen, dass die Stimmung um uns herum ziemlich bedrückt war. Man fühlte sich wie auf einer Beerdigung. Manche beugten sich nach vorne und weinten. Andere heulten laut. Viele liefen umher und suchten nach Leuten, denen sie Unrecht getan hatten. Wieder andere saßen zusammengekauert auf ihren Stühlen und vergruben ihr Gesicht in ihren Händen.

Nach ungefähr fünfundvierzig Minuten geführtem Sündenbekenntnis sagte man uns, dass die Pastoren vorne seien. Wir könnten jetzt nach vorne kommen, um Brot und Wein in Empfang zu nehmen, wenn wir spürten, wir seien jetzt »bereit«. Wir wurden jedoch klar gewarnt, auf keinen Fall nach vorne zu kommen, sondern »den Kelch an uns vorübergehen zu lassen«, wenn noch Sünden da wären, die wir *nicht* bekannt hätten.

Die Gemeinde war neu für uns und wir verließen den Gottesdienst aufgrund dessen, was wir erlebt hatten, sehr entmutigt.

Die Plage mit der Prüfung

Ich bin sehr dafür, dass wir einander unsere Sünden bekennen, aber das ist nicht der Sinn des Abendmahls. Jesus sagte uns, wir sollten das Abendmahl feiern zu *seinem* Gedächtnis (Lk 22,19; 1 Kor 11,24) und nicht zum Gedächtnis unserer letzten Sündenbilanz. Wir sollen die Schönheit des Opfers anerkennen, das »ein für alle Mal« dargebracht wurde, unsere Sünde wegnahm und uns mit Gott versöhnte. Das Lamm Gottes sollte der Mittelpunkt sein und alles, was es für uns getan hat. Stattdessen hatten wir einer Orgie der Innenschau, der Selbstprüfung und Selbstgeißelung beigewohnt (allerdings ohne echte Geißel).

Es gibt eine Erklärung für die heute gängige religiöse Praxis des »Mit-Gott-ins-Reine-Kommens« vor dem Abendmahl. Sie ist die Folge einer falschen Deutung der Anweisung von Paulus an die Gemeinde in Korinth. Diese Stelle wird oft zitiert, um die »Innenschau im Halbdunkel« zu rechtfertigen.

*Wer daher auf **unwürdige Weise** von dem Brot isst oder aus dem Becher des Herrn trinkt, macht sich am Leib und am Blut des Herrn schuldig. Deshalb soll sich jeder **prüfen**, und erst dann soll er von dem Brot essen und aus dem Becher trinken. Denn wer isst und trinkt, ohne sich vor Augen zu halten, dass es bei diesem Mahl um den Leib des Herrn geht, der zieht sich mit seinem Essen und Trinken **das Gericht** ›Gottes‹ zu. (1 Kor 11,27-29 NGÜ)*

Hier ist von schlimmen Konsequenzen die Rede. Schuldig zu sein am Leib und Blut des Herrn und Gericht über uns selbst zu bringen – das wollen wir natürlich auf keinen Fall! Also prüfen wir uns doch lieber selbst, bevor wir das Abendmahl nehmen, stimmt's?

Warte mal. Bevor wir voreilige Schlüsse ziehen, sollten wir herausfinden, worüber Paulus wirklich redet. Wie immer ist auch hier der Zusammenhang unser Freund.

Abendmahl im alten Korinth

Weiter vorne in Paulus' Brief sehen wir, wie er die Korinther wegen ihrer fehlenden Einheit schilt. Anscheinend bilden sie alle möglichen Cliquen:

> *Denn erstens höre ich, dass **Spaltungen unter euch** sind, wenn ihr in der Gemeinde zusammenkommt, und zum Teil glaube ich es. (1 Kor 11,18)*

Und diese Spaltungen haben Auswirkungen auf die Art und Weise, wie das Abendmahl gefeiert wird:

> *Wenn ihr nun am selben Ort zusammenkommt, so geschieht das doch nicht, um das Mahl des Herrn zu essen; denn jeder nimmt beim Essen sein **eigenes Mahl vorweg**, sodass der eine **hungrig**, der andere **betrunken** ist. Habt ihr denn keine Häuser, wo ihr essen und trinken könnt? Oder verachtet ihr die Gemeinde Gottes und **beschämt die, welche nichts haben?** (1 Kor 11,20-22)*

Einige haben sich betrunken. Andere waren schon früher da und aßen den anderen alles weg. Das kann in den heutigen Gemeinden nicht passieren. Warum nicht? Erstens, die meisten von uns nehmen am Abendmahlstisch nur ein kleines Schlückchen Wein (oder Saft) zu sich. Zweitens, wir essen einen einzigen Cracker, eine Oblate oder ein Stückchen Brot. Das ist alles. Es ist nicht möglich, dass wir davon betrunken werden oder uns deshalb den Vorwurf der Völlerei gefallen lassen müssen.

> Das kann in den heutigen Gemeinden nicht passieren.

Vor zweitausend Jahren lief das anders ab. Die Gemeinde in Korinth traf sich zu einem mehrgängigen Menü und dem Abendmahl bei jemandem zu Hause. Sie tranken Wein – echten Wein – und offensichtlich haben sich sogar manche betrunken. Andere kamen früher und stopften sich mit Essen voll und ließen denen nichts übrig, die eine warme Mahlzeit am dringendsten gebraucht hätten – den Armen. Für jene war nämlich eine Zusammenkunft als Gemeinde eine Gelegenheit, geistlich *und* körperlich ernährt zu werden.

Doch in der letzten Zeit war die natürliche Ernährung nicht mehr möglich gewesen. Wenn die Armen auftauchten, war nichts mehr übrig. Paulus sagt, dass »der eine hungrig, der andere betrunken« war (V. 21).

In unwürdiger Weise

Was ist also die »unwürdige Weise«, in der wir essen und trinken. Es ist ziemlich klar, wenn du dir das vorstellst. Sie dachten nicht über den Tod, das Grab und die Auferstehung Jesu Christi nach. Sie nahmen Brot und Wein nicht, um sich an ihn zu erinnern. Stattdessen waren sie damit beschäftigt, die Ersten zu sein, um ihre eigenen Bäuche zu füllen und ihre emotionalen Wehwehchen im Alkohol zu ertränken. Ihr Essen führte zu Völlerei und ihr Trinken zu Trunkenheit. Sie brachten Ungnade auf die Feier des Abendmahls. Und einige von ihnen wurden buchstäblich krank oder starben sogar an Alkoholismus:

*Deshalb sind unter euch viele **Schwache** und **Kranke**, und eine beträchtliche Zahl **sind entschlafen**. (1 Kor 11,30)*

Völlerei und Trunkenheit waren die »unwürdige Weise«. Darum gab Paulus den Korinthern zum Schluss diese einfache Lösung:

*Darum, meine Brüder, wenn ihr zum Essen zusammenkommt, so **wartet aufeinander**! Wenn aber jemand hungrig ist, so esse er daheim, damit ihr nicht zum **Gericht** zusammenkommt. (1 Kor 11,33-34)*

Das ist die ganze Lösung: »wartet aufeinander« und »esst zu Hause«. Und was ist mit dem »Gericht«, das hier erwähnt wird? Christen werden von Gott nicht gerichtet oder bestraft (Joh 3,18; 1 Joh 4,17-18). Was könnte also dieses Gericht bedeuten? Aus dem Zusammenhang wird klar, dass sie *sich gegenseitig richteten*. Dieses gegenseitige Richten war der Ursprung ihrer Spaltungen und Parteiungen, die in den vorigen Versen behandelt werden:

*Denn erstens höre ich, dass **Spaltungen unter euch** sind, wenn ihr in der Gemeinde zusammenkommt, und zum Teil glaube ich es. (1 Kor 11,18)*

Stell dir vor, du bist ein armes Mitglied dieser Gemeinde in Korinth. Du bringst deine Familie mit zu einem Gemeindeessen, nur um festzustellen, dass alle anderen dir zuvorgekommen sind. Sie lümmeln überall herum und halten sich ihre vollgefressenen Bäuche. Manche sind betrunken oder sogar besinnungslos. Was wäre deine Reaktion? Ich wäre versucht, die zu kritisieren, zu verspotten und zu verleumden, die das Essen »gestohlen« hatten, das für meine Familie gedacht gewesen war: »Schau mal da, der Ägeus! Wir armen Leute sind ihm völlig egal. Er kümmert sich nur um sich selbst und seine eigene Familie. Jedes Mal, wenn wir uns treffen, sind sie die Ersten und am Ende essen sie uns tellerweise unser Essen weg. Und was ist mit Xenos da drüben? Er trinkt noch mehr als er isst! Und am Ende liegt er besinnungslos in seinem Stuhl, noch bevor wir fertig sind, voll wie eine Haubitze.«

Darum hieß es, dass sie »zum Gericht« zusammenkamen (1 Kor 11,34). Darum sagt Paulus zu denen, die viel haben: »Wartet höflich aufeinander und esst zu Hause, wenn ihr wirklich *so* hungrig seid.« So endet der Abschnitt, denn das ist die ganze Lösung für ihr Problem.

Was sollten sie »prüfen«? Die Art und Weise, wie sie das Abendmahl nahmen. Was war die »unwürdige Weise«? Ihre Völlerei und Trunkenheit! Diese Stelle handelt nicht von irgendeiner Form notwendiger Gewissensprüfung unserer Sünden, um uns für das Abendmahl zu qualifizieren. Im Zusammenhang gesehen ging es darum, dass die Korinther das Abendmahl auf die richtige Weise und aus dem richtigen Grund feierten. Wir sind dazu angehalten, das Abendmahl »zu seinem (Jesu) Gedächtnis« zu feiern, nicht zum Gedächtnis unseres jüngsten Fehlverhaltens. Die Bedeutung dieses Abschnittes ist *nicht* zu lehren, dass wir erst durch eine Läuterung oder Reinigung gehen müssen, damit wir Anteil am Brot und Wein haben dürfen. Es ist eine Schande für das vollendete Werk Christi, das uns ein für alle Mal qualifiziert hat.

Abendmahl ohne Religion

Am Anfang dieses Kapitels habe ich von einer Abendmahlsfeier berichtet, bei der Religion im Mittelpunkt stand. Abschließend möchte ich berichten, wie die Feier des Abendmahls stattdessen sein kann. Wenn wir nicht die ganze Zeit damit verbringen müssen, unsere Sünden zu bekennen, was sollen wir *dann* tun?

> Wir sollten uns danach gut fühlen und nicht schuldig.

Wir verbinden das Abendmahl mit einer Botschaft, die das vollendete Werk Christi zum Mittelpunkt hat. Wir machen sehr deutlich, warum wir feiern. Das Licht bleibt an. Und niemand weint, zumindest nicht aus Traurigkeit. Wir heben unsere Gläser, wie wenn wir bei einer Hochzeit miteinander anstoßen würden. Wir beten, aber nicht, um unsere Sünden zu bekennen. Unsere Gebete sind voller Dankbarkeit über alles, was Gott durch Jesus für uns getan hat. Wir nehmen zwar eine Prüfung vor, aber wir prüfen das Werk des Herrn auf Golgatha.

Wir führen die ganze Feier in der Erinnerung an Jesus durch. Aber bei all den heutigen Verzerrungen dieser Feier halten wir es für notwendig, uns gegenseitig daran zu erinnern, dass es dabei *nicht um uns* geht. Es geht nicht um unsere Erfolge oder Misserfolge oder um irgendein Reinigungsritual. Es geht einzig und allein um das, was Jesus für uns getan hat. Es sollte mehr von einer Party haben als von einer Beerdigung. Und wir sollten uns danach gut fühlen und nicht schuldig.

Worum geht's?

Beim Abendmahl geht es darum, dass wir uns daran erinnern, wie rein und wie nahe wir unserem Gott tatsächlich sind. Und das ist ganz allein das Werk Jesu Christi. Er hat ganze Arbeit geleistet, als er jede Erinnerung an unsere Sünde auslöschte. Gott gedenkt unserer Sünden nicht mehr. Folglich ist die Feier des Abendmahls der »*letzte*« Ort, an dem wir uns an sie erinnern sollten.

Ist es denn in Ordnung, wenn es nur um ihn geht und nicht um ums? Ja! Nur so können wir wirklich feiern.

Das ist Abendmahl *ohne* Religion.

26

Um noch einmal alles zusammenzufassen: Sage ich etwa, dass wir Christen *nichts* tun müssen, um noch mehr Vergebung zu bekommen, um noch mehr gereinigt zu werden, um am Abendmahl teilnehmen zu dürfen oder um vor Gott gerecht zu bleiben?

Ja, genau das sage ich.

Warte noch einen Augenblick, bevor du das Buch zuschlägst.

Obwohl wir unsere Sünden nicht bekennen oder um Vergebung bitten, *um Vergebung und Reinigung zu erhalten*, fühlen wir uns dennoch betrübt, wenn wir gesündigt haben. Wir erleben eine göttliche Betrübnis (2 Kor 7,10), weil wir von Gott neu geschaffen wurden für gute Werke. Diese Betrübnis ist mehr als bloßes Bedauern, dass wir dem Geist nicht erlaubt haben, durch uns zu wirken (Eph 4,10; 1 Thess 5,19). Sie kommt auch *aus unserem menschlichen Geist*, der so gerne auf dieser Erde Christus Ausdruck verleihen will (Röm 8,23). Wir werden uns nie wohlfühlen, wenn wir sündigen. Wir sind für etwas Größeres erschaffen worden. Wir sind dazu bestimmt, dem Leben Gottes Ausdruck zu verleihen.

»Sag mir, was ich tun soll!«

Was sollen wir denn dann tun, wenn wir sündigen? Wir machen uns mit Gott eins, dass wir die falsche Entscheidung getroffen haben. Wir danken Gott, dass diese Sünde eine von Milliarden ist, die bereits durch das Blut Jesu weggenommen wurde. Wir wenden uns 180 Grad von unserer Sünde ab (Röm 6,12). Wir verlassen uns darauf das Gottes Geist in uns echte Veränderung bewirkt. Wenn unser sündiges Handeln Schaden angerichtet hat, machen wir den wieder gut, wenn irgend möglich (Röm 12,18). *Aber wir müssen nicht mehr bitten, warten oder hoffen, dass Vergebung unseren Weg kreuzt, denn das wäre gleichbedeutend damit, Christus zu bitten, noch einmal zu sterben.*

Hier ist ein praktisches Beispiel aus der Bibel. Manche Christen in der Gemeinde in Ephesus stahlen und der Apostel Paulus gab ihnen folgenden Rat:

Wer gestohlen hat, der **stehle nicht mehr,** *sondern bemühe sich vielmehr,* **mit den Händen** *etwas Gutes zu* **erarbeiten,** *damit er* **dem Bedürftigen** *etwas zu* **geben habe.** *(Eph 4,28)*

Klingt ziemlich praktisch, oder? Ist dir aufgefallen, wie zukunftsorientiert Paulus war? Er versuchte nicht, den Raum abzudunkeln und sich zwanghaft mit jedem einzelnen Dieb zu beschäftigen. Er erwartete nicht, dass die Betroffenen Schuldgefühle entwickelten. Im Wesentlichen sagte der Apostel: »Erspart euch den Stress, den ihr nach solch einer Tat habt. Erspart euch die Angst vor den Konsequenzen. Besorgt euch eine Arbeit, habt ein wenig Respekt vor euch selbst und tut das, was sich für Heilige gehört – teilt mit denen, die bedürftig sind.«

Paulus würde uns heute genau dasselbe raten. Anstatt unsere Vergangenheit unter die Lupe zu nehmen, würde er uns auf eine Zukunft hinweisen, die erfüllender und hoffnungsvoller ist. Er würde uns an unsere Bestimmung erinnern: in allem Jesus Christus Ausdruck zu verleihen.

> Wir sollten mit Gott einer Meinung sein, dass unser sündiges Verhalten sinnlos ist.

Hier ist also das Fazit: Ja, wir sollten mit Gott einer Meinung sein, dass unser sündiges Verhalten sinnlos ist. Ja, wir wenden uns von jeder Sünde ab, die wir begehen. Und ja, wir sollen Gott gegenüber offen und ehrlich sein und auch anderen gegenüber, die für uns beten werden (Jak 5,16). Aber wir sollten auch voller Zuversicht vorwärts gehen und im Blick behalten, was das Blut Jesu vollbracht hat. Wir haben die bedingungslose, unwiderrufliche, einmalige Reinigung von all unseren Sünden!

Das Geheimnis im Knast

Rick hatte einen Mord begangen und war ungestraft davongekommen. Er saß zwar, aber für etwas anderes. Sein Geheimnis hütete er sorgfältig. Schließlich hatte er seine Strafe bald abgesessen und dann wäre er wieder frei. Die Polizei hatte ihn zwar in Verdacht den Mord begangen zu haben. Aber sie hatten nicht genügend Beweise, um es ihm anzuhängen.

Im Gefängnis kam Rick zum Glauben an Jesus Christus. Er dachte tatsächlich darüber nach, sein Verbrechen zu bekennen. Doch um seine baldige Entlassung nicht zu gefährden, konnte er sich nicht dazu überwinden, den Mord zu gestehen. Das würde der Polizei die Möglichkeit geben, ihn für den Rest seines Lebens einzusperren.

Also bewahrte er sein Geheimnis.

Eines Tages kamen zwei Männer ins Gefängnis mit der Botschaft von völliger, bedingungsloser Vergebung in Jesus Christus. Rick hatte Christus bereits angenommen, aber als er die gnadenerfüllte Botschaft der beiden Männer aufsog, wurde ihm klar, wie viel Vergebung er tatsächlich erhalten hatte und wie frei er eigentlich war.

»Gott ist auf meiner Seite«, sagte er, »und wenn Gott für mich ist, was kümmert es mich dann, wenn irgendjemand anderes gegen mich ist?« Mit diesem tieferen Verständnis seiner Vergebung und Annahme in Christus kam in ihm der Wunsch nach Wahrhaftigkeit in jedem Bereich seines Lebens auf. Und natürlich hatte das zur Folge, dass er den Mord gestand, den er vor Jahren begangen hatte.

Ricks Strafe wurde verlängert. Aufgrund dieses Geständnisses sitzt er heute immer noch im Gefängnis. Aber Rick weiß, er hat das getan, was der Geist Gottes und sein eigener Geist in ihm wollten. Er ist erleichtert, dass er den Mord offen und ehrlich gestanden hat.

Anti-Bekenntnis?

Die zwei Männer, die zum Predigen in dieses Gefängnis gekommen waren, sind Freunde von mir. Sie kennen das Evangelium und lehren es auf klare und einfache Weise. Ihr Vortrag machte Rick frei, sein Verbrechen zu gestehen.

Die Botschaft von der völligen, bedingungslosen Vergebung wird manchmal missverstanden, als sei sie gegen das Bekennen von Sünde. Nichts ist weiter von der Wahrheit entfernt. Obwohl weder unser Bekenntnis noch unser Bedauern oder gar unsere Buße uns vor Gott reinigen, ist das Bekennen von Sünden für Christen gesund und natürlich. Das Bekennen unserer Sünden bedeutet ganz einfach, dass wir mit Gott einer Meinung sind und dass wir uns anstatt für eine Lüge für die Wahrheit entscheiden.

> Gott und anderen Menschen unsere Sünden zu bekennen hat seinen Platz.

Gott und anderen Menschen unsere Sünden zu bekennen hat seinen Platz. Jakobus sagt uns, dass wir einander unsere Sünden bekennen und füreinander beten sollen, damit wir geheilt werden (Jak 5,16). Manche Menschen bezahlen hundert Dollar die Stunde dafür, dass sie jemandem ihre Probleme erzählen und Heilung finden können. Das Werk des Kreuzes sollte bedeuten, dass wir unsere Probleme mit unseren geistlichen Vätern oder gleichgesinnten Geschwistern in Christus teilen können, ohne dafür Geld zu bezahlen.

Völlige Vergebung macht uns rein und bringt uns unserem Gott nahe. Unsere Reinheit und Nähe gibt uns die Zuversicht, vor Gott und anderen echt zu sein. Das bedeutet auch, dass wir uns bewusst *für Gnade entscheiden*, wenn wir den Problemen anderer zuhören, und für sie beten. Diese Art von radikaler Vergebung zeigt uns: Gott ist auf unserer Seite, komme was da wolle. Mit Gott persönlich auf unserer Seite können wir den Mut aufbringen und uns dem Schaden stellen, den wir verursacht haben, gleichgültig wie teuer er uns in *dieser* Welt zu stehen kommt.

Rick hat das in seinem eigenen Leben festgestellt. Obwohl er bis zum heutigen Tag eingesperrt ist, ist er heute freier denn je.

Teil 7

....

Theater des Lebens

Gottes Gnade schafft Männer
und Frauen, die Jesus Christus als
Familienangehörige sehr stark
ähnlich sind, und keine Weichlinge.

Oswald Chambers (1874–1917)

27

Viele von uns fliegen gerne regelmäßig zu ihrem Lieblings-urlaubsort. Aber wir denken wahrscheinlich nicht viel da-rüber nach, was uns diesen Luxus ermöglicht hat. Am 17. Dezember 1903 flogen Wilbur und Orville Wright das erste Mo-torflugzeug über die sandigen Strände von Kitty Hawk im US-Bundesstaat North Carolina.

Und obwohl der erste Flug nur ungefähr zwölf Sekunden dauerte und eine Reichweite von 37 Metern hatte, waren die Ge-brüder Wright absolut davon überzeugt, dass das Fliegen mit ei-nem Flugzeug möglich sei. Sie hatten mehr als siebenhundert er-folgreiche Flüge mit Segelfliegern hinter sich gebracht. Sie hatten es genau berechnet: Wenn bestimmte Kräfte auf eine bestimmte Art von Flügeln einwirkten, würde dies ein Flugzeug dazu brin-gen, von der Erdoberfläche abzuheben.

Waren sich die Gebrüder Wright nicht der Schwerkraft be-wusst? Doch, natürlich! Aber sie rechneten mit *anderen* Grund-sätzen, um dieses Gesetz zu »überwinden«.

Genauso wie das Gesetz der Schwerkraft gibt es auch ein geistliches Gesetz der Sünde und des Todes. Sünde verdient den Tod, jedes Mal. Aber wenn wir in Christus sind, haben wir das Glück, unter einem anderen Grundsatz zu leben. Dieser höhere Grundsatz *überwindet* das Gesetz der Sünde und des Todes. Er nennt sich das Gesetz des Geistes des Lebens:

*Also gibt es jetzt keine Verdammnis für die, die in Christus Jesus sind. Denn **das Gesetz des Geistes des Lebens** in Christus Jesus hat dich freigemacht von **dem Gesetz der Sünde und des Todes**. (Röm 8,1-2 Elb)*

Wenn wir unter dem Gesetz des Geistes des Lebens sind, bedeutet das, dass wir nicht an das Gesetz der Sünde und des Todes gebunden sind. Wenn wir sündigen, erleben wir nicht die verdiente Strafe Gottes. Klar, wir erleben die irdischen Konsequenzen einer schlechten Entscheidung. Aber das ist etwas anderes als die große Konsequenz aus der Hand des Allmächtigen zu spüren zu bekommen.

Die Todesstrafe traf stattdessen Jesus.

Die Theologie des »Mit und Ohne«

Gnade ist in diesen Tagen ein großes Modewort, aber wir schaffen es nicht, an diese Art von Gnade zu glauben. Es kann doch nicht stimmen, dass wir in einem immerzu reinen Zustand leben, da muss doch ein Haken dran sein! Doch hier steht es schwarz auf weiß:

*Denn mit **einem** Opfer hat Jesus die, die geheiligt werden,*
für immer vollkommen gemacht. (Hebr 10,14 Elb)

Wir ertappen uns dabei, dass wir an eine kleine Strafe für unsere Sünde glauben. Wir denken, dass Gott zornig auf uns wird, wenn wir sündigen. Vielleicht sehen wir ihn vor uns auf einem Drehstuhl, wie er sein Gesicht von uns wegdreht, bis wir die Kurve kriegen. Es gibt Menschen, die dazu sagen, ihre »Gemeinschaft mit Gott sei gestört«. Der Begriff Gemeinschaft erscheint dutzendmal in der Bibel. Er beschreibt unsere geistliche Verbindung mit Gott und anderen Christen. Doch im täglichen religiösen Sprachgebrauch wird dieser Begriff oft verwendet, um unsere *Gefühle* der Nähe zu Gott in einem bestimmten Moment zu beschreiben. Je nachdem, wie wir uns verhalten haben, sagen wir, dass wir »Gemeinschaft haben« (mit Gott im Reinen sind) oder unsere »Gemeinschaft gestört ist« (mit Gott nicht im Reinen sind).

> Wir leben in einem immerzu reinen Zustand.

Doch die Bibel spricht *nicht* so über Gemeinschaft. Es gibt keinen einzigen Vers, der darüber spricht, dass Christen je nach ihrem Verhalten »mit oder ohne« sind. Stattdessen bezieht sich der Begriff »Gemeinschaft« auf erneuerte Heilige, die Gemeinschaft haben mit dem Vater, Sohn und Heiligen Geist (1 Kor 1,9; 2 Kor 13,14; Phil 2,1) und miteinander (1 Joh 3,7). Alle, die keine Gemeinschaft haben, sind verloren. Sie wandeln in der Finsternis, auch wenn sie *meinen*, sie hätten Gemeinschaft (1 Joh 1,6).

Wir Christen sind immer in Gemeinschaft mit Gott. Jesus war ohne Gemeinschaft mit dem Vater, als er am Kreuz zur Sünde wurde. Er tat das, damit wir *nie* ohne die Gemeinschaft sein müssen (Mt 27,46; 2 Kor 5,21; Hebr 13,5)! Unsere Beziehung zu Gott ist sicher und stabil, ein für alle Mal. Unsere Gemeinschaft ist unerschütterlich und unzerstörbar wegen des einmaligen Opfers Jesu Christi, das nicht wiederholt werden muss (1 Joh 1,3; Hebr 7,25). Wenn wir sündigen, dann sündigen wir, während wir in Gemeinschaft sind. Wir sündigen, während wir mit Jesus Christus verbunden sind. Wir sündigen, während wir ein Geist mit seinem Geist sind und zur Rechten des Vaters sitzen (Röm 6,5; Phil 2,1; 1 Kor 6,17; Eph 2,6). Wir nehmen den Vater, den Sohn und den Heiligen Geist mit, wenn wir sündigen. Vielleicht ist das der Grund, warum es nicht mehr so viel Spaß macht wie früher. Es gibt Menschen, die nachts wach liegen und über neue Möglichkeiten zu sündigen nachdenken. Aus irgendeinem Grund versuchen wir jedoch ständig, den Klauen der Sünde zu entfliehen. Vielleicht hängt das mit unserer neuen Identität zusammen. Neue Menschen können es sich leisten, in völliger Vergebung zu leben.

Neue Menschen wollen eigentlich nicht mehr sündigen.

Wenn wir sündigen, hat das Konsequenzen: die Reaktionen der anderen und dass wir uns danach nicht gut fühlen. Aber Christus verlässt uns nicht. Wir bleiben immer in der Gemeinschaft mit ihm. Sogar wenn wir untreu sind, bleibt Gott treu (2 Tim 2,13).

Den Lohn der Sünde herunterspielen

Mit dieser falschen Vorstellung, dass wir Christen irgendwie »mit und ohne« Gemeinschaft mit Gott sein können, *spielen wir den Lohn der Sünde herunter.* Denk daran, der Lohn der Sünde ist der Tod (Röm 6,23); es gibt keine geringere Strafe. Der Lohn der

Sünde ist nicht nur ein bisschen von Gottes Zorn, einen Tag oder eine Woche lang. Und der Lohn der Sünde ist auch nicht, dass Gott sein Gesicht für ein paar Minuten oder Stunden von uns abwendet, bis wir wieder die Kurve kriegen.

Nein, der Lohn der Sünde ist der *Tod*, nicht weniger.

> **Unser Gott sitzt *nicht* auf einem Drehstuhl und dreht sich von uns weg, wenn wir sündigen.**

Unser Gott sitzt *nicht* auf einem Drehstuhl und dreht sich von uns weg, wenn wir sündigen. Durch das Kreuz ist sein Gesicht uns immer zugewandt (1 Petr 3,12). Weil Jesus am Kreuz verlassen wurde, wird Gott uns niemals verlassen (Hebr 13,5). Im Werk des Sohnes sehen wir den Plan eines Vaters, der jeden Augenblick jeden Tag mit uns zusammen und für uns da sein wollte. Aus dieser dauerhaften und unerschütterlichen Beziehung leben wir.

Das ist die Wahrheit über unsere Freiheit vom Gesetz der Sünde und des Todes. Wir leben auf einer höheren Ebene. Das Gesetz des Geistes des Lebens in Christus Jesus hat uns völlig freigemacht von dem Gesetz der Sünde und des Todes. Wir können das feiern oder auch missbrauchen (1 Kor 6,12; 10,23), aber echte Erfüllung erleben wir nur dann, wenn wir *zulassen, dass die Gnade uns lehrt,* zur Sünde nein zu sagen und das rechtschaffene Leben zu führen, das uns als Kindern Gottes bestimmt ist.

*Denn **die Gnade Gottes** ist erschienen, heilbringend allen Menschen, und **unterweist uns**, damit wir die Gottlosigkeit und die weltlichen Begierden verleugnen und besonnen und gerecht und gottesfürchtig leben in dem jetzigen Zeitlauf. (Tit 2,11-12 Elb)*

Alle Augen auf Jesus!

Wenn ich dich herausfordern würde, mit mir 1500 Meter um die Wette zu laufen, würdest du vielleicht gewinnen. Aber wenn ich sichergehen wollte, dass ich selbst gewinne, würde ich dich bitten, rückwärts zu laufen. Es ist viel schwieriger zu rennen, wenn du nur sehen kannst, wo du schon warst und nicht, wohin du gehst. Auf ähnliche Weise ist es wirklich schwierig, den Lauf des Lebens zu laufen, wenn wir nur mit unserer Vergangenheit oder unseren aktuellen Schwierigkeiten beschäftigt sind. Profiläufer schauen nicht nur geradeaus, sie schauen weit voraus. Oft fixieren sie einen anderen Läufer, der weit vor ihnen ist.

Die unglaubliche, unwiderrufliche Vergebung, die wir in Christus haben, befähigt uns, nach vorne zu sehen. Anstatt uns zwanghaft mit unserem eigenen Verhalten zu beschäftigen, können wir nach vorne schauen auf jemand anderen. Wir können unsere Augen auf unseren Vorläufer richten, auf Jesus Christus – den Anfänger und Vollender unseres Glaubens:

*Diese Hoffnung halten wir fest als einen sicheren und festen Anker der Seele, der auch hineinreicht ins Innere, hinter den Vorhang, **wohin Jesus als Vorläufer für uns eingegangen ist**, der Hoherpriester in Ewigkeit geworden ist nach der Weise Melchisedeks. (Hebr 6,19-20)*

*Indem **wir hinschauen auf Jesus**, den Anfänger und Vollender des Glaubens, der um der vor ihm liegenden Freude willen das Kreuz erduldete und dabei die Schande für nichts achtete, und der sich zur Rechten des Thrones Gottes gesetzt hat. (Hebr 12,2)*

Gott ruft uns auf einen neuen Weg. Vielleicht fühlen wir uns geistlich, wenn wir uns und unsere Sünden analysieren. Vielleicht denken wir, dass es Gott gefallen würde, wenn wir uns eine Zeit lang mit unseren Sünden beschäftigen und Buße tun, und uns dann wieder in den früheren Zustand der »Gemeinschaft« zurückbringen würden. Aber das Evangelium übertrifft all das. Das Evangelium fordert uns dazu auf, uns stattdessen näher mit dem Werk Jesu Christi zu befassen. Wir sind dazu eingeladen, auf das Kreuz fixiert zu sein und nicht auf unsere Sünden.

Hältst du an deinen Sünden fest, obwohl sich Gott nicht mehr an sie erinnert? Beschäftigst du dich zwanghaft mit deinen Fehlern anstatt mit Gottes Sieg am Kreuz? Bist du so von deinen Schwierigkeiten vereinnahmt, dass du nur noch dich selbst im Blick hast?

Der Sohn des Menschen wurde erhöht. Religion möchte, dass wir auf unsere Sünden schauen. Gott sagt aber: »Schaut auf meinen Sohn.«

28

Morgen kommt der Herr wieder«, sagte er, »es ist also wichtig, dass ihr wisst, wo ihr steht!« Als ich zwölf war, lud uns unser Jugendleiter zu einem besonderen Treffen zu sich nach Hause ein. Er hatte anscheinend einiges gelesen und herumgerechnet und herausgefunden, dass das Jahr 1984 das Jahr der Wiederkunft Christi sei. Darüber hinaus hatte er anscheinend sogar den exakten Tag herausgefunden. Bei dem Treffen offenbarte er uns, dass Jesus kommen würde, um uns zu sich zu holen.

Du kannst dir vorstellen, dass die Reaktionen auf diese Worte sehr gemischt waren.

Einige von uns freuten sich, andere wurden total nervös. Meine Reaktion? Nun, meine Mutter hatte mich vorgewarnt, was den Abend betraf: »Drew, wenn du heute Abend zu deiner Jugendgruppe gehst, wird der Leiter dir sagen, dass Jesus morgen wiederkommt. Aber ich will, dass du weißt, dass das *nicht* stimmt.«

»Ähm, okay, Mama«, sagte ich. Was hätte ich sonst sagen sollen? Also witterte ich den Sturm. Ich saß den ganzen Abend da und verließ mich auf die Worte meiner Mutter, unbeeindruckt von dem, was ich hörte. Und durch verstohlenes Flüstern hinter dem Rücken meines Leiters konnte ich sogar ein paar von den anderen aus ihrer Verwirrung retten. Und das nur, weil meine Mutter etwas wusste – sie wusste, dass *niemand* die Wiederkunft Christi voraussagen kann (Mt 24,36; 1 Thess 5,2-3).

Doppelbestrafung?

Am meisten überraschte mich an diesem Abend, wie viel *Angst* sie alle hatten! Wir sollten doch feiern, wenn unser Retter wiederkommt, und nicht durchdrehen. Offenbar bin ich nicht der Einzige, der so denkt. Der Apostel Johannes sagt uns, dass wir uns nur deshalb vor dem Gericht fürchten, weil wir falsche Vorstellungen von der Strafe haben:

Darin ist die Liebe bei uns vollkommen geworden, dass wir **Freimütigkeit** *haben* **am Tag des Gerichts***, denn gleichwie er [Gott] ist, so sind auch wir in dieser Welt. Furcht ist nicht in der Liebe, sondern* **die vollkommene Liebe treibt die Furcht aus***, denn* **die Furcht hat mit Strafe zu tun***; wer sich nun fürchtet, ist nicht vollkommen geworden in der Liebe.*
(1 Joh 4,17-18)

Offensichtlich sollen wir also Freimütigkeit haben am Tag des Gerichts. Die Begründung dafür ist: »gleichwie er, so sind auch wir«. Was bedeutet das? Warum sollte das, *was wir sind*, uns von der Angst vor dem Gericht befreien? Unsere Neuheit, unsere Gerechtigkeit, unsere Nähe zu Gott – all das trägt zu unserer Freimütigkeit am Tag des Gerichts bei.

Wir sollen uns auf die Liebe Gottes verlassen. Es war Gottes Liebe, die Jesus ans Kreuz schickte, um unsere Sünden für immer wegzunehmen. Es war seine Liebe, die uns diese unglaubliche, bedingungslose Vergebung und Reinigung brachte.

> **Es bleibt keine Strafe mehr übrig.**

Glauben wir wirklich, dass Gott, obwohl er all das getan hat, uns bei der Wiederkunft Jesu eins auswischen wird und all die Sünden wieder hochbringt, die er entfernt und vergessen hat?

In unserem Rechtsstaat hier in den Vereinigten Staaten nennt man das »Doppelbestrafung«. Man kann jemanden nicht für dasselbe Verbrechen zweimal verurteilen. Bei Gott ist es genauso. Wir wurden bereits vor Gericht gestellt und das Urteil war »schuldig«. Die Strafe war der Tod und Jesus starb an unserer Stelle. Jetzt bleibt keine Strafe mehr übrig und wir werden nie wieder wegen unserer Sünden vor Gericht gebracht. Wenn wir, nachdem Jesus für uns starb und unsere Sünden wegnahm, noch einmal für unsere Sünden gerichtet würden, wäre das Doppelbestrafung. Das wird nicht vorkommen!

> *So ist auch Christus, **einmal geopfert worden**, die Sünden vieler wegzunehmen; zum zweiten Mal wird er **nicht der Sünde wegen** erscheinen, sondern denen, die auf ihn warten. (Hebr 9,28 Lut)*

Wenn Christus wiederkommt, wird er nicht wegen der Sünde wiederkommen. Warum? Weil wir bereits vor Gericht gestanden haben und weil Gott das Urteil an seinem Sohn vollstreckt hat.

Wie diese Stelle besagt, ist Christus für unsere Sünden bereits *einmal geopfert worden*, und in den Augen Gottes reicht das aus. Es wird keine Doppelbestrafung geben.

Schwarzes oder weißes Urteil?

Die Vorstellung, dass wir Christen ein jüngstes Gericht für unsere Sünden erleben werden, widerspricht der völligen Vergebung. Trotzdem scheinen viele von uns zu denken, dass Christen für ihre Sünden zur Rechenschaft gezogen würden. Zur Rechenschaft gezogen? Wenn wir dafür zur Rechenschaft gezogen würden, wäre die Strafe der Tod. Es wäre nicht nur ein Klaps auf den Po.

Denk daran, der Lohn der Sünde ist der *Tod*.

Ja, Paulus sagt uns, »wir müssen *alle* vor dem Richterstuhl des Christus offenbar werden« (2 Kor 5,10). Alle *Menschen* werden also vor Gericht erscheinen. Aber die Frage ist: Wie wird dieses Gericht aussehen? Zum Glück gibt es noch andere Stellen, die die Einzelheiten dieses Gerichts deutlich machen. Vielleicht ist es ganz anders, als wir es uns vorgestellt haben?

In Offenbarung 20 ruft Gott »die Toten« aus der Hölle herbei, damit sie das Urteil für ihre Taten erhalten. Das Ergebnis ist, dass sie alle für schuldig befunden und anschließend in den Feuersee geworfen werden.

Und das Meer gab die Toten heraus, die in ihm waren, und der Tod und das Totenreich gaben die Toten heraus, die in ihnen waren; und sie wurden gerichtet, ein jeder nach seinen Werken. Und der Tod und das Totenreich wurden in den Feuersee geworfen. Das ist der zweite Tod. Und wenn je-

*mand **nicht im Buch des Lebens eingeschrieben gefunden wurde**, so wurde er in den Feuersee geworfen.* (Offb 20,13-15)

Es ist ein Urteil, das entweder schwarz oder weiß, hopp oder top bedeutet, und für »die Toten« bedeutet es hopp. Dabei geht es um ihren ewigen Aufenthaltsort. Und sie bekommen alle dasselbe Urteil –

Es wird dort kein Film abgespielt.

den Feuersee.

Die nächsten Verse in Offenbarung 21 sind ganz anders. Gott hat sein Gericht über »die Toten« abgeschlossen. Dann wendet er sich *der Gemeinde* zu. Über seine Braut hat er nur Positives zu sagen. Er versichert uns, dass es keinerlei Traurigkeit mehr für uns geben wird:

*Und ich sah einen neuen Himmel und eine neue Erde; denn der erste Himmel und die erste Erde waren vergangen, und das Meer gibt es nicht mehr. Und ich, Johannes, sah die heilige Stadt, das neue Jerusalem, von Gott aus dem Himmel herabsteigen, **zubereitet wie eine für ihren Mann geschmückte Braut.** Und ich hörte eine laute Stimme aus dem Himmel sagen: Siehe, das Zelt Gottes bei den Menschen! Und er wird bei ihnen wohnen; und sie werden seine Völker sein, und Gott selbst wird bei ihnen sein, ihr Gott. **Und Gott wird abwischen alle Tränen von ihren Augen, und der Tod wird nicht mehr sein, weder Leid noch Geschrei noch Schmerz wird mehr sein; denn das Erste ist vergangen.*** (Offb 21,1-4)

Warum also kommen Christen nicht vor das Gericht über die Sünden, von dem wir in Offenbarung 20 lesen? Ganz einfach.

Weil wir nicht für die Hölle bestimmt sind! Unsere Sünden sind vergeben und vergessen. Wir tauchen erst später auf, in Offenbarung 21, und unsere Namen sind aufgeschrieben im Buch des Lebens. Ich denke mal, dass Gott auch meint, was er sagt:

*Wer an ihn glaubt, **wird nicht gerichtet**. (Joh 3,18)*

Wenn wir Angst haben vor der Wiederkunft Jesu, dann vielleicht deshalb, weil die Religion uns gesagt hat, dass dort ein himmlisches Filmband all unserer Sünden ablaufen wird und jeder zusehen kann. Und wenn der Film dann zu Ende ist, ist Zahltag. Aber in Wirklichkeit wird dort kein Film abgespielt.

In seiner Liebe hat Gott das Band zerstört.

Wir sind Schafe und keine Böcke!

Das Gleichnis Jesu über die Schafe und die Böcke in Matthäus 25 schildert auch solch ein Schwarz-Weiß-Urteil. Jesus erzählt die Geschichte von den Schafen, die seine Stimme hören und sie werden gelobt dafür, dass sie in seinem Namen einen Becher Wasser gegeben haben. Offenbar ist schon die kleinste Tat, die wir in seinem Namen tun, ein Ausdruck von ihm. Doch die Böcke hören seine Stimme nicht und sie werden auf ewig verdammt. Es gibt *nur zwei unterschiedliche Gruppierungen*. Es gibt keine Grauzone. Es gibt hier wieder nur schwarz oder weiß:

Wenn aber der Sohn des Menschen in seiner Herrlichkeit kommen wird und alle heiligen Engel mit ihm, dann wird er auf dem Thron seiner Herrlichkeit sitzen, und vor ihm werden alle Heidenvölker versammelt werden. Und er wird sie voneinander scheiden, wie ein Hirte die Schafe von den Böcken scheidet, und er wird die Schafe zu seiner Rechten stellen, die Böcke aber zu seiner Linken. (Mt 25,31-33)

In den folgenden Versen wird den *Schafen* gesagt: »Erbt das Reich, das euch bereitet ist seit Grundlegung der Welt!« (V. 34). Man nennt sie »die Gerechten« (V. 37). Umgekehrt lehrt Jesus, dass Gott zu denen zu seiner Linken sagen wird: »Geht hinweg von mir, ihr Verfluchten, in das ewige Feuer, das dem Teufel und seinen Engeln bereitet ist!« (V. 41). Es gibt nicht nur zwei unterschiedliche Gruppen, es gibt auch zwei unterschiedliche Urteile. Und es gibt keinen Mittelweg.

Jesus fasst all die Ereignisse so zusammen: »Und sie werden in die *ewige Strafe* hingehen, die Gerechten aber in das *ewige Leben*« (V. 46). Siehst du das? Die Wahrheit ist, dass Christen nicht für ihre Sünden gerichtet werden. Wir sind die Schafe! Wenn wir für unsere Sünden verurteilt würden, würden wir mit den Böcken in die Hölle geworfen. Eine geringere Strafe für unsere Sünden wäre nicht möglich.

Jesus starb, damit wir Vergebung empfingen, damit unsere Sünden vergessen würden (ja, vergessen!), und damit wir nie deswegen vor Gericht gestellt werden würden.

Das ist Wahrheit, die frei macht!

Plastikschmuck

»Aber wir bekommen doch dann weniger Lohn, wenn wir nicht so viele gute Werke tun, stimmt's?« Die Belohnungstheologie hat dazu geführt, dass manche glauben, es gäbe ein himmlisches Punktesystem. Wir denken vielleicht, dass unsere Leistung hier auf der Erde mit Belohnungen unterschiedlicher Qualität und Quantität honoriert wird.

Dabei geht es den meisten um Schmuck. Manche glauben, sie müssten sich mit Plastikschmuck begnügen, während ihre engagierteren Freunde die fetten Luxus-Klunker aus Echtgold erhielten. Oder die einen bekämen vielleicht nur *eine* Krone, während die anderen *viele* Kronen bekämen, die sie sogar stapeln müssten.

Oder vielleicht erhielten wir alle nur eine Krone, aber bei manchen wären sie mit so vielen Riesen-Diamanten besetzt, dass sie davon Rückenschmerzen bekämen. Vielleicht geht es aber manchen auch um Immobilien – die einen bekämen ein Grundstück in Beverly Himmel, während andere, die erst spät in ihrem Leben Christen wurden oder sich immer

> Das Wort
> *Belohnungen* (im
> Plural) ist in keinem
> der Briefe des
> Neuen Testaments
> enthalten

wieder falsch verhielten, sich mit einem Fegefeuer-Bungalow im Armenviertel abfinden müssten. So oder so ähnlich funktioniert die Belohnungstheologie.

Da gibt es nur ein kleines Problem – sie stimmt nicht. Das Wort *Belohnungen* (im Plural) ist in keinem der Briefe des Neuen Testaments enthalten. Die Briefe sprechen von einer Belohnung bzw. einem Lohn (Singular), einem Preis (Singular), einer Krone des Lebens (Singular) – was sich offensichtlich alles auf eines bezieht: auf das ewige Leben mit Jesus. Und das unterscheidet sich wirklich sehr von der Idee, göttliche Geldscheine zu sammeln, um den Ausbau unserer Immobilie zu finanzieren.

Chancengleichheit

In Matthäus 20 erzählt Jesus die Geschichte eines Landbesitzers, der früh am Morgen hinausging, um Männer für die Arbeit in seinem Weinberg einzustellen. Er kam überein, jedem von ihnen einen Denar zu bezahlen und schickte sie an die Arbeit. Um die dritte Stunde sah er andere und stellte sie ein. Um die sechste und neunte Stunde stellte er noch welche ein. Sogar in der elften Stunde stellte er nochmals Arbeiter ein.

Als es Abend wurde, rief der Vorarbeiter alle Arbeiter zusammen, um sie zu bezahlen. Die Arbeiter, die zuletzt eingestellt wurden, erhielten ihren Lohn zuerst – einen Denar. Als die anderen das sahen, kannst du dir vorstellen, was sie dachten: »Dann werden wir erst recht fett entlohnt werden!« Aber es stellte sich heraus, dass alle Arbeiter denselben Lohn erhielten, gleichgültig, wann sie begonnen hatten. Diejenigen, die schon früh am Morgen angefangen hatten zu arbeiten, fingen an zu maulen: »Das ist nicht fair! Wir arbeiten schon den ganzen Tag!« Darauf konterte der Landbesitzer: »Habe ich nicht das Recht, mit meinem Geld zu tun, was mir gefällt?« (V. 15).

Dieses Gleichnis Jesu ist ein Bild für das Königreich Gottes – wir bekommen alle denselben Lohn. Warum machen wir aus dem biblischen Wort Lohn bzw. Belohnung dann also *Belohnungen* und gehen dann durchs Leben und versuchen Punkte zu sammeln für den himmlischen Geschenkeladen? Paulus erinnert uns daran, dass alles absoluter Dreck ist gegenüber der Erkenntnis Jesu Christi (Phil 3,8). Wenn das wahr ist, warum erwarten wir dann, dass die »Belohnung«, der »Preis«, die »Krone des Lebens« irgendetwas anderes ist als *ihn zu erkennen*?

Religion sagt uns, dass wir für unsere Sünden *gerichtet* werden und *Belohnungen sammeln* für unsere guten Taten. Gott sagt uns, dass Jesus für unsere Sünden bestraft wurde und dass Jesus zu erkennen unsere große Belohnung ist. Die eine Ansicht führt dazu, dass wir auf Eierschalen laufen und gute Werke tun, um himmlische Beute zu machen. Die andere Ansicht führt dazu, dass wir dankbar sind für Gottes Gnade und ein neues Ziel in unserem Leben – Jesus zu erkennen.

Was glaubst *du*? Was von beiden ist die Wahrheit, die uns freimacht?

29

O kay, vielleicht werden wir Christen nach unserem Tod ja
nicht gerichtet, aber Gott bestraft uns doch immer noch
mit *irdischen* Konsequenzen, oder?«

Für diese Diskussion möchte ich dich gerne ins Theater ent-
führen.

Ein Tag in Ragtown

Chip und Glenn Polk gründeten das Ragtown Gospel Theater
in Post im US-Bundesstaat Texas. Chip ist ein begabter Bühnen-
autor und sein Bruder Glenn ein unglaublich guter Schauspieler. Sie sind das perfekte Duo, um ein Weltklasse-Theater auf die
Beine zu stellen. Im ersten Jahr war Glenn der einzige Schauspieler und er spielte großartige Einmannstücke als Petrus, der Fels,
Judas Iskariot und andere Charaktere. Aber mit den Jahren entschloss sich Chip, komplexere Stücke zu schreiben, die aufwendi-

gere Szenenaufbauten und zusätzliche Besetzungsmitglieder notwendig machten.

Stell dir vor, ich lade dich in das Ragtown Gospel Theater ein zu einer ihrer Vorstellungen. Sagen wir mal, es gibt fünf oder sechs Hauptdarsteller und das Stück heißt *Magdalena*. Nach dem tosenden Applaus, den Standing Ovations und nachdem der letzte Vorhang fällt, frage ich dich, wie dir die Vorstellung gefallen hat.

»Glenn war einfach fantastisch!«, rufst du.

»Auf jeden Fall! Was hältst du von dem Mädchen, das die Magdalena gespielt hat?« frage ich.

Mit einem verwirrten Blick antwortest du: »Ja, dieser Glenn ist einfach ein unglaublicher Schauspieler.«

Jetzt bin ich verwirrt und frage: »Aber was hältst du von den *anderen* Schauspielern?«

»Welche anderen Schauspieler?«, antwortest du überrascht. »Ich hab keine anderen gesehen.«

Theater des Lebens

Ich hab mir dieses blöde Szenario ausgedacht, um darzustellen, dass wir Christen durchs Leben gehen können und *alles* nur Gott, dem Meisterschauspieler, zuschreiben. Aber nicht alles, was wir sehen, sollten wir seinem Wirken zuschreiben.

Es gibt noch *andere* Mitwirkende im Theater des Lebens.

Natürlich ist es am einfachsten, Gott für alles die Schuld zu geben, was uns trifft. Trotzdem ist es wichtig, auch die anderen Schauspieler wahrzunehmen – die Welt, das Fleisch und den Teufel. Das ist besonders wichtig, wenn wir unser Glaubenssystem über die Freiheit des Christen von Gericht und Strafe richtig auf die Reihe kriegen wollen.

Ein Christ wird krank. Dann verliert er seine Arbeit. Dann lässt sich seine Frau von ihm scheiden. Dann versuchen seine Freunde, einen Zusammenhang herzustellen, um herauszufinden, warum Gott ihm das alles angetan hat. Klingt das wie eine Geschichte, die du schon einmal gehört hast? Ja, es ist eine Neuauflage des Buches Hiob. Und auch heute sind wir immer noch schnell dabei, *allem*, was uns passiert, den Stempel Gottes aufzudrücken.

Gott will das nicht zugeschrieben bekommen. Ein betrunkener Autofahrer rammt an der Kreuzung das Auto eines Freundes und ein zweijähriges Mädchen stirbt auf dem Rücksitz. »Der Herr hat sie zu sich genommen«, sagen vielleicht manche.

> Gott will das nicht zugeschrieben bekommen.

Ich weiß, dass Gott souverän ist. Aber ich weiß auch, dass Gott an jenem Tag nicht betrunken war und auch nicht das Auto gegen das kleine Mädchen gefahren hat. Nein, das können wir ruhig den anderen Schauspielern im Theater des Lebens ankreiden. Die Welt lehrt uns, dass übermäßiger Alkoholgenuss in Ordnung ist. Das Fleisch lechzt nach Alkohol, damit es seine Sorgen darin ertränken kann. Wir sind versucht, betrunken zu fahren, weil ja schließlich »nichts dabei« ist.

Gott hat diesen Umstand *zugelassen*, aber er hat ihn nicht *verursacht*. Es ist wichtig, dass wir das unterscheiden. Gott behandelt uns nicht grausam. Er fügt seinen eigenen Kindern keine Wunden zu. Aber als liebender Vater tröstet er uns und *hilft uns inmitten dieses irdischen Durcheinanders*. Und in alldem wächst unser Verständnis von seiner unablässigen Liebe für uns:

*Wir wissen aber, dass denen, die Gott lieben, **alle Dinge zum Besten dienen**, denen, die nach dem Vorsatz berufen sind. Denn die er zuvor ersehen hat, die hat er auch vorherbestimmt, **dem Ebenbild seines Sohnes gleichgestaltet zu werden**, damit er der Erstgeborene sei unter vielen Brüdern.*
(Röm 8,28-29)

Gott ist nicht der Urheber allen Elends – von Sünde, Schmerz, Tod. Doch Gott benutzt *alle Dinge* dieser Welt als Übungsplatz, um uns zu befähigen, in unserem Spiegelbild des Charakters Jesu Christi zu wachsen. Alle Christen wurden für dieses Vorrecht bestimmt: die Herrlichkeit Christi auszustrahlen, auf dieser Erde und in der zukünftigen Welt. Nein, Gott ist nicht der Urheber unseres Leids. Er ist der »Anfänger und Vollender unseres *Glaubens*« (Hebr 12,2).

Wenn die Katastrophe zuschlägt

Einige Prediger behaupteten, Gott hätte die Terroranschläge vom 11. September über New York gebracht, um den Homosexuellen eine Lektion zu erteilen. Einige Jahre später sagten andere, Gott hätte den Hurrikan Katrina über New Orleans gebracht, um die Stadt für ihre Verkommenheit zu bestrafen. Und noch mal andere hatten die Frechheit zu sagen, das Erdbeben auf Haiti im Januar 2010 sei Gottes Vergeltung für die Geschäfte mit dem Teufel gewesen.

Ich hoffe sehr, dass dir diese Aussagen absurd vorkommen. Aber die Wirklichkeit ist, dass *viele* von uns unbewusst unsere negativen Umstände als Strafe Gottes interpretieren. Ein Raucher, den wir kennen, bekommt Lungenkrebs und schon hört man eine christliche Bemerkung: »Nun, das ist Gottes Weg, um seine Aufmerksamkeit zu bekommen.« Oder wenn es noch geistlicher klingen soll: »Gott bringt das über ihn, damit er ein zerbrochener Mensch wird.«

Im Wesentlichen glauben wir, dass uns die Hand Gottes Unfälle, Krankheit und schwierige Lebensumstände schickt, als Strafe für unsere Sünden. Egal, ob es Krebs, Terrorismus oder Naturkatastrophen sind, ich möchte Folgendes ganz klar sagen: *Das sind nicht Gottes Strafen für unsere Sünden.* Wie ich da so sicher sein kann? Weil jede Strafe für unsere Sünden am Kreuz auf Jesus Christus gelegt wurde.

> Gott tötet keine Menschen durch Terrorismus oder Naturkatastrophen.

Heute, auf dieser Seite des Kreuzes, ist Gott damit beschäftigt, Menschen zu retten und nicht, sie zu bestrafen:

Denn ich bin nicht gekommen, um die Welt zu richten, sondern damit ich die Welt **rette.** *(Joh 12,47)*

Der Herr zögert nicht die Verheißung hinaus, wie etliche es für ein Hinauszögern halten, sondern er ist langmütig gegen uns, **weil er nicht will, dass jemand verlorengehe, sondern dass jedermann Raum zur Buße habe.** *(2 Petr 3,9)*

Der Tag wird kommen, an dem Jesus wiederkommt und Gott die Welt richtet (Joh 12,48). Aber bis dahin gilt, dass der Sohn des Menschen erhöht wurde und alle Menschen zu sich zieht (Joh 12,32). Gott will nicht, dass irgendjemand bestraft wird, sondern dass alle zum Glauben an Jesus Christus kommen und errettet werden (2 Petr 3,9).

Gott tötet also keine Menschen durch Terrorismus oder Naturkatastrophen; er schickt auch niemandem eine Krankheit, um ihm eine Lektion zu erteilen. Vielmehr sehnt er sich danach, dass die Welt auf seinen Sohn blickt, der vollständig für ihre Sünden bezahlt hat:

*Weil nämlich Gott in Christus war und **die Welt mit sich selbst versöhnte, indem er ihnen ihre Sünden nicht anrechnete** und das Wort der Versöhnung in uns legte.*
(2 Kor 5,19)

*Und er ist das Sühnopfer für unsere Sünden, aber nicht nur für die unseren, sondern auch für die **der ganzen Welt**.*
(1 Joh 2,2)

Die Botschaft, die wir für die Welt haben, ist nicht, dass Gott sie durch dies oder das bestraft. Nein, Gott war in Christus und versöhnte die *Welt* mit sich selbst (2 Kor 5,19). Die Strafe für die Sünden »*der ganzen Welt*« wurde vollständig bezahlt (1 Joh 2,2). Und hier sagt der Herr selbst, was er für die Welt will:

***Um ihnen die Augen zu öffnen,** damit sie sich bekehren von der Finsternis zum Licht und von der Herrschaft des Satans zu Gott, **damit sie Vergebung der Sünden empfangen** und ein Erbteil unter denen, die durch den Glauben an mich geheiligt sind. (Apg 26,18)*

Wenn dich die Konsequenzen treffen

Das heißt nicht, dass unsere Taten keine Konsequenzen hätten. Es steht zum Beispiel außer Frage, dass die Forschung einen engen Zusammenhang bewiesen hat zwischen dem Rauchen und der Wahrscheinlichkeit, an Lungenkrebs zu erkranken. Zweifellos nimmt ein Raucher ein großes Risiko in Kauf, wenn er jeden Tag Rauch in seine Lungen einatmet.

Unsere gefährlichen oder dummen Entscheidungen ziehen alle möglichen Konsequenzen nach sich. Eigentlich ist der ständige Konsum von Fast Food genauso gefährlich wie das Rauchen. Ist dir schon einmal aufgefallen, dass Pastoren sehr gut gegen das Rauchen (und Trinken) predigen können? Doch gleichzeitig gibt es Studien darüber, dass wir Pastoren in Amerika sehr stark zu Übergewicht neigen!

Jede Entscheidung – egal ob sie unsere Gesundheit anbelangt, unseren Lebensstil, unsere Moral – birgt ein gewisses Risiko. Anstatt zu unterstellen, dass bestimmte Entscheidungen Gottes Strafe nach sich ziehen, sollten wir lehren, dass das Kreuz ausreicht als Bestrafung für alle Sünden. Klar, wir sollten andere Christen auf die Konsequenzen ihres Handelns aufmerksam machen – bei Gesundheitsthemen, zerbrochenen Beziehungen, Problemen mit dem Gesetz oder finanziellen Geschichten. Aber wir sollten das nicht »die Strafe Gottes« nennen.

Was die Strafe anbelangt, ist bereits alles erledigt.

Gottes Züchtigung

Wenn Gott uns auch nicht straft, so *züchtigt* er uns doch wenigstens, oder? Ja, der Hebräerbrief redet von der Züchtigung, die wir als Kinder Gottes erfahren:

> *Und habt die Ermahnung vergessen, die zu euch als zu Söhnen spricht:»Mein Sohn, schätze nicht gering des Herrn Züchtigung, und ermatte nicht, wenn du von ihm gestraft wirst! Denn wen der Herr liebt, den züchtigt er;* **er schlägt [geißelt] aber jeden Sohn, den er aufnimmt.***«* (Hebr 12,5- 6 Elb)

Warte, noch mal zurück. Geißeln? Das ist doch, wenn man jemanden mit einem langen Lederriemen, der scharfe Metallspitzen hat, auf den Rücken schlägt. Das Metall gräbt sich in den Rücken der betreffenden Person und lässt offene Wunden zurück, die, wenn sie nicht versorgt werden, den Betroffenen das Leben kosten können. Das ist genau das, was die römischen Soldaten mit Jesus gemacht haben, bevor er gekreuzigt wurde. Wenn du Mel Gibsons Film *Die Passion Christi* gesehen hast, weißt du genau, wie du dir das vorstellen musst. Die meisten Eltern der damaligen Zeit haben das *nicht* mit ihren ungehorsamen Kindern gemacht. Denn im Grunde genommen konnte das tödlich sein!

Und so etwas tut Gott *uns*, seinen Kindern an?

Erstens ist hier interessant: Dieser Satzteil »er schlägt [geißelt] aber jeden Sohn, den er aufnimmt« (Hebr 12,6 Elb) wurde dem Zitat aus Sprüche 3,12 hinzugefügt. In der alttestamentlichen Stelle gibt es diesen Nachsatz allerdings *nicht*. Und was noch interessanter ist, es gibt ein hebräisches Wort *biqqoret*, das »geißeln« oder »untersuchen« bedeutet. Und die Bedeutung »untersuchen« ist älter als die Bedeutung »geißeln«, da das Geißelungsinstrument erst viel später erfunden wurde. Könnte es sein, dass der Hebräerbrief ursprünglich in Hebräisch verfasst wurde und dass ursprünglich das Wort *biqqoret* (mit der Bedeutung »untersuchen«) in diesem umstrittenen Vers stand?

Der frühe Kirchengelehrte Clemens von Alexandria (ca. 150-215) und andere glaubten, der Hebräerbrief sei in Hebräisch verfasst und später ins Griechische übersetzt worden. Interessanterweise tauchen mehr als 150 Wörter im Hebräerbrief auf, die in keinem der anderen Briefe verwendet wurden. Tatsache ist, dass es einige Ausdrücke im biblischen oder klassischen Griechisch überhaupt nicht gab. Und außerdem spiegeln die literarischen Eigenschaften des Briefes bisweilen hebräische Poesie wider. Also wurde entweder der Hebräerbrief als Ganzes oder nur das geänderte alttestamentliche Zitat aus Vers 6 in Hebräisch verfasst und später ins Griechische übersetzt. Das würde bedeuten, dass der ursprüngliche Verfasser das hebräische Wort *biqqoret* verwendet hat, das man als »geißeln« *(mastigoo)* ins Griechische übersetzen kann. Das würde auch bedeuten, dass der Übersetzer die ältere Bedeutung des Wortes *biqqoret* (untersuchen) nicht berücksichtigt hat oder vielleicht voreingenommen dagegen war.

Es gibt also sowohl historische als auch literarische Beweise, dass der Brief (oder nur das geänderte Zitat aus dem Alten Testament) auf Hebräisch geschrieben und später fälschlicherweise mit »geißeln« *(mastigoo)* übersetzt wurde. Zufällig stammt das hebräische Wort *biqqoret* von dem Wort *baqar* »pflügen«. Einige Verse weiter fährt der Schreiber des Hebräerbriefs nämlich fort: »Alle Züchtigung scheint uns zwar für die Gegenwart nicht Freude, sondern Traurigkeit zu sein, nachher gibt sie aber denen, die durch sie geübt sind, die friedvolle *Frucht* der Gerechtigkeit« (V. 11 Elb). Eigentlich könnte Hebräer 12 folgendes vermitteln wollen: *Gott untersucht unser Leben in der Tiefe, wenn er uns züchtigt, damit wir eine friedvolle Frucht der Gerechtigkeit erleben können.*

Gott ist unser Verhalten nicht egal. Unsere Zukunft ist ihm nicht egal. Also untersucht er unser Leben in der Tiefe und züchtigt uns liebevoll mit Blick auf unsere Reife. Aber es ist genauso wichtig, dass wir uns daran erinnern, dass Jesus vor zweitausend Jahren für uns gegeißelt wurde.

Und »durch *seine* Wunden sind wir geheilt worden« (Jes 53,5).

Züchtigung durch Umstände

Das falsche Verständnis, dass Gott uns *nur* züchtigt, *wenn wir sündigen,* ist weit verbreitet. Aber hier in Hebräer 12 wird ein ganz anderes Bild gezeichnet:

> *Was **ihr erduldet, ist zur Züchtigung**: Gott behandelt euch als Söhne. Denn ist der ein Sohn, den der Vater nicht züchtigt? (Hebr 12,7 Elb)*

Wir sind *immer* unter Gottes Züchtigung, weil er unsere guten Zeiten und unsere schwierigen Umstände nutzt, um uns seine Wege zu zeigen. Es ist nicht so, dass die hebräischen Christen gesündigt hatten und Gott dann reagierte. Nein, sie wurden wegen ihres Glaubens verfolgt und erlitten unglaubliche Bedrängnisse. Diese Stelle wurde geschrieben, um sie zu trösten, sie zu ermutigen und ihnen zu sagen, dass sie auf dem richtigen Weg seien. Gottes Züchtigung gab ihnen ein Gefühl für die Sinnhaftigkeit inmitten all dieses Durcheinanders. Sie lernten, dass Gottes

Züchtigung eine Vorbereitung für die Zukunft ist und nicht eine Strafe für die Vergangenheit.

Drangsal und schwierige Umstände sind die Mittel, an denen wir in Christus wachsen. Inmitten der schwierigsten Umstände, die wir uns vorstellen können, haben wir das Vorrecht, Gottes aktives Eingreifen in unser Leben zu sehen:

Alle Züchtigung scheint uns zwar für die Gegenwart nicht Freude, sondern Traurigkeit zu sein; nachher aber gibt sie denen, die durch sie geübt sind, die friedvolle Frucht der Gerechtigkeit. (Hebr 12,11 Elb)

Gott sagt irdischen Vätern: »Und ihr Väter, reizt eure Kinder nicht zum Zorn, sondern zieht sie auf in der Zucht und Ermahnung des Herrn« (Eph 6,4). Offensichtlich reizt die Form der Zucht und Ermahnung unseres himmlischen Vaters uns nicht zum Zorn. Stell dir den liebevollsten Vater auf der Welt vor und dann frage dich: Wie viel *mehr* liebt mich mein Papa im Himmel? Das ist es wohl, was dieser Schreiber uns beibringen wollte!

> Gottes Züchtigung ist eine Vorbereitung für die Zukunft und nicht eine Strafe für die Vergangenheit.

*Wenn **unsre leiblichen Väter uns gezüchtigt haben** und wir sie doch geachtet haben, sollten wir uns dann nicht viel mehr unterordnen dem geistlichen Vater, damit wir leben? Denn jene haben uns gezüchtigt für wenige Tage nach ihrem Gutdünken, **dieser aber tut es zu unserm Besten**, damit wir an seiner Heiligkeit Anteil erlangen. (Hebr 12,9-10 Lut)*

30

Der Sicherheitsbeamte stürzte aus seinem Büro, stellte sich mitten auf meine Spur und gab mir zu verstehen, ich solle anhalten. Und der Polizeibeamte holte mich von hinten ein. Was konnte ich tun? Nichts. Ich war erwischt worden und ich hatte es schon seit Monaten verdient!

Ich war siebzehn und es war mein erstes Jahr auf der Universität, weg von zu Hause. Ich war an jenem Abend mit Freunden weg gewesen und hatte eine zukünftige Studentin ausgeführt. Sie war attraktiv und ich haute ordentlich auf den Putz. Also lud ich sie ein, mit mir zum Campus zurückzufahren, nachdem wir im »International House of Pancakes« gegessen hatten. (Das ist die christliche Version von Unipartys.)

Ich fuhr ungefähr 15 Stundenkilometer zu schnell, als ich die Blaulichter in meinem Rückspiegel sah. Mein Wunsch, eine Show abzuziehen und dem Strafzettel für zu schnelles Fahren zu entkommen, führten dazu, dass ich etwas total Unüberlegtes tat.

Ich trat auf das Gaspedal und fuhr los.

Auf den knapp 5 Kilometern bis zum Campus schaffte ich über 225 km/h! Als ich das Auto unter Bremsengekreisch in die Auffahrt zum Universitätseingang driften ließ, hörte der Sicherheitsbeamte mich kommen. Darum stand er auf der Straße und verhinderte mein Weiterfahren. Nun, da das Auto zum Stehen gekommen war, holte die Polizei schnell wieder auf.

Innerhalb von Sekunden wurde ich aus meinem Auto gezogen und mir wurden Handschellen angelegt. »Warum bist du abgehauen, Bursche?«, fragte der Polizist. »Du warst noch gar nicht so schnell, als ich mein Blaulicht angemacht habe. Ich hätte dir wahrscheinlich nur eine Verwarnung erteilt und dich weiterfahren lassen.«

Mein siebzehnjähriger Verstand erstarrte vor Ungläubigkeit über meine eigene Dummheit. »Äh, das wusste ich nicht, Sir!«

Genau in dem Moment tauchten meine Freunde in ihrem eigenen Auto auf und sahen zu, wie ich zum Streifenwagen begleitet und weggebracht wurde. Danach verbrachte ich eine Nacht in Haft und erlebte einige andere ernüchternde Konsequenzen – eine saftige Geldstrafe und Führerscheinentzug. Oh, und das Mädchen? Ihre Eltern rieten ihr, sich für eine *andere* Uni zu entscheiden.

Das ereignete sich nur ein paar Tage vor den Herbstferien, also musste ich direkt danach zu meinen Eltern nach Hause nach Virginia. Mir war klar: Ich musste ihnen erzählen, was ich getan hatte. Das war mir äußerst unangenehm, aber ich wusste, ich musste es tun. Den ganzen Weg nach Hause probte ich, was ich sagen würde.

Als ich zu Hause ankam, war es bereits spät. Und es gab jede Menge Gründe, um bis zum nächsten Morgen zu warten. Aber ich musste es gleich loswerden. Als ging ich schnurstracks in ihr Schlafzimmer, setzte mich ans Fußende des Bettes und ließ alles raus.

»Mama, Papa, ich hab was echt Dummes gemacht. Ich bin vor einem Polizisten geflüchtet, als er versuchte, mich anzuhalten. Ich bin nicht nur weggefahren, sondern sogar richtig schnell gefahren und hab das Leben einer anderen Person in Gefahr gebracht. Der Polizeibeamte hat mich eingeholt und ich verbrachte eine Nacht im Knast.« Nachdem alles raus war, brach ich zusammen und weinte vor Scham. Ich war erst siebzehn und noch nie zuvor im Knast gewesen. Noch nicht einmal annähernd. Was würden meine Eltern sagen? Wie würden sie reagieren?

> »Mama, Papa, ich hab was echt Dummes gemacht.«

Nachdem mein Papa sich vom ersten Schrecken erholt hatte, fragte er: »Ist alles in Ordnung, mein Sohn? Hast du dich verletzt?« Meine Mutter saß da und hörte zu, Tränen der Anteilnahme strömten über ihr Gesicht. Ungläubig saß ich da, überwältigt von der aufrichtigen Anteilnahme meiner Eltern. In keiner meiner gedanklichen Proben war es so ausgegangen. Wo war das Geschrei? Die Lektion? Es gab keine Standpauke, nicht einmal einen Anflug von Zorn. Wahrscheinlich dachten sie, ich hätte bereits genug durchgemacht, sodass es nichts bringen würde, wenn sie meinen Konsequenzen noch etwas hinzufügten.

Ich bin kein Fachmann in Erziehungsfragen, aber ich würde sagen, der Umgang meiner Eltern mit dieser Situation war für mich lebensverändernd. Dieses Gespräch liegt jetzt bereits zwanzig Jahre zurück und ich werde es mein Leben lang nicht vergessen. Gott hat es benutzt, um meinem Denken das Siegel von echter Gnade einzuprägen. Ich konnte sehen, wie Eltern Anteilnahme über Zorn stellen können, selbst angesichts einer schlimmen Sünde. Nein, im sage nicht, unsere Eltern seien ein perfektes Abbild von Gott. Aber wenn meine Eltern in jenem Moment in der

Lage waren, Anteilnahme über Zorn zu stellen, dachte ich, *wie viel mehr konnte Gott das die ganze Zeit über tun?*

Heilige in den Armen eines liebenden Gottes

Es ist nicht so, dass Gott über Sünde nicht zornig wurde. Er wurde sogar sehr zornig. Und es ist auch nicht so, dass es keine Strafe für Sünde gibt. Es gab sie und es war die Höchststrafe: Tod und Trennung von Gott. Das hier ist also kein Gerede über eine billige Gnade. Der Grund für Gottes immerwährende liebevolle, gnädige Einstellung uns gegenüber, sogar wenn wir sündigen, war sehr teuer: Jesus wurde für uns zur Sünde und nahm alle Strafe auf sich, die wir verdient hätten.

*Denn er hat den, der von keiner Sünde wusste, **für uns zur Sünde gemacht**, damit **wir** in ihm zur **Gerechtigkeit Gottes würden**. (2 Kor 5,21)*

An seinem eigenen Körper hat er die Sünden an das Kreuz hinaufgetragen, damit wir für die Sünde tot sind und für die Gerechtigkeit leben können. Durch seine Wunden seid ihr geheilt worden! (1 Petr 2,24 NLB)

*Doch er wurde um **unserer** Übertretung willen durchbohrt, wegen **unserer** Missetaten zerschlagen; **die Strafe lag auf ihm, damit wir Frieden hätten**, und durch seine Wunden sind wir geheilt worden. (Jes 53,5)*

Jedes Quäntchen von Gottes Zorn und jedes Gramm der Strafe für unsere Sünden wurde auf seinen Sohn gelegt. Die Folge von Jesu Tod und Auferstehung ist, dass wir die Gerechtigkeit Gottes wurden! Nicht das Geringste von Gottes Zorn bleibt für uns übrig. Wie zornig ist Gott denn in seiner eigenen Gerechtigkeit? Wie Paulus uns im Römerbrief sagt, sind wir gerettet vor dem Zorn Gottes (Röm 5,9). Johannes sagt uns auch: »Vollkommene Liebe treibt die Furcht aus, denn die *Furcht hat mit Strafe zu tun;* wer sich nun fürchtet, ist nicht vollkommen geworden in der Liebe« (1 Joh 4,18).

> Wir sind Heilige in den Armen eines liebenden Gottes.

Bis heute sind viele Menschen beeindruckt von den dynamischen Predigten des amerikanischen Erweckungspredigers Jonathan Edwards. Seine bekannteste Predigt ist »Sünder in den Händen eines zornigen Gottes«. Aber ist es im Anbetracht dessen, was wir gesehen haben, wirklich richtig, uns *Christen* so zu sehen? Sind wir Sünder in den Händen eines zornigen Gottes? Es ergibt keinen Sinn, wenn wir behaupten, Jesus sei das vollkommene Sündopfer gewesen, und dann an einen zornigen Gott glauben, einen Gott, der immer noch eine Strafe für uns in petto hat als Wiedergutmachung für unsere Sünden. Nein, wir sind keine »Sünder in den Händen eines zornigen Gottes«, wir sind *Heilige in den Armen eines liebenden Gottes.*

Die Affäre von Tiger Woods

Am 25. November 2009 brachten Berichte ans Tageslicht, die Golflegende Tiger Woods habe eine Affäre. Kurz darauf fand man Tiger nach einem Autounfall in der Nähe seines Hauses in Orlando. Sein Cadillac Escalade war zuerst gegen einen Hydranten geprallt und dann gegen einen Baum. Rettungswagen eilten zu der Stelle und brachten Tiger weg. Den ersten Polizeiberichten zufolge hatte Tigers Ehefrau das Heckfenster eingeschlagen, um zu versuchen, Tiger in Sicherheit zu bringen. Später wurde behauptet, sie habe das Heckfenster bei einem Ehestreit mit Tiger eingeschlagen.

Wahrscheinlich wird keiner von uns je erfahren, was in dieser Nacht wirklich geschehen ist. Aber wir können sicher sein, dass dies der Anfang einer sehr stressigen Zeit für Tiger Woods war. Als von da an Tigers zahlreiche Affären publik wurden, wurde es immer schlimmer. Diese Ereignisse führten dazu, dass Tiger Sponsoren und Fans verlor und eine herzzerreißende Scheidung durchmachte. Am Ende kehrte er zum Golfspiel zurück, aber erst nach Monaten der Betreuung und Behandlung wegen seiner sogenannten »Sexsucht«. Tiger erlebte öffentliche Demütigungen, eine längere Auszeit von seinem geliebten Beruf und großen Schaden in seinem persönlichen Leben.

Als Steve Williams, Tigers Caddy, über Tigers Verhalten befragt wurde, hatte er folgendes zu sagen:

Wenn du ein wahrer Freund bist, dann läufst du nicht weg, wenn der andere dich und deine Hilfe dringend braucht. Tiger ist einer meiner besten Freunde und gerade jetzt braucht er mich. Es würde mir nie einfallen, ihn im Stich zu lassen. Wenn ich mit ihm spreche, dann nicht über das, was passiert ist. Ich spreche mit ihm über die Zukunft und darüber, was wir noch versuchen werden zu erreichen und wie wir über das alles hinwegkommen.[5]

---

5 Steve Williams, Interview von Karen McCarthy, »Tiger Woods: In the Rough«, 60minütiges Video, 3 News (Wellington, Neuseeland), 4. März 2010, http://www.3news.co.nz/Video/60Minutes/tabid/371/articleID/144663/Default.aspx.

Herr Williams versteht offenbar etwas von Gnade. Und er entschied sich für Gnade, als es darauf ankam. Klar, Tiger hat schreckliche Taten begangen, aber er hat genauso bitter dafür bezahlt, sowohl öffentlich als auch privat. Scheinbar hat sein Caddy das erkannt und sich entschieden, die Rolle eines treuen Freundes, Trösters und Ermutigers zu übernehmen.

Tiger bedauerte bereits sein Verhalten. Hätte es ihm irgendetwas genützt, wenn Williams mit dem Finger auf Tiger gezeigt hätte und ihm gesagt hätte, er solle sich schämen? Williams hat sich anders entschieden. Hast du mitbekommen, was er gesagt hat? »Es würde mir nie einfallen, ihn im Stich zu lassen«, und »ich spreche mit ihm über die Zukunft«, und darüber »wie wir über all das hinwegkommen.«

Wenn ein Freund in so schlimmen Umständen gnädig sein kann, wie viel mehr fordert uns dann unser Vater dazu auf, »mit Freimütigkeit hinzu(zu)treten zum Thron der Gnade, damit wir *Barmherzigkeit* erlangen und *Gnade* finden zur rechtzeitigen Hilfe« (Hebr 4,16). Wir nicken zwar schnell die Tatsache ab, dass Gott gut ist. Aber sich bewusst zu werden, dass Gott »gut zu *mir*« ist, ist ein völlig anderer Gedanke. Und schließlich zu glauben, dass Gott »*immer* gut zu mir« ist, ist absolut lebensverändernd. Hier geht es nicht um Religion. Hier geht es um Familienbande zu einem helfenden Vater, die stärker sind, als wir uns das wahrscheinlich vorstellen können:

*Denn sowohl der, welcher heiligt, als auch die, welche geheiligt werden, sind alle von **einem**. Aus diesem Grund schämt er sich auch nicht, sie Brüder zu nennen. (Hebr 2,11)*

*Seht, welch eine **Liebe uns der Vater gegeben hat**, dass wir Kinder Gottes heißen sollen! Und wir sind es. (1 Joh 3,1 Elb)*

Teil 8

Der Geist von Gretzky

In Christus zu sein – das macht
dich tauglich für den Himmel: aber
Christus in dir – das macht dich
tauglich für die Erde!
Major Ian Thomas (1914-2007)

31

Ungefähr zu der Zeit, als ich auf die Welt kam, gab es eine landesweite evangelistische Aktion in den Gemeinden überall in Amerika. In der Gemeinde meiner Eltern bildeten und leiteten der Pastor und seine Frau Trainingsgruppen, die den Menschen helfen sollten, anderen von ihrem Glauben zu erzählen. Der Pastor und seine Frau gingen von einer Gruppe zur anderen und zeigten, wie man das Evangelium vorträgt. Alle schauten zu und lernten dabei. Dann übten die Gruppenmitglieder, ihr Zeugnis vorzutragen und den Zuhörer zu fragen, ob er eine Entscheidung für Jesus treffen wolle.

Die Frau des Pastors entschied, es wäre vielleicht effizienter, ihren Vortrag des Evangeliums *aufzunehmen* und die Kassetten in der Gemeinde zu verteilen. Auf diesem Weg könnte die ganze Gemeinde geschult werden, ohne die Treffen besuchen zu müssen. Also nahm sie ihre private Version des »Heilsplans« auf Kassette auf und verteilte sie an alle in ihrem Umfeld. Diese Trainingskassetten hatten ziemlich große Auswirkungen. Die Gemeindemitglieder wurden mutiger anderen das Evangelium mitzuteilen.

Als sie eines Tages in ihrem Transporter die Straße entlangfuhr, entschloss sie sich, die Kassette einzulegen und ihre eigene evangelistische Predigt anzuhören. Zu ihrer Überraschung klangen dieselben altbekannten Worte, die sie Hunderte Male gesprochen hatte, plötzlich anders, sogar neu. Als die Kassette zu Ende war, liefen ihr die Tränen die Wangen hinunter. Sie hielt am Straßenrand und nahm an Ort und Stelle Jesus als ihren persönlichen Retter an.

Ja, sie führte *sich selbst* zu Christus! Durch ihre eigene Stimme, die das Evangelium verkündigte, kam sie zu Jesus.

Diese Geschichte ist wahr und ich erzähle sie dir, um dir etwas Wichtiges klarzumachen. Manchmal denken wir, wir kennen das Evangelium, dabei kennen wir eigentlich nur Religion. Es ist sehr gut möglich, christliche Religion zu haben *ohne* Gott. Vielleicht ertappen wir uns dabei, dass wir all die richtigen Dinge sagen und die ganze richtige Terminologie zu einem geistlichen Thema verwenden. Aber am Ende lernen wir nur dann wirklich, wenn wir offen sind für die Schönheit der Gnade. Und seltsamerweise kann Gott sogar unsere eigenen Worte dazu benutzen – wie im Fall der Frau des Pastors!

Was hatte die Frau denn gehabt, bevor sie »sich selbst zur Errettung führte«? Sie hatte sicher ein sehr christlich aussehendes, moralisch einwandfreies und sogar ein – wie sicher viele dachten – geisterfülltes Leben. Sie dachte, es wäre wichtig, dass jeder von Jesus erfährt; sie hatte sich bei der evangelistischen Aktion der Gemeinde engagiert; sie unterstützte ihren Mann, half in der Gemeinde, leitete Bibelkreise und sah im Großen und Ganzen aus, wie die Frau eines Pastors eben aussieht, vielleicht sogar noch ein bisschen besser als die meisten anderen. Aber all das hatte sie geleistet, ohne das Leben Christi in sich zu haben.

Sie hatte Religion, aber kein *Leben*.

Sein bestes Leben jetzt!

Die echte Bedeutung von ewigem Leben bietet einen unglaublichen Einblick in das, was es wirklich bedeutet, errettet zu sein. Ich dachte jahrelang, »ewig« und »immerwährend« seien gleichbedeutend. Aber »immerwährend« ist nur die *halbe* Bedeutung von »ewig«. Natürlich währt ewiges Leben für immer. Aber ewiges Leben hat auch *keinen Anfang*. Ewiges Leben bedeutet per Definition Leben ohne Anfang und ohne Ende.

> Ewiges Leben
> bedeutet nicht,
> dass dein Leben
> verlängert wird.

Wenn wir also ewiges Leben haben, wessen Leben besitzen wir dann?

Unser eigenes Leben hatte einen Anfang. Ich wurde am 31. Oktober 1972 geboren. Da begann mein Leben. Aber jetzt besitze ich ewiges Leben – ein Leben, das keinen Anfang und kein Ende hat. Welches Leben oder wessen Leben besitze ich also? Ewiges Leben zu haben bedeutet, *Gottes göttliches Leben zu besitzen*.

Ewiges Leben bedeutet nicht, dass dein Leben besser gemacht wird. Es bedeutet auch nicht, dass dein Leben verlängert wird. Ewiges Leben ist ein total anderes Leben – ein Leben, das nicht deins ist, das dir erteilt wird. Ewiges Leben ist das Leben Christi:

Weil ich lebe, sollt auch ihr leben! *(Joh 14,19)*

*Wenn der Christus, **euer Leben**, geoffenbart werden wird, dann werdet auch ihr mit ihm geoffenbart werden in Herrlichkeit. (Kol 3,4 Elb)*

Echtes Christsein bedeutet nicht einfach nur eine Fahrkarte zum Himmel. Es beinhaltet auch nicht primär, ein religiöses Buch zu lesen. Es geht im Wesentlichen auch nicht darum, unsere Einstellungen und Taten zu reformieren. Obwohl der Himmel, die Bibel und unser Verhalten eine wichtige Rolle spielen, sind sie nicht der hauptsächliche Grund dafür, dass Christus starb und wieder auferstand. Jesus sagte einfach: »Ich bin gekommen, damit sie das *Leben haben* und es *im Überfluss* haben« (Joh 10,10).

> **Wir sind jetzt Teilhaber der göttlichen Natur.**

Echte Errettung bedeutet, das Leben Christi in unserer natürlichen Hülle zu haben. Das bedeutet, dass wir hier und jetzt Teilhaber der göttlichen Natur sind (2 Petr 1,4). Das Leben, das wir einst in Eden verloren haben, wird uns jetzt durch Jesus Christus wiedergegeben. Der *Tod* Christi hat uns mit Gott versöhnt. Aber eigentlich ist es sein Auferstehungs*leben*, das uns rettet!

*Denn wenn wir mit Gott **versöhnt worden sind durch den Tod** seines Sohnes, als wir noch Feinde waren, wie viel mehr werden wir als Versöhnte **gerettet werden durch sein Leben**. (Röm 5,10)*

Neuinszenierung von »Pleasantville«

In dem Hollywoodfilm *Pleasantville – Zu schön, um wahr zu sein* leben alle Bewohner der Stadt ein Leben in schwarz-weiß, bis eines Tages jemand den verbotenen Gedanken der Entscheidungsfreiheit entdeckt. Als die Hauptdarstellerin sich dafür entscheidet, verwandelt sie sich in eine lebhafte, farbige Person, während alle anderen schwarz-weiß bleiben. Von da an entdecken auch andere Bürger von Pleasantville ihren freien Willen und tauschen ihre schwarz-weiße Existenz gegen lebhafte Farben.

Eine Botschaft, die wir vielleicht dem Film entnehmen könnten, lautet so: Alle, die sich frei entscheiden, ein Leben in Sünde und fleischlicher Erfüllung zu führen, erleben ihr Leben in Farbe, während die anderen zu einer grau-in-grauen Existenz verdammt sind. Genau das würde der Feind uns gerne glauben machen. Hast du dich auch schon mal gefragt: »Warum kommt die Welt mit Mord davon, während ich als Christ ein sauberes Leben führen soll?« In anderen Worten, warum bekommt die Welt das traumhafte Leben in Technicolor zu erleben, während ich in dieser schwarz-weißen Existenz festhänge?

In Wahrheit ist es genau umgekehrt. Wir mögen Sünde als das Erfüllendste überhaupt vor Augen haben und denken, unsere Pflicht sei es, ihr zu widerstehen – nur weil Gott gesagt hat, wir sollen keinen Anteil an ihr haben. Aber das ist eine verzerrte Sicht der geistlichen Wirklichkeit. Die Wirklichkeit ist, dass wir jetzt Teilhaber der göttlichen Natur sind. Wir sind diejenigen, die das Leben in lebhaften, himmlischen Farben erleben können.

Ein Ungläubiger kann sich nur für eins entscheiden – für Sünde. Es mag eine gut aussehende Sünde, eine menschenfreundliche Sünde oder eine nette und mitfühlende Sünde sein. Aber wenn sie kein Ausdruck des Lebens Christi ist, ist und bleibt sie *Sünde*. Sie ist ein Ausdruck des Todes in schwarz-weiß, und nicht das Leben Christi in lebhaften Farben.

Wir Christen können uns auch für die Sünde entscheiden. Aber wir werden immer wieder merken, dass sie uns niemals erfüllen kann. Wir sind schlicht und einfach nicht mehr dafür gemacht. Wir sind von Grund auf neu gestaltet als ein Volk in Gottes lebendiger Farbe, damit wir der Welt *sein* Leben zeigen und vermitteln können.

Das Leben ist für uns wie in dem Film *Pleasantville*, nur neu geschrieben, neu inszeniert. Gott beherrscht den Markt, wenn es um Erfüllung geht. Als seine Kinder sind wir die Einzigen, die den Traum in Technicolor ausleben können. Interessanterweise sehen wir nicht nur anders aus, wir *riechen* sogar anders:

*Denn **wir sind für Gott ein Wohlgeruch des Christus** unter denen, die gerettet werden, und unter denen, die verlorengehen. (2 Kor 2,15)*

32

Meine Frau liebt Tanzsendungen. Eine ihrer Lieblingssendungen ist *Dancing with the Stars*[6]. Jedes Mal versucht die Sendung mit ihrer Vielfalt an Tänzern noch eins draufzusetzen, das reicht von sehr jungen bis hin zu sehr alten Tänzern. Aber einmal stellten sie sich der bisher größten Herausforderung: Sie luden Marlee Matlin als Teilnehmerin ein.

Marlee ist schon von klein auf taub, hat jedoch ihre schwierige Situation gemeistert und wurde sehr erfolgreich. Sie war die Jüngste, die jemals einen Oscar als beste Schauspielerin erhalten hat. Aber Schauspielen ist das eine, Tanzen ist noch mal etwas ganz anderes. Zum Tanzen muss man sich im Takt der Musik bewegen, aber sie kann die Musik ja nicht hören. Da war jetzt ihr professioneller Tanzpartner gefordert. Er ließ Marlee auf seinen Füßen stehen, während sie tanzten, er klopfte den Takt mit sei-

---

6 Das entsprechende deutsche Format der Sendung wurde unter dem Titel »Let's Dance« ausgestrahlt.

nen Händen, er stellte sicher, dass Marlee sich im Takt und synchron zur Musik bewegte.

Marlee meisterte ihre Aufgabe erstaunlich! Wenn du nicht gewusst hättest, dass sie taub ist und einfach in die Sendung gezappt hättest, als sie gerade tanzte, hättest du nichts Außergewöhnliches bemerkt. Aber egal, wie gut es auch aussah, sie ahmte einfach nur das Zeitgefühl ihres Tanzpartners nach. Er konnte die Musik hören und sich entsprechend im Takt dazu bewegen; aber alles, was Marlee hatte, war ein undeutlicher Rhythmus, den sie manchmal fühlen, aber nicht wirklich hören konnte. Marlee war gezwungen, sich an ihren Partner und an jede seiner Bewegungen zu halten. Ohne ihn nachzuahmen, wäre sie verloren gewesen!

Vergleiche Marlee mit all den anderen Wettkampfteilnehmern in der Sendung. Von ihnen konnte zwar keiner professionell tanzen, aber sie hatten alle ihr Gehör. Sie konnten sich auch ohne ihre Partner im Rhythmus zur Musik bewegen (zumindest die meisten). Das ist ein gutes Bild für den Unterschied, ob wir nur äußere religiöse Grundsätze befolgen oder zum Geist und seiner Musik tanzen. Wir sehen vielleicht aus wie alle anderen, aber insgeheim sind wir Marlees, die im Rhythmus einer Musik tanzen, die wir eigentlich nicht hören können. Wir beobachten genau, was die Leute um uns herum machen und ahmen sie nach, so gut wir eben können.

Ich rede hier nicht von der Errettung. Ich rede von den Schritten, die wir machen, *nachdem* wir errettet wurden. Man vergisst so leicht, wo die »Musik« herkommt. Wir fallen zurück in die alten Methoden, Anweisungen fürs Leben zu bekommen: Wir achten auf die Zehn Gebote, auf sogenannte »christliche Prinzipien«, auf unsere familiären Werte und Traditionen oder einfach auf die Menschen um uns herum. Aber wenn wir das tun, hören wir auf, im Takt mit der Musik zu tanzen. Wir verwandeln uns in Nachahmer, die sich selbst nach Äußerlichkeiten richten, anstatt als neue Menschen aufmerksam der Musik zu lauschen, die Gottes Geist in unseren Herzen spielt.

Der Lehrer in uns

Jede Religion der Welt hat einen Gründer oder Lehrer und darum auch einige Lehren. Wenn wir denken, dass Jesus ein Mensch war (oder sogar ein Gott-Mensch), der lebte und starb und uns einige wunderbare Lehren hinterlassen hat, ist Christsein für uns bloße Religion. Wir blicken zurück auf den Gründer, den Lehrer und seine Lehren und werden versuchen, ihn nachzuahmen und ihm zu gehorchen. Wir engagieren uns für einen Lehrer, der schon lange Geschichte ist.

> Das geistliche Leben, das wir in uns tragen, ist der Lehrer selbst.

Auferstehung bedeutet: Das geistliche Leben, das wir in uns tragen, ist der Lehrer selbst, der auferstandene Christus, der zur Rechten Gottes sitzt. Weil wir in ihm sind und er in uns ist, sitzen auch wir zur Rechten Gottes. Wir sind nicht Teil einer Religion, die von uns fordert, zurückzublicken und eine Figur der Geschichte nachzuahmen. Stattdessen blicken wir in unsere eigenen Herzen, wo Jesus heute im wahrsten Sinne des Wortes wohnt, und erlauben ihm, sich in und durch uns auszudrücken, hier und jetzt.

Ja, es ist derselbe Jesus Christus wie vor zweitausend Jahren. Aber durch die Auferstehung haben wir nicht nur Zugang zum Himmel erhalten, sondern auch zu einem Leben, das die Substanz unseres Seins verändert. Wir sind jetzt mit Jesus Christus verheiratet, auf ewig mit ihm verbunden:

*Also seid auch ihr, meine Brüder, dem Gesetz getötet worden durch den Leib des Christus, damit ihr einem **anderen zu eigen seid, nämlich dem, der aus den Toten auferweckt worden ist**, damit wir Gott Frucht bringen. (Röm 7,4)*

Christus, das Leben

Aber wie denken wir darüber? Kommt alles von Christus und nichts von mir? Sollen wir »einfach alles bleiben lassen und Gott machen lassen«? Soll ich aus dem Weg gehen, damit er ohne mich handeln kann?

Nein, das Evangelium übertrifft das alles. Die Botschaft des neuen Bundes schließt uns mit ein. Gott will uns nicht ersetzen (das hat er bereits!), sondern uns miteinbeziehen. Schließlich sind wir jetzt eine neue Schöpfung, die mit seinem Wesen kompatibel ist. Er will durch die Einzigartigkeit unserer Seele wirken, nicht sie aus dem Weg schaffen.

Das trifft es genau, wenn es um unsere Annahme geht. Glaube ich, dass Gott jeden Aspekt meines Wesens so vollständig umschließt, dass er durch meine Hobbys und Interessen, meine Persönlichkeit und meinen Sinn für Humor wirken kann? Sehe ich meinen *ganzen* Menschen als gerecht, rein und angenehm an? Oder glaube ich nur, diese Dinge seien irgendein »geistlicher« Teil von mir, der weit weg und nicht entscheidend ist, nicht wirklich ich? Wenn ja, dann nützt mir mein Evangelium im Alltag nichts.

Damit das Evangelium in meinem Leben mächtig wirkt, muss ich glauben, dass das, was Christus getan hat, als er mich neu gemacht hat, zu meinem wahren Ich gehört, das jeden Tag aufwacht und ein normales Leben führt. Dann habe ich begonnen, mein »eins sein mit Christus« zu verstehen. Jesus lebte dreiunddreißig

Jahre in echtem menschlichem Fleisch, um zu zeigen, dass seine Göttlichkeit mit unserer Menschlichkeit kompatibel ist. Und seine Göttlichkeit ist völlig kompatibel mit *deiner* Menschlichkeit.

Jetzt ist Christus mein »Leben« (Kol 3,4), und »das Leben ist für mich Christus« (Phil 1,21). Das ist etwas ganz anderes, als wenn ich sage, Christus sei ein Teil meines Lebens oder dass ich ihn zu meiner Priorität mache. Wenn ich sage, »Christus ist mein Leben«, bedeutet das, dass er mein Wesen durchdringt: Er ist die Mitte meiner neu gefundenen Geistlichkeit. Darin liegt eine innige Vertrautheit, die wir auf Erden wohl kaum mit Worten umfassend wiedergeben können. Paulus drückt es so aus:

> *Ich bin mit Christus gekreuzigt; und nun lebe ich, aber nicht mehr ich selbst, sondern Christus lebt in mir. Was ich aber jetzt im Fleisch lebe, das lebe ich im Glauben an den Sohn Gottes, der mich geliebt und sich selbst für mich hingegeben hat. (Gal 2,20)*

Paulus sagt, dass er (selbst) nicht mehr lebt, aber dann sagt er, dass er jetzt *doch* lebt, im Glauben. Also was nun? Lebt er oder lebt er nicht? Nun, beides. Der alte Paulus (Saulus von Tarsus) lebt nicht mehr, jetzt ist es *Christus, der in ihm lebt.* Aber es ist auch der neue Paulus, der abhängig von Christus lebt.

Es ist eine Einheit, ein Geheimnis. Und es ist wunderschön! Wie nahe ist *dein* Jesus?

Es ist eine Einheit, ein Geheimnis. Und es ist wunderschön!

Der Große

Wayne Gretzky, der oft »der Große« genannt wird, wird von vielen als der beste Eishockeyspieler aller Zeiten betrachtet. Als Gretzky sich zur Ruhe setzte, hielt er vierzig Rekorde in der regulären Saison, fünfzehn Playoff-Rekorde und sechs All-Star-Rekorde. Gretzky erhielt neun Preise als wertvollster Spieler, zehn Preise für die meisten Saisonpunkte, fünf Preise für sportliche Fairness und zwei Preise als Playoff-MVP (wertvollster Spieler). Unmittelbar nach Beendigung seiner Karriere im Jahr 1999 zog er in die »Hall of Fame« (Ruhmeshalle) ein.

Was machte Wayne Gretzky so großartig? Er schien einen sechsten Sinn zu haben, wo sich die anderen Spieler gerade aufhielten und wo der Puck war. Er konnte sich durch Spieler hindurchschlängeln, als wären sie gar nicht vorhanden. Er sah ihre Bewegungen voraus, wich ihren Hindernissen aus und lief um sie herum, bevor sie es überhaupt merkten. Gretzky hatte ein intuitives Verständnis für das Spiel und für die Grenzen seiner Mitspieler. Und »der Große« hatte seinen ganz eigenen Weg.

Stell dir jetzt vor, dass du durch einige seltsame Wendungen des Lebens eingeladen wirst, in einem NHL-Playoff-Spiel mitzuspielen. Und noch komischer ist, dass du vor dem Spiel von dem Geist »des Großen« in Besitz genommen wirst. Ja. Der Geist von Wayne Gretzky wohnt jetzt höchstpersönlich in dir. In dem Moment, in dem du auf das Eis trittst und das Spiel beginnt, musst du eine Entscheidung treffen: Entweder spielst du Eishockey wie immer (bzw. gar nicht) oder du verlässt dich im Glauben darauf, dass Gretzky das Spiel durch dich spielt. Was wirst du also tun? Entweder läufst du auf dem Eis, so gut du eben kannst, oder du lässt Gretzky jede deiner Bewegungen motivieren und leiten, damit du am Ende so gut eisläufst wie noch nie in deinem Leben. Genau dasselbe gilt für all jene von uns, in denen der Geist Jesu Christi wohnt. Es war nie das Ziel gewesen, dass wir dieses Leben aus unserer eigenen Kraft oder mit unseren eigenen Mitteln führen. Gott gab uns nicht nur einfach eine Fahrkarte zum Himmel, sondern er gab uns Jesus selbst. Nun kann er uns motivieren und leiten, indem er *sein* Leben in und durch uns führt – ein Leben, das wir getrennt von ihm nie führen könnten.

Und mit seinem göttlichen Leben in uns macht »das Spiel« viel mehr Spaß.

33

In meinem Abschlussjahr an der Universität belegte ich einen Kurs in Religion. Damals war ich gerade dabei, mich von meiner eigenen unerbittlichen Religion zu erholen. Also ging ich an den Kurs heran mit einer verzweifelten Abhängigkeit von Christus, um meinen Verstand vor Irrtum zu schützen. Es war mein Ziel, den Kurs unversehrt zu überstehen.

Für unsere Abschlussarbeit teilte der Professor jedem von uns ein neutestamentliches Thema zu. Ich erhielt das Thema »Gott, der Vater«. Mit meinen einundzwanzig Jahren fühlte ich mich völlig überfordert damit, eine Arbeit über Gott zu schreiben. Ich ging also nach Hause und begann sofort, mich vorzubereiten.

Wochenlang recherchierte ich, was das Neue Testament über Gott, den Vater, zu sagen hatte. Ich hängte mich an jeden einzelnen Vers, den ich finden konnte. Und ich ließ jeden vorgefassten Gedanken fallen, den ich gehabt hatte. Schließlich konnte ich mit dem Schreiben beginnen. Aber ich hatte so viel Angst, falsch zu liegen, dass ich nach fast jedem Satz eine Bibelstelle in Klammern anführte. Ich traute mich nicht, etwas zu sagen, das nicht gewissermaßen ein direktes Zitat aus der Bibel war. Ich wollte ganz akribisch jedes bisschen von dem, was ich schrieb, dokumentieren.

Aber an dem Abend, bevor ich meine Arbeit vorstellen sollte, bekam ich kalte Füße wegen der ganzen Referenzen nach jedem Satz. Ich fürchtete, es könnte etwas übertrieben und unprofessionell wirken. Also nahm ich die Verse heraus und setzte sie als Endnoten ans Ende der Arbeit.

> »Dein Gott ist einfach zu gut, um wahr zu sein.«

Am nächsten Tag stand ich auf und las meine Arbeit über »Gott, den Vater« vor. Nun erinnere dich, dass jeder Satz eine Zusammenfassung von Bibelstellen war, die ich irgendwo im Neuen Testament gefunden hatte. Ich hatte die Gedanken miteinander verwoben, um ein großes Bild von unserm Vater zu präsentieren. Nachdem ich meine Arbeit vor der Klasse vorgelesen hatte, konnten sie ihre Kommentare abgeben.

»Dein Gott ist einfach zu gut, um wahr zu sein«, sagte einer.

»Ja, den Gott hast du dir wohl selbst ausgedacht!«, rief ein anderer.

An jenem Tag beschloss der Religionskurs einstimmig: Ich hatte zwar einen freundlichen, liebenden und vergebenden Vater vorgestellt, aber solch einen Gott konnte es auf keinen Fall geben. Sie sagten, ich hätte die andere Hälfte vergessen, wie der Vater Christen auch behandelt – den zornigen Gott, der Gerechtigkeit verlangt.

Ich hörte mir das alles an, ohne darauf einzugehen. Ich wies sie noch nicht einmal auf die Endnoten mit den ganzen Bibelstellen hin. Ich schätze, ich hatte keinen Mut, sie mit dem zu konfrontieren, was ich in der Bibel gefunden hatte. Aber ich *wusste*: Das, was ich vorgetragen hatte, stimmte, auch wenn der ganze Religionskurs das ablehnte.

Gott ist *freundlich*

Das ist die Ironie von Gott ohne Religion: Wenn wir alle unsere menschlichen Vorstellungen von Gott, dem Vater, fallen lassen und in der Bibel nachschauen, was *eigentlich* stimmt, landen wir bei einem Gott, der in den Augen der religiösen Welt »unglaublich« ist und »zu gut, um wahr zu sein«. Doch genau das *ist* unser Vater – ein liebender, vergebender und geduldiger Gott.

»Aber das sind alles uralte ›Bibelworte‹. Mir fällt es schwer, diese Worte in mein Herz zu lassen«, mögen manche denken. Schön und gut. Was ist also, wenn wir es noch mit ein paar anderen Worten versuchen?

- Gott ist *freundlich* mit mir.
- Gott ist *liebevoll* zu mir.
- Gott *ermutigt* mich.
- Gott *unterstützt* mich.
- Gott ist immer *auf meiner Seite.*

Helfen dir *diese* vielleicht? »Nun ja, aber das steht ja so nicht in der Bibel. Wie kann ich also wissen, dass es stimmt?«, mögen manche sagen. Ich schätze deinen Wunsch nach Genauigkeit, aber würdest du mir nicht beipflichten, dass laut 1. Johannes 4,8 Gott Liebe ist? Und Liebe hat Gott selbst so definiert:

*Liebe ist geduldig und **freundlich**. Sie ist nicht verbissen, sie prahlt nicht und schaut nicht auf andere herab. Liebe **verletzt nicht den Anstand** und sucht nicht den eigenen Vorteil, sie lässt sich nicht reizen und ist **nicht nachtragend**. Sie freut sich nicht am Unrecht, sondern freut sich, wenn die Wahrheit siegt. Liebe ist **immer bereit zu verzeihen, stets vertraut sie, sie verliert nie die Hoffnung und hält durch bis zum Ende**. Die Liebe wird niemals vergehen.*
(1 Kor 13,4-8 Hfa)

Wenn Gott Liebe ist, dann ist Gott *freundlich* und nicht hart. Er will dir immer *vertrauen* und dich *schützen* und dich *nie aufgeben*. In anderen Worten, Gott ist immer auf deiner Seite! Nun, diese Worte können uns helfen zu glauben, dass unser Gott immer gut zu uns ist. Doch in Wirklichkeit gibt es eigentlich *überhaupt keine* Worte, die stark genug sind, Gottes Güte für uns zu fassen. Gottes Liebe zu uns übersteigt unsere Erkenntnis bei Weitem!

> Im Werk des Sohnes sehen wir das Herz eines Vaters.

*Darum bitte ich, dass der Christus durch den Glauben in euren Herzen wohne, damit ihr, in Liebe gewurzelt und gegründet, dazu fähig seid, mit allen Heiligen zu begreifen, was **die Breite, die Länge, die Tiefe** und **die Höhe** sei, und **die Liebe** des Christus zu erkennen, **die doch alle Erkenntnis übersteigt**, damit ihr erfüllt werdet bis zur ganzen Fülle Gottes. (Eph 3,17-19)*

Wie wird diese Art von unablässiger Liebe möglich? Der Vater hat es so eingerichtet, dass all sein gerechter Zorn und all seine Gerechtigkeit Jesus am Kreuz traf. Im Werk des Sohnes sehen wir das Herz eines Vaters, der uns bedingungslos annimmt. Seine Liebe zu uns ist stärker, als wir uns das wahrscheinlich vorstellen können.

Papas neuer Weg

Wir alle wollen die Liebe Gottes erleben. Vielleicht flehen und betteln wir darum. Vielleicht schauen wir zum Himmel hinauf, ballen unsere Fäuste und schreien zu Gott, dass wir seine Liebe spüren wollen. Aber Gottes Liebe wird *durch Jesus* erfahren. Und der neue Bund, der im Blut Jesu eingesetzt wurde, ist *der* Weg, auf dem Gott seine Liebe für uns erwiesen hat:

> *Gott aber beweist seine Liebe zu uns dadurch, dass Christus für uns gestorben ist, als wir noch Sünder waren. (Röm 5,8)*

Siehst du, wie Gott uns seine Liebe erwiesen hat? Ohne ein klares Verständnis des neuen Bundes werden wir es unglaublich schwer haben, die Liebe Gottes zu erfassen. Im Grunde genommen ist der neue Bund die *einzige* Botschaft, die die Gemeinde heute verkündigen darf:

> *Er hat uns auch **tüchtig gemacht zu Dienern des neuen Bundes**, nicht des Buchstabens, sondern des Geistes; denn der Buchstabe tötet, aber der Geist macht lebendig. (2 Kor 3,6)*

Der neue Bund! Bei dem neuen Weg unseres Papas geht es darum, die grenzenlose Vergebung zu erkennen, die er uns gab. Und es geht darum, dass wir die innige Gemeinschaft mit seinem Sohn Jesus ergreifen. Aber es geht nicht nur um neutestamentliche Lehre. Die Lehre ist nur die Eingangstür. Durch die Vergebung und Freiheit, die wir in Christus haben, können wir den Papa hinter der Tür kennenlernen.

> Wir können den Papa hinter der Tür kennenlernen.

Religion sagt uns immer wieder, dass wir *mehr* brauchen: Wir brauchen *mehr* Vergebung. Wir brauchen *mehr* vom Heiligen Geist. Wir brauchen *mehr* Durst nach Gott. Wir brauchen Hunger nach *mehr* von Jesus. Der Weg unseres Papas ist genau das Gegenteil: Er sagt, dass wir bereits alles haben, was wir brauchen:

*Denn in ihm wohnt die ganze Fülle der Gottheit leibhaftig; und **ihr seid zur Fülle gebracht in ihm**, der das Haupt jeder Herrschaft und Gewalt ist. (Kol 2,9)*

*Da seine göttliche Kraft **uns alles zum Leben und zur Gottseligkeit geschenkt hat** durch die Erkenntnis dessen, der uns berufen hat durch seine eigene Herrlichkeit und Tugend. (2 Petr 1,3 Elb)*

Was bedeutet es, dass wir zur Fülle gebracht wurden? Für mich bedeutet es, dass *die Suche zu Ende ist.* Kein Hungern mehr. Kein Dürsten mehr. Kein Warten auf »Mehr«:

*Wer zu mir kommt, den wird **nicht hungern**, und wer an mich glaubt, den wird **niemals dürsten**. (Joh 6,35)*

Die Verkaufsmasche von Religion ist, dass wir glauben sollen, dass wir Mangel haben, dass wir schmutzig sind, dass wir fern sind. Durch mehr Hingabe und mehr Engagement können wir rein werden und Gott nahe kommen. Also gehen wir von Gemeinde zu Gemeinde, von Konferenz zu Konferenz, von Bewegung zu Bewegung, um nach mehr zu suchen, nach etwas Tieferem.

Religion sagt: »Streng dich an.« Gott sagt: »Komm in mir zur Ruhe.« Anstatt zu hoffen und auf mehr zu warten, sind wir aufgefordert, in die innige Gemeinschaft mit Jesus zu kommen, die uns bereits gegeben wurde.

Wir sind eingeladen, zu Gott zu kommen, ohne Religion.

Danksagungen

Als erstes danke ich meiner Frau Katharine für ihre unglaubliche Unterstützung bei der Fertigstellung dieses Buches. Katharine, ich liebe dich und schätze dich in allem so, wie Gott dich gemacht hat. Es ist mir eine große Ehre, mit dir verheiratet zu sein.

Ich danke auch meiner Mutter Leslie Farley für ihre Liebe und Ermutigung in all den Jahren. Sie ist eine echte Frau der Gnade und es ist mir ein Vorrecht, sie in meinem Leben zu haben.

Darüber hinaus bin ich gesegnet mit der Liebe und Unterstützung von Doug und Maurita Hayhoe. Danke, dass ihr immer auf meiner Seite seid.

Ich bin so dankbar für die Leiter und Mitglieder von *Ecclesia*. Ihre Ermutigung gab mir einen enormen Schub für die Fertigstellung dieses Buches. Insbesondere möchte ich Rex Kennedy, Steven Bailey, Jordan Polk und Kim Martin danken.

Ein ganz besonderer Dank geht an Andrea Heinecke von *Alive Communications* für ihre Einsichten und ihre Hilfe während des ganzen Prozesses. Ich bin so dankbar für meine Freunde Lee Higginbotham und Andy Lavery und ihre Unterstützung.

Ich möchte Olaf Johannson von *spoon design* für den Entwurf des deutschen Buchcovers meine Wertschätzung ausdrücken. Und ich möchte *Baker Books* danken für die Zusammenarbeit mit mir in diesem Dienst. Insbesondere möchte ich Robert Hosack, Wendy Wetzel, Bobbi Jo Heyboer, Brooke Nolen und Paula Gibson erwähnen.

Nicht zuletzt danke ich meinem Herrn und Retter Jesus Christus für die Gelegenheit, das auf Papier auszudrücken, was er in mein Herz gelegt hat.

Andrew Farley ist leitender Pastor bei Ecclesia (ChurchWithout Religion.com) und Autor der Bestseller *The Naked Gospel: The Truth You May Never Hear in Church* und **Heaven Is Now:** *Awakening Your Five Spiritual Senses to the Wonders of Grace.* Andrews Bücher erreichen stillschweigend unzählige Menschen mit der lebensverändernden Botschaft »Jesus und sonst nichts«. Andrew ist ordentlicher Professor an der Texas Tech Universität, wo er Kurse in Sprachwissenschaften und ehrenamtlich Kurse über das Neue Testament anbietet. Er lebt mit seiner Frau Katharine und dem gemeinsamen Sohn Gavin auf der Hocheben im Westen des US-Bundesstaates Texas.

Über Facebook und Twitter kannst du mit Dr. Andrew Farley in Verbindung treten.

Die kostenlosen PDF-Dokumente: »*Häufig gestellte Fragen (FAQ)*« und »*Fragen für Gesprächsgruppen*« kannst du dir auf der Homepage www.gracetoday.de herunterladen.

Steve McVey

Auf dem Weg der Gnade

Christsein, wie du es dir immer erhofft hast

Gebunden, 208 Seiten
ISBN: 978-3-943597-05-9
Bestell-Nummer: 371705

Erfolgs- und Leistungsdenken bestimmen unsere Welt. Doch wenn wir unseren Glauben so leben, sind wir auf dem Holzweg. Steve McVey schildert, wie er dies schmerzlich lernen musste – und wie dann das Geheimnis der Gnade Gottes sein Leben verändert hat. Entdecken Sie gemeinsam mit dem Pastor aus Florida, wie in Christus die eigene Schwachheit zum Schlüssel zu Freiheit und Kraft wird.

Steve McVey ist der Leiter von Grace Walk Ministries mit Sitz in Tampa Bay im US-Bundesstaat Florida, einem christlichen Dienst für Jüngerschaftstraining. Der Familienvater bloggt unter stevemcvey.com und ist Autor mehrerer Bücher, die sich alle rund um das Thema Gnade drehen.

www.gracetoday.de